MÉMOIRES

ou

SOUVENIRS ET ANECDOTES.

I.

OUVRAGES

DONT SE COMPOSERONT LES OEUVRES COMPLÈTES.

MÉMOIRES OU SOUVENIRS ET ANECDOTES (*inédits*), ornés du portrait de l'Auteur, et d'un *fac simile* de son écriture; 3 volumes in-8°. . . . . ci.   3 vol.

DÉCADE HISTORIQUE OU TABLEAU POLITIQUE DE L'EUROPE, réimprimé sur la troisième édition, revue, corrigée et améliorée; 3 vol. in-8°. . . . . . . ci.   3

POLITIQUE DE TOUS LES CABINETS DE L'EUROPE, réimprimée sur la troisième édition, revue, corrigée et améliorée; 3 vol. in-8°. . . . . ci.   3

HISTOIRE ANCIENNE, réimprimée sur la troisième édition, revue et corrigée, avec table alphabétique et analytique des matières; 3 vol. in-8°. . . . . . ci.   3

HISTOIRE ROMAINE, réimprimée sur une troisième édition, revue et corrigée, avec table alphabétique et analytique des matières; 3 vol. in-8°. . . . . ci.   3

HISTOIRE DU BAS-EMPIRE, réimprimée sur une troisième édition, revue et corrigée, avec table alphabétique et analytique des matières, et atlas pour les trois ouvrages ensemble; 4 vol. in-8°. . . . ci.   4

HISTOIRE DE FRANCE; 6 vol. in-8° (3 v. sont *inédits*), avec atlas, par P. Tardieu. . . . . ci.   6

GALERIE MORALE ET POLITIQUE, réimprimée sur une troisième édition, revue et améliorée; 4 vol. in-8° (le quatrième et dernier est *inédit*). . . . . . ci.   4

MÉLANGES, composés de Poésies, Théâtres (celui de l'Ermitage compris), Discours, etc.; 1 v. in-8°. ci.   1

30 vol.

PARIS. — IMPRIMERIE CASIMIR, RUE DE LA VIEILLE-MONNAIE, N° 12.

MÉMOIRES

OU

SOUVENIRS ET ANECDOTES,

PAR

M. LE COMTE DE SÉGUR,

DE L'ACADÉMIE FRANÇAISE, PAIR DE FRANCE.

Le souvenir, présent céleste,
Ombre des biens que l'on n'a plus,
Est encore un plaisir qui reste
Après tous ceux qu'on a perdus.

TOME PREMIER.

PARIS,
ALEXIS EYMERY, LIBRAIRE-ÉDITEUR,
RUE MAZARINE, N° 30.

M DCCC XXIV.

MÉMOIRES

ou

SOUVENIRS ET ANECDOTES.

La jeunesse veut savoir ce que les vieillards ont vu et fait; ceux-ci aiment à le raconter. Rien n'est plus naturel : ainsi on s'étonnerait à tort de voir publier aujourd'hui tant de Mémoires, peindre tant de personnages, rappeler tant d'anecdotes.

Jamais la curiosité ne dut être plus active qu'à l'époque où nous vivons : cette époque arrive après le siècle le plus fécond en orages. Pendant sa durée, institutions, politique, philosophie, opinions, lois, coutumes, fortunes, modes et mœurs, tout a changé.

L'existence de chaque État n'a été qu'une suite de révolutions; la vie de chaque homme, semblable à un roman, a été pleine d'aventures; elle offre le coup d'œil d'une galerie variée, où se mêle une foule de portraits, de tableaux d'histoire, de tableaux de genre, parfois même de scènes comiques et de métamorphoses.

Échappé au naufrage et arrivé dans le port, on aime à se rappeler avec calme les tempêtes qui nous ont tant agités; on veut rendre compte à soi-même, à sa famille, et même au public, de la part que le sort nous a fait prendre à tant de passions, à tant d'événemens, à tant de vicissitudes.

Se retracer ainsi tout ce qu'on a éprouvé, c'est reculer vers la jeunesse, c'est presque recommencer à vivre; c'est un dernier plaisir d'autant plus pur, que notre expérience peut instruire ceux qui n'en ont pas.

Le dernier rayon de l'esprit de l'homme qui finit sa carrière sert parfois d'utile fanal au jeune homme qui entre dans la sienne.

Plusieurs de mes amis m'ont souvent pressé d'écrire ce qu'ils m'avaient entendu raconter. Je cède à leur conseil.

En lisant ces fragmens de Mémoires ou plutôt ces Souvenirs et Anecdotes, on verra que mon but a été non de faire un tableau historique, mais de tracer une esquisse morale du temps où j'ai vécu.

J'ai espéré satisfaire la curiosité du lecteur et non sa malignité. On n'y trouvera point d'alimens pour le scandale ou pour les passions. Je désire que cette lecture amuse et intéresse ceux qui aiment la vérité, et qui cherchent avec modération à remonter aux vraies causes, souvent légères, des grands événemens dont ils ont été les témoins.

Ma position, ma naissance, mes liaisons d'amitié et de parenté avec toutes les personnes marquantes de la cour de Louis XV et de Louis XVI, le ministère de mon père, mes voyages en Amérique, mes négociations en Russie et en Prusse, l'avantage d'avoir connu, sous des rapports d'affaires et de société, Catherine II, Frédéric-le-Grand, Potemkin, Joseph II, Gustave III, Washington, Kosciusko, La Fayette, Nassau, Mirabeau, Napoléon, ainsi que les chefs des partis aristocratiques et démocratiques, et les plus illustres écrivains de mon temps, tout ce que j'ai vu, fait, éprouvé et souffert pendant la révolution, ces alternatives bizarres de bonheur et de malheur, de crédit et de disgrâce, de jouissances et de proscriptions, d'opulence et de pauvreté, tous les états différens que le sort m'a forcé de remplir, m'ont persuadé que cette esquisse de ma vie pourrait être piquante et intéressante, puisque le hasard a voulu que je fusse successivement colonel, officier général, voyageur, navigateur, courtisan, fils de ministre, ambassadeur, négociateur, prisonnier, cultivateur, soldat, électeur, poëte, auteur dramatique, collaborateur de journaux, publiciste, historien, député, conseiller d'État, sénateur, académicien et pair de France.

J'ai dû voir les hommes et les objets sous presque toutes les faces, tantôt à travers le prisme du bonheur, tantôt à travers le crêpe de l'infortune, et tardivement à la clarté du flambeau d'une douce philosophie.

Je ne veux publier, pour le moment, que la partie de mes *Mémoires ou Souvenirs et Anecdotes* relative à mon voyage en Amérique et à ma mission en Russie. Elle sera seulement précédée par quelques souvenirs de ma jeunesse, ainsi que par le tableau des mœurs et des opinions de la cour et de Paris, telles que je les ai vues au moment où je suis entré dans le monde.

En écrivant l'histoire, il faut que l'auteur s'oublie si complétement qu'on puisse presque douter du temps où il a vécu, du rôle qu'il a joué, et du parti vers lequel il a incliné. Mais quand on fait des Mémoires et qu'on retrace les souvenirs de sa vie, on est forcé de parler de soi, de sa famille; car cette famille est le premier élément où l'on vit et le premier horizon qu'on aperçoit : cependant, comme c'est à mon avis l'écueil et l'inconvénient de ce genre d'écrits, puisque ce qui n'intéresse que nous pourrait fort bien ennuyer les autres, je serai à cet égard sobre autant que possible.

Issu d'une famille noble, ancienne et militaire, j'appartiens à une branche de cette maison établie depuis long-temps en Périgord. Comme ma famille professa et conserva un long attachement pour la religion protestante, elle eut beaucoup à souffrir dans les guerres civiles, et ne participa point aux grâces que la cour répandit sur les catholiques.

Henri IV avait honoré de son amitié un de mes aïeux, compagnon de sa jeunesse, et qui courut de grands risques le jour de la Saint-Barthélemy. Il le nomma son ambassadeur auprès de plusieurs princes d'Allemagne. Mais, depuis la mort de ce monarque, toute faveur s'éloigna de nous; et comme ma famille se trouva divisée en beaucoup de branches, elles devinrent presque toutes assez pauvres.

Mon bisaïeul releva notre fortune : s'étant distingué à la guerre, il devint officier général, eut une jambe emportée, et obtint le cordon rouge. Son fils, le comte de Ségur, mon grand-père, fut un militaire considéré : il commandait le corps d'armée destiné à soutenir l'électeur de Bavière, Charles VII. Il fut pris à Lintz par les Autrichiens.

On l'accusa dans le temps, avec amertume et injustice, de s'être imprudemment exposé à cet échec. Le roi de Prusse, Frédéric-le-Grand, lui fait de piquans reproches à ce sujet dans ses Mémoires, parce que ce malheur avait augmenté les embarras personnels du monarque.

Mais mon grand-père, abandonné par les Bavarois, et forcé, par des ordres supérieurs, à rester dans un poste ouvert et intenable, pouvait-il vaincre avec dix mille hommes toutes les forces de l'Autriche? La cour de France, plus impartiale et plus à portée d'être instruite, approuva sa conduite; et le maréchal de Belle-Isle, dont le suffrage est d'un grand poids, lui donna les plus honorables éloges.

Il augmenta sa réputation pendant la défense

opiniâtre de Prague, et se couvrit de gloire par la belle et fameuse retraite de Pfafenhoffen, qu'il fit avec dix mille hommes sans se laisser entamer, et combattant toujours pendant cinquante lieues contre toute l'armée de l'empereur. Il fut récompensé de cette belle action, que l'on compara dans le temps à la retraite des dix mille, par le commandement des Trois-Évêchés et par le cordon bleu.

Son mérite lui avait donné de la réputation, des grâces, des appointemens; mais il n'avait pour tout patrimoine que deux petites terres en Périgord. M. le duc d'Orléans, régent de France, lui avait promis la charge de premier écuyer du roi; mais ce prince mourut d'apoplexie au moment même où il montait chez le jeune monarque pour lui faire signer son travail.

Mon père, le marquis de Ségur, compta moins sur la faveur des princes, et calcula mieux : déjà distingué à vingt-deux ans, colonel et décoré de deux honorables blessures, il plut à une jeune et belle créole de Saint-Domingue, mademoiselle de Vernon, et l'épousa. Elle avait une habitation de cent vingt mille livres de rentes; ce qui procura à mon père la facilité de vivre à la cour et à l'armée, convenablement au rang que lui donnaient sa naissance, les services de son père et les siens.

Le roi Louis XV lui donna le cordon bleu ; il lui accorda aussi le gouvernement de la province de Foix, et la lieutenance générale de Brie et de Champagne, que le régent avait fait obtenir à son père.

J'aurais beaucoup à dire si, en obéissant à mon cœur, je voulais donner ici les détails de la vie glorieuse de celui de qui je tiens le jour. Mais la préface alors serait plus longue que l'ouvrage. Ce sont mes propres souvenirs que j'écris, et je me contente seulement de faire connaître de ma famille ce qui est indispensable pour entrer en matière. Ainsi, pour ce qui regarde mon père, je crois qu'il suffit de répéter ici ce que j'en ai dit dans une notice rapide, publiée le jour où j'ai eu le malheur de le perdre.

Philippe-Henri de Ségur se distingua très jeune dans les guerres de Bohême et d'Italie; il se fit remarquer par son courage, pendant le siége de Prague. A dix-neuf ans on le fit colonel, et, à la bataille de Rocoux, il eut la poitrine percée, de part en part, d'un coup de fusil. A la bataille de Lawfeld, voulant ramener à la charge son régiment qui avait été repoussé trois fois, il eut le bras fracassé ; et, craignant que son absence ne ralentît l'ardeur de ses soldats, il continua de marcher, força les retranchemens, et ne quitta son poste qu'après la victoire. Louis XV, témoin de cette action, dit à son père ces paroles citées par Voltaire : *Des hommes comme votre fils mériteraient d'être invulnérables.*

Son avancement fut proportionné à ses services ; il fut promptement maréchal de camp et lieutenant général. Il sauva un corps d'armée à Varbourg, et ramena près de Minden, au duc de Brissac, dix mille hommes d'infanterie qu'il croyait perdus, et qui avaient combattu contre trente mille ennemis, pendant cinq heures, sans être entamés.

A Clostercamp il reçut un coup de baïonnette dans le cou, trois coups de sabre sur la tête, et fut fait prisonnier, après avoir résisté long-temps aux grenadiers qui l'entouraient. Depuis la paix, il fut inspecteur général d'infanterie, et s'attira la confiance des ministres par son activité, et l'estime de l'armée par sa fermeté.

On lui donna le commandement de la Franche-Comté. Ce poste était difficile : les parlemens et l'autorité, la bourgeoisie et le militaire y avaient toujours été en querelle. Sa justice, son esprit sage, conciliant, et surtout sa franchise, y rétablirent l'harmonie et la tranquillité.

Louis XVI l'appela au ministère de la guerre, en 1780, et le fit maréchal de France, en 1783. Il fut sept ans ministre, rétablit la discipline dans l'armée et l'ordre dans les dépenses. C'est à lui que les soldats durent le bienfait de n'être plus entassés par trois dans un seul lit. Son ordonnance sur les hôpitaux, modèle parfait en ce genre, prouve à quel point il s'occupait de tout régénérer dans cette partie trop négligée de l'administration militaire. Ce fut lui qui conçut l'idée d'un corps d'état-major dans l'armée, institution à laquelle nous devons peut-être aujourd'hui une grande partie des talens et des succès qui depuis ont illustré la France.

Il quitta le ministère, lorsque le cardinal de Loménie et l'intrigue s'emparèrent des conseils. Depuis il vécut modeste et retiré dans le sein de sa famille. Les orages de la révolution lui enlevèrent toute sa fortune qui consistait en pensions, ainsi que les grades et les décorations qu'il avait payés de son sang. La Convention poussa la rigueur et l'injustice, en le réduisant à la misère, jusqu'à faire vendre publiquement ses meubles. Ce respectable guerrier vint chercher un asile dans mes bras, et, malgré ma pauvreté, le bonheur de le nourrir me parut une faveur de la fortune.

A soixante-dix ans, pauvre, infirme, dévoré par la goutte et privé d'un bras, on l'enferma à la Force. Je fus aussi arrêté, mais sans pouvoir partager sa prison; car on ne permit ni à ses enfans ni à son domestique d'y rester avec lui. Il fut aussi courageux dans le malheur qu'il l'avait été dans le danger. Son langage conserva la même sagesse, son maintien la même simplicité, son âme le même calme, qui l'avaient fait respecter au faîte des grandeurs.

Il échappa heureusement au glaive funeste qui moissonnait tout; la tyrannie l'épargna, parce qu'il n'avait plus rien qui tentât son avidité. Les derniers jours de sa vie furent tranquilles : le premier consul, informé de sa position, adoucit la fin de la carrière de ce vieux et respectable guerrier, qui, en le plaçant à l'école militaire, lui avait ouvert le chemin de la gloire. La dernière année de sa vie fut très douloureuse; jamais pourtant il ne se permit aucune plainte. Il mourut comme il avait vécu, maître de lui, et combattant froidement la douleur comme l'infortune.

Il fut puissant et ne commit point d'injustice; il fut opprimé et n'en aima pas moins sa patrie. Bon père, bon époux, bon général, brave soldat, juste et sage ministre, excellent citoyen, sa mémoire doit être révérée par l'armée et par tous les Français. Il mourut à Paris le 8 octobre 1801.

Le hasard a presque toujours plus d'influence sur notre sort que nos calculs et nos penchans. Je me rappelle que l'un des hommes les plus connus pour avoir cherché toute sa vie à fixer la fortune par de profondes et savantes combinaisons, le maréchal de Castries, à l'époque où, comme aide de camp, je le suivais en Bretagne, me dit que, pendant tout le cours de sa brillante carrière, les caprices du sort avaient souvent déjoué ses plus justes calculs, qu'il avait dû la plupart de ses succès et l'accomplissement des vœux de son ambition à des chances imprévues, à des événemens qu'il lui aurait été impossible de deviner, et quelquefois même, ajoutait-il en riant, à des fautes.

L'expérience m'a prouvé la vérité de cette

observation qui m'a été confirmée par une foule de faits. Si l'on y réfléchissait bien, cette vérité devrait rendre les hommes plus indulgens les uns pour les autres, plus modestes dans les succès et plus patiens dans les revers; car, dans le labyrinthe du monde, le chemin qu'on suit, la pente qui nous entraîne, l'issue qu'on trouve, et le but où l'on arrive, dépendent d'une infinité de petites causes où notre prévoyance et notre volonté ne sont pour rien.

Né avec une imagination vive, au milieu d'une cour et d'un siècle où l'on s'occupait plus des plaisirs que des affaires, des lettres que de la politique, des intrigues de la société que des intérêts des peuples, aimant avec passion la poésie et cette philosophie nouvelle qui, soutenue par les armes brillantes des esprits les plus fins et des plus beaux génies, semblait devoir assurer le triomphe de la raison, entraîné par le tourbillon d'un monde vain, léger, spirituel et galant, je me vis tout d'un coup forcé, par l'élévation de mon père au ministère de la guerre, à faire un tout autre emploi de mon temps, à m'occuper des affaires publiques, à sortir du vague des salons pour entrer dans le réel du cabinet, et à rectifier, par la connaissance des hommes, par l'évidence des faits, les erreurs trop fréquentes de l'esprit de système et des théories sans expérience.

Ma famille, depuis plusieurs siècles, avait toujours suivi la carrière des armes; ainsi la gloire militaire était l'unique objet de mes vœux. Comme mon père, estimé dans l'armée, couvert d'honorables blessures, était ministre de la guerre, et devint, quelque temps après, maréchal de France, la fortune, d'accord avec mes sentimens, semblait m'ouvrir, dans le métier des armes, un chemin facile et une perspective brillante.

Ce fut cependant cette position même qui, donnant malgré moi une autre direction à ma destinée, changea mon sort, contraria mes inclinations, m'éloigna de la carrière des armes, et me fit entrer dans celle de la diplomatie, qui n'était conforme ni à mes goûts ni à la franchise très vive de mon caractère.

Le désir ardent de faire la guerre m'entraîna en Amérique, et ce fut précisément ce voyage militaire, dont je retracerai quelques détails, qui devint la cause du changement de mon sort. Quelques lettres que j'écrivis sur la révolution opérée dans les États-Unis, et sur celle

que la disposition des esprits dans l'Amérique
du sud me fit prévoir et prédire, furent lues à
Versailles dans le conseil du roi par M. le comte
de Vergennes, ministre des affaires étrangères.
Dès ce moment il résolut de me prendre dans
son département : en effet, à mon retour d'A-
mérique, il engagea le roi à me nommer ministre plénipotentiaire en Russie.

Avant de raconter ce que j'ai vu et fait dans
cet empire, si nouveau parmi les monarchies
européennes, et devenu en peu de temps si formidable et si colossal, je crois devoir parler de
ma course rapide en Amérique, puisqu'en peu
de mois j'ai passé rapidement des zones les plus
brûlantes aux contrées les plus froides du globe,
et que j'ai vu successivement les deux foyers
opposés du *despotisme* et de la *liberté*, géans
rivaux qui se livrent aujourd'hui un combat à
outrance dont la terre entière est le théâtre, et
dont les peuples seront long-temps les victimes,
quelle qu'en puisse être l'issue.

Né en 1753, les premières années de mon
enfance et de ma jeunesse se sont écoulées sous
le règne de Louis XV : ce monarque, bon et
faible, fut dans sa jeunesse l'objet d'un enthousiasme trop peu mérité; les reproches rigoureux

adressés à sa vieillesse ne furent pas moins exagérés. Héritier du pouvoir absolu de Louis XIV, il régna soixante ans sans qu'on pût l'accuser d'un seul acte de cruauté, fait très rare et par là très remarquable dans les annales du pouvoir arbitraire.

Les victoires de Rocoux, de Lawfeld, de Fontenoy, signalèrent ses premières armes ; mais il ne faisait qu'assister à ces batailles, que décidaient, livraient et gagnaient ses généraux.

Tenant d'une main faible les rênes de l'État, il fallait qu'il fût toujours gouverné ou par ses ministres ou par ses maîtresses. Le duc d'Orléans, régent de France, le cardinal Dubois, M. le duc de Bourbon, le cardinal de Fleury, régirent long-temps l'État sous son nom.

On ne put raisonnablement lui reprocher le désordre des finances, causé par l'ambition de Louis XIV, et aggravé par les folies que l'Écossais Law fit faire au régent. L'enfance du roi doit le mettre également à l'abri du blâme que mérita l'excessive licence des mœurs dans le temps de la régence.

Cette licence pourrait même en quelque sorte expliquer ou excuser son penchant excessif pour les femmes, et les galanteries honteuses qui ternirent sa vie ; car on ne trouve point de prince qui n'ait participé plus ou moins aux erreurs, aux faiblesses et aux folies de son siècle.

D'ailleurs, les Français se sont toujours montrés trop peu sévères sur ce genre de torts ; mais ils veulent au moins que ces taches disparaissent dans les rayons de quelque auréole de gloire : alors ils ne deviennent que trop indulgens, et se montrent presque panégyristes de ces mêmes fautes, commises par le chevaleresque François Ier, par le brave Henri, par le majestueux Louis XIV, tandis qu'ils les reprochent avec amertume au faible Louis XV.

Le ministère long et pacifique du cardinal de Fleury laissa jouir la France, dans l'intérieur, d'un repos nécessaire, cicatrisa quelques-unes de ses plaies, et valut au monarque l'amour du peuple.

La modération du gouvernement donna même quelque apparence de liberté à la sujétion ; les querelles théologiques avaient bien encore une sorte de vivacité. Les jansénistes et les molinistes partageaient toujours les esprits ; mais peu à peu ces querelles étaient atteintes par l'arme invincible du ridicule, que lançait contre elles une philosophie dont l'autorité s'efforçait vainement d'arrêter la marche et de retarder les progrès.

La facilité des mœurs donnait mille moyens d'éluder la sévérité des lois; les actes de rigueur des parlemens contre les écrits philosophiques n'avaient d'autre effet que de les faire rechercher et lire plus avidement. L'opinion publique devenait une puissance d'opposition qui triomphait de tous les obstacles; la condamnation d'un livre était un titre de considération pour l'auteur; et sous le pouvoir d'un roi absolu, la liberté, devenant une mode dans la capitale, y régnait plus que lui.

L'ardeur belliqueuse des Français ne fut que faiblement distraite de cet esprit d'innovation par la guerre de sept ans, guerre entreprise sans raison, conduite sans habileté, et terminée sans succès. Cependant les Français y maintinrent, par leur courage personnel, la gloire de nos armes; plusieurs généraux, tels que les maréchaux d'Estrées, de Broglie, y acquirent une juste renommée. M. de Castries, M. de Rochambeau, et mon père, qui était déjà couvert de blessures, s'y distinguèrent et méritèrent ainsi d'avance, par de nobles actions, le bâton de maréchal, dont ils furent depuis honorés sous un autre règne.

Le génie de Frédéric-le-Grand, et la supériorité des forces navales de l'Angleterre, secondés par les fautes du ministère français, triomphèrent enfin des efforts réunis de la Russie, de l'Autriche et de la France. Nous nous vîmes forcés à conclure, en 1763, une paix déplorable par laquelle nous perdîmes de grandes et riches colonies. On nous imposa même l'humiliante condition de souffrir un commissaire anglais à Dunkerque, chargé de veiller à l'exécution d'une clause de ce traité qui nous défendait de relever les fortifications de cette ville.

La blessure que ces revers firent à l'amour-propre national, fut vive et profonde. Les illusions de l'espérance avaient valu au roi dans sa jeunesse le titre de *bien-aimé;* étant vaincu, il le perdit. Les peuples changent avec la fortune : on ne doit pas s'en étonner ; ils aiment, méprisent ou haïssent l'autorité, selon le bien ou le mal qu'elle leur fait, et souvent ils prodiguent sans mesure leur admiration aux succès et leur mépris aux revers.

La fin du règne de ce monarque fut terne, oisive. Son indolence, ses faiblesses laissèrent tous les ressorts de l'État se détendre. Le pouvoir restait arbitraire, et cependant l'autorité tombait; l'opinion échappait en raillant au despotisme : on ne possédait pas la liberté, mais la licence.

Le roi, préférant le repos à la dignité, et même les basses voluptés à l'amour, languissait enchaîné dans les bras d'une courtisane, lien d'autant plus scandaleux, que, loin de le cacher dans l'ombre, on le rendait public, et qu'une telle maîtresse présentée à la cour la flétrissait.

Le génie brillant et audacieux de M. le duc de Choiseul échoua contre ce méprisable écueil. Il avait répondu par un noble dédain aux avances de la favorite; elle le fit exiler. Mais alors l'opinion publique le consola; jetant pour la première fois un éclair d'existence et de liberté, elle déserta le palais du prince, et vint former une cour dans le château du ministre disgracié.

Toute défense fut vaine; et le roi, presque isolé dans le boudoir de sa maîtresse, vit avec surprise tous les grands seigneurs et toutes les dames, qui précédemment l'entouraient de leurs hommages, devenir tout à coup, par une étrange métamorphose, les courtisans de la disgrâce et du malheur.

Une colonne élevée à Chanteloup, et sur laquelle on inscrivit les noms des nombreux visiteurs de ce lieu d'exil, servit de monument à cette nouvelle *fronde*. Les impressions de la jeunesse sont vives, et jamais je n'oublierai celle que me fit le plaisir de voir le nom de mon père et le mien tracés sur cette colonne d'opposition, présage d'autres résistances qui prirent dans la suite une si grave importance.

M. le duc d'Aiguillon, ainsi que les ministres nommés au gré de la maîtresse du roi, étaient des hommes de talent. Mais, obligés, pour conserver leur crédit, d'obéir aux caprices de madame du Barry, un tel appui les rappetissait et les ridiculisait, de sorte que plus ils devenaient puissans, moins ils étaient considérés.

Le roi voulait le repos à tout prix ; les courtisans voulaient de l'argent à toute heure. Les grandes vues, les grands projets, les nobles pensées auraient inquiété, dérangé, attristé le vieux monarque et sa jeune maîtresse.

Ainsi bientôt il n'y eut plus de dignité dans le gouvernement, d'ordre dans les finances, de fermeté dans la politique. La France perdit son influence en Europe ; l'Angleterre domina tranquillement sur les mers et conquit sans obstacle les Indes. Les puissances du Nord partagèrent la Pologne. L'équilibre établi par la paix de Westphalie fut rompu.

La monarchie française descendit du premier rang, et y laissa monter l'impératrice Catherine II, souveraine de cette Moscovie jusque-là presque ignorée sous les règnes de ses czars. Cet empire, récemment sorti des ténèbres de la barbarie, par le génie de Pierre-le-Grand, après avoir été si long-temps rangé dans l'opinion au nombre des peuples incultes de l'Asie, devint en un demi-siècle, d'abord par notre indolence, et plus tard par notre témérité, une puissance colossale, une domination dont le poids menace l'indépendance de tous les peuples du monde.

La honte attachée à cette léthargie royale, à cette décadence politique, à cette dégradation monarchique, blessa et réveilla la fierté française. On se fit, d'un bout à l'autre du royaume, un point d'honneur de l'opposition; elle parut un devoir aux esprits élevés, une vertu aux hommes généreux, une arme utile aux philosophes, pour recouvrer la liberté, enfin un moyen de briller, et pour ainsi dire une mode que la jeunesse saisit avec ardeur.

Les parlemens firent des remontrances, les prêtres des sermons, les philosophes des livres, les jeunes courtisans des épigrammes. Chacun, sentant le gouvernail tenu par des mains malhabiles, brava un gouvernement qui n'inspirait plus de confiance ni de respect, et les barrières du pouvoir, usées, froissées, n'opposant plus d'obstacle solide aux ambitions privées, celles-ci prirent chacune leur essor, et coururent, sans s'entendre, au même but avec des vues différentes.

Les vieux seigneurs, honteux d'être asservis par une maîtresse subalterne et par des ministres sans gloire, regrettaient les temps de la féodalité, et leur puissance abattue depuis Richelieu. Le clergé se rappelait avec amertume son influence sous le règne de madame de Maintenon. Les grands corps de la magistrature opposaient au pouvoir arbitraire et à la dilapidation des finances une résistance qui les rendait populaires.

Tout semblait respirer l'esprit de la ligue et de la fronde, et, comme il faut à l'opinion générale, quand elle veut se soulever, un point de ralliement, une sorte d'étendard, les philosophes le donnèrent. Les mots *liberté*, *pro-*

priété, *égalité*, furent prononcés. Ces paroles magiques retentirent au loin, et furent d'abord répétées avec enthousiasme par ceux-là mêmes qui dans la suite leur attribuèrent toutes leurs infortunes.

Personne ne songeait à une révolution, quoiqu'elle se fît dans les opinions avec rapidité. Montesquieu avait rendu à la clarté du jour les titres des anciens droits des peuples si long-temps enfouis dans les ténèbres. Les hommes mûrs étudiaient et enviaient les lois de l'Angleterre. Les jeunes gens n'aimaient plus que les chevaux, les jockeys, les bottes et les fracs anglais.

Tous les préjugés étaient à la fois attaqués par l'esprit fin et brillant de Voltaire, par la logique éloquente de Rousseau, par l'arsenal encyclopédique de D'Alembert et de Diderot, par les véhémentes déclamations de Raynal; et, tandis que cet éclat de lumières changeait ainsi soudainement les mœurs, toutes les classes de l'ancien ordre social, perdant, sans s'en douter, leurs racines, conservaient encore leur fierté native, leur splendeur apparente, leurs vieilles distinctions et tous les signes de la puissance. Elles étaient semblables, en ce point, à ces tableaux brillans, formés de mille couleurs et tracés avec du sable sur les cristaux de nos festins, où l'on admire de magnifiques châteaux, de rians paysages et de riches moissons que le plus léger souffle suffit pour effacer et faire disparaître.

Le gouvernement, en butte à tant de traits qui l'attaquaient de toutes parts, sortit enfin tardivement de son sommeil; et, violent comme l'est toujours la faiblesse irritée, il prit le parti téméraire d'exiler et de casser tous les parlemens : c'était porter lui-même la hache aux bases les plus solides de l'ancien édifice social, et se priver, dans cette crise imminente, de ses plus fermes appuis.

La haine contre le pouvoir s'en accrut : l'esprit national parut suivre dans leur exil les parlemens chassés. Ceux qui leur succédèrent n'obtinrent aucune considération. Le trône cessa d'être un objet de respect, ou du moins ce respect et l'espérance publique ne se portèrent plus que vers la partie du palais où vivaient modestement le jeune dauphin, depuis Louis XVI, et son épouse Marie-Antoinette d'Autriche.

Concentrant en eux seuls la dignité royale, les vertus publiques et privées, et l'amour du bien public, la pureté de leurs mœurs formait un contraste étonnant avec la licence qu'une courtisane audacieuse faisait régner dans le reste de la cour; la contagion du vice n'osait s'approcher de cet asile de la pudeur.

Là, chacun croyait pressentir pour la patrie l'avenir le plus heureux. Hélas! nul ne pouvait prévoir que deux êtres, qui semblaient formés par la Providence pour faire notre bonheur et pour en jouir, dussent être un jour victimes des caprices de la fortune, et tomber sous les coups de la plus violente et de la plus sanglante anarchie.

Récemment présenté à la cour, traité avec faveur par le dauphin et la dauphine, je faisais partie de la jeunesse brillante qui les entourait. Comment craindre, à l'aspect d'une aurore si riante, de si prochaines et de si violentes tempêtes!

Le vieil édifice social était totalement miné dans ses bases profondes, sans qu'à la superficie aucun symptôme frappant annonçât sa chute prochaine. Le changement des mœurs était inaperçu, parce qu'il avait été graduel : l'étiquette était la même à la cour; on y voyait le même trône, les mêmes noms, les mêmes distinctions de rang, les mêmes formes.

La ville suivait l'exemple de la cour. L'antique usage laissait entre la noblesse et la bourgeoisie un immense intervalle, que les talens seuls les plus distingués franchissaient moins en réalité qu'en apparence : il y avait plus de familiarité que d'égalité.

Les parlemens, bravant le pouvoir, mais avec des formes respectueuses, étaient devenus presque républicains sans s'en douter, et ils sonnaient eux-mêmes l'heure des révolutions, en croyant ne suivre que les exemples de leurs prédécesseurs, lorsque ceux-ci résistaient au concordat de François Ier et au despotisme fiscal de Mazarin.

Les chefs des vieilles familles de la noblesse, se croyant aussi inébranlables que la monarchie, dormaient sans crainte sur un volcan. L'exercice de leurs charges, les promotions, les faveurs ou les froideurs royales, les nominations ou les renvois de ministres, étaient les seuls objets de leur attention, les motifs de leurs mouvemens, les sujets de leurs entretiens. Indifférens aux vraies affaires de l'État comme aux leurs, ils laissaient gouverner les unes par les intendans de province, comme les autres par leurs propres intendans; seulement ils regardaient d'un œil chagrin et méprisant les changemens de costumes qui s'introduisaient, l'abandon des livrées, la vogue des fracs et des modes anglaises.

Le clergé, fier de son crédit et de ses richesses, était loin de croire son existence menacée; mais il s'irritait contre la hardiesse des philosophes, et, quoiqu'une partie des membres de ce corps, se mêlant trop à la société, participât en quelque sorte aux mœurs nouvelles, ne se bornant pas à attaquer la licence, il s'efforçait inutilement de repousser des vérités que la disparition des ténèbres rendait palpables à tous les yeux, et il s'obstinait à faire respecter de vieilles et puériles superstitions, frappées à mort par le flambeau de la raison et par les armes légères du ridicule.

Au reste, comme chacun se ressent de l'atmosphère de son siècle, ce même clergé avait adouci ses austérités qui rendaient la fin du règne de Louis XIV si triste; il laissait tomber en désuétude les édits persécuteurs contre les protestans, cause de tant de honte et de dommage pour la France, et ses débats acharnés sur Jansénius et Molina.

Pour nous, jeune noblesse française, sans

regret pour le passé, sans inquiétude pour l'avenir, nous marchions gaîment sur un tapis de fleurs qui nous cachait un abîme. Rians frondeurs des modes anciennes, de l'orgueil féodal de nos pères et de leurs graves étiquettes, tout ce qui était antique nous paraissait gênant et ridicule. La gravité des anciennes doctrines nous pesait. La philosophie riante de Voltaire nous entraînait en nous amusant. Sans approfondir celle des écrivains plus graves, nous l'admirions comme empreinte de courage et de résistance au pouvoir arbitraire.

L'usage nouveau des cabriolets, des fracs, la simplicité des coutumes anglaises nous charmaient, en nous permettant de dérober à un éclat gênant tous les détails de notre vie privée. Consacrant tout notre temps à la société, aux fêtes, aux plaisirs aux devoirs peu assujettissans de la cour et des garnisons, nous jouissions à la fois avec incurie et des avantages que nous avaient transmis les anciennes institutions, et de la liberté que nous apportaient les nouvelles mœurs : ainsi ces deux régimes flattaient également l'un notre vanité, l'autre nos penchans pour les plaisirs.

Retrouvant dans nos châteaux, avec nos paysans, nos gardes et nos baillis, quelques vestiges de notre ancien pouvoir féodal, jouissant à la cour et à la ville des distinctions de la naissance, élevés par notre nom seul aux grades supérieurs dans les camps, et libres désormais de nous mêler, sans faste et sans entraves, à tous nos concitoyens pour goûter les douceurs de l'égalité plébéienne, nous voyions s'écouler ces courtes années de notre printemps dans un cercle d'illusions et dans une sorte de bonheur qui, je crois, en aucun temps, n'avait été destiné qu'à nous. Liberté, royauté, aristocratie, démocratie, préjugés, raison, nouveauté, philosophie, tout se réunissait pour rendre nos jours heureux, et jamais réveil plus terrible ne fut précédé par un sommeil plus doux et par des songes plus séduisans.

Mon enfance s'était écoulée sous la fin du règne de Louis XV. Je ne fus présenté à sa cour que trois ans avant sa mort. Cependant le hasard m'avait donné l'occasion de le voir et de l'approcher beaucoup plus tôt. En 1767, le roi avait rassemblé à Compiègne un camp de dix mille hommes pour y faire exécuter de grandes manœuvres. Mon père commandait ces troupes, et, quoique je n'eusse alors que quatorze ans, il me permit de le suivre en qualité d'aide de camp.

Après les revues et les manœuvres, le roi fit à mon père l'honneur de venir souper chez lui. Suivant l'usage, celui qui recevait à sa table le monarque, devait se placer derrière son fauteuil et le servir. Mon père se disposait à suivre cette étiquette; mais Louis XV lui dit : « Vous » m'avez assez long-temps servi à la guerre pour » vous reposer pendant la paix; asseyez-vous » près de moi, votre fils me servira. »

Comme on peut le croire, je pris l'assiette, la serviette, et je me plaçai derrière le roi avec la vivacité d'une joie enfantine qui au reste ne pouvait étonner personne; car, depuis la chute des libertés du monde romain, dans toutes les monarchies modernes, le service domestique du prince a été regardé comme un honneur: on l'a décoré du titre de *charge* et de *grande charge*, et les princes de la famille royale passent eux-mêmes la chemise au roi.

Les titres d'écuyer, de grand écuyer, de maître-d'hôtel, de grand-maître de la garde-robe, attestent encore la force et la durée de ces usages renouvelés des anciennes monarchies de l'Orient, usages qui ont résisté à la philosophie, tellement qu'on les voit encore en vigueur dans cette fière et libre Angleterre, où presque toujours on a lié les mains des princes qu'on servait à genoux.

Le roi me parla plusieurs fois pendant ce repas, et je me rappelle entr'autres choses qu'il me dit : « Vous serez heureux à la guerre. » Je lui répondis « que tout ce que je désirais, c'é-
» tait de me voir bientôt à portée de vérifier la
» justesse de sa prédiction. » « Elle est certaine,
» me répliqua-t-il ; vous êtes d'une famille où
» les chances de bonheur et de malheur sont
» alternatives. Toujours, depuis plusieurs gé-
» nérations, l'un de vos pères a été blessé, et
» son fils est sorti sain et sauf de toutes les
» affaires ; récemment encore votre aïeul a
» perdu une jambe à la guerre; votre grand-
» père a combattu toute sa vie sans être atteint
» d'une balle ; votre père est criblé des blessu-
» res qu'il a reçues : ainsi la bonne chance sera
» pour vous. »

A la fin du dîner, il me demanda quelle heure il était : je lui répondis que je n'en savais rien, n'ayant pas de montre. « Ségur, dit-il à
» mon père, donnez sur-le-champ votre mon-
» tre à votre fils. » Il eût peut-être été plus

naturel de me donner la sienne ; au reste, ce prince m'envoya le lendemain deux jolis chevaux de ses écuries, et certes c'était le présent le plus agréable qu'à mon âge on pût recevoir.

Je me souviens toujours d'un mot échappé à un grenadier pendant ce repas, et qui me frappa. La table était servie sous une immense tente ; elle était à peu près de cent couverts. Des grenadiers portaient les plats. L'odeur que répandaient ces soldats, dans un lieu étroit et échauffé, blessa la délicatesse des organes du prince. « Ces braves gens, dit-il un peu trop » haut, sentent diablement le chausson. » » C'est, répondit brusquement un grenadier, » parce que nous n'en avons pas. » Un profond silence suivit cette réponse.

Avant que le camp ne se séparât, un déserteur, traduit devant le conseil de guerre, fut condamné à la mort : c'était la loi du temps. Ma mère courut se jeter aux pieds du roi et obtint la grâce du coupable. Sedaine me dit que ce fut à l'occasion de cet événement que depuis il fit l'opéra du *Déserteur*, dont Monsigny composa la musique.

Un souvenir d'un genre bien différent, un souvenir fatal est resté profondément gravé dans ma mémoire : à l'époque du mariage de Louis XVI avec Marie-Antoinette d'Autriche, mon gouverneur me conduisit avec mon frère sur les échafauds dressés dans la place Louis XV, pour voir le feu d'artifice tiré sur le bord de la rivière.

Après ce feu d'artifice, la foule immense qui remplissait la place et les Champs-Élysées, voulut se porter tout à la fois du côté du boulevard, où une brillante illumination était préparée. Par un étrange concours de fautes et de négligences, ceux qui travaillaient à l'achèvement des colonnades, avaient laissé ouvertes dans la rue Royale de profondes tranchées.

D'innombrables files de voitures, arrivant des deux extrémités de la rue Saint-Honoré, obstruèrent la communication de la place au boulevard.

Aucun soin n'avait été pris pour s'opposer au désordre ; les archers du guet étaient en trop petit nombre pour résister. Le prévôt des marchands avait refusé, par lésinerie, mille écus demandés par le maréchal de Biron pour charger les gardes françaises de veiller à la sûreté publique. Un grand nombre de filous, habiles à profiter de cette circonstance, formèrent des attroupemens et entravèrent la marche de tous ceux qui s'avançaient en foule dans la rue Royale.

Au milieu de cette confusion rapidement augmentée par la terreur, plusieurs personnes tombèrent dans les tranchées ouvertes qu'elles ne pouvaient éviter. D'autres victimes tombèrent sur elles; les flots de la foule s'accroissant sans cesse dans un passage qui n'avait pas d'issue, on fut bientôt pressé, foulé, renversé, étouffé.

Les premiers auteurs de ce tumulte, des scélérats gorgés de pillage, y périrent eux-mêmes, après avoir arraché aux hommes leurs bourses, leurs montres, aux femmes leurs bijoux, leurs diamans. Il resta six cents morts sur cette arène sanglante; un nombre à peu près égal de blessés et de mourans dut la vie à des secours tardifs.

Je crois encore entendre les cris des femmes, des vieillards, des enfans qui périssaient entassés l'un sur l'autre : horrible catastrophe qui coûta la vie à tant de victimes, et qu'un siècle plus superstitieux aurait regardée comme un présage certain de l'affreux malheur du jeune couple dont l'hymen avait été célébré sous de si sanglans auspices !

Il est certains rapports extraordinaires et fortuits qui semblent rendre excusables la faiblesse et la crédulité : comment se défendre de croire aux pressentimens, lorsqu'on songe que cette même place de Louis XV, où tout Paris, accourant en fête, s'était vu tout à coup plongé dans le deuil, fut, peu d'années après, l'horrible théâtre où tombèrent les têtes des deux augustes époux, et que ce crime atroce se commit au même lieu où les fêtes de leur hyménée avaient été troublées par cet effroyable massacre !

Ce désastre consterna Paris ; mais en même temps il augmenta l'affection des habitans de cette capitale pour le dauphin et pour la dauphine, qui firent éclater dans cette circonstance la plus noble sensibilité et la plus active bienfaisance.

Bientôt un autre spectacle frappa mon jeune esprit, et lui donna matière à de bien graves réflexions dans une cour et à un âge où les sensations ne distrayaient que trop de la pensée.

Au mois d'avril 1774, Louis XV, allant à la chasse, rencontra un convoi et s'approcha du cercueil. Comme il aimait à questionner, il demanda qui on enterrait. On lui dit que c'était une jeune fille morte de la petite vérole. Saisi d'une soudaine terreur, il rentra dans son palais et fut, deux jours après, atteint de cette cruelle maladie dont le nom seul l'avait effrayé. Il était frappé à mort : son sang se décomposa ; la gangrène se déclara ; il mourut. On couvrit son corps de chaux, et on l'emporta sans aucune cérémonie à Saint-Denis. Quarante jours après, on célébra ses obsèques et on le plaça avec pompe dans la tombe de ses aïeux.

Ébloui, dès mon enfance, par l'éclat du trône, par l'étendue de la puissance royale, témoin du zèle apparent, de l'ardeur affectée, de l'empressement continu des courtisans, et de ces hommages perpétuels qui ressemblaient à une sorte de culte, l'agonie et la mort du roi m'arrachaient des larmes. Quelle fut ma surprise, lorsqu'en accourant à Versailles, je me promenai solitaire dans le palais, lorsque je vis régner partout, dans la ville, dans les jardins, une indifférence générale et même une espèce de joie ! Le soleil couchant était oublié ; toutes les adorations se tournaient vers le soleil levant. Avant d'être dans la tombe, le vieux monarque était déjà rangé au nombre de ses silencieux et immobiles prédécesseurs. Son règne était dèslors une histoire ancienne : on ne s'occupait que de l'avenir; les vieux courtisans ne pensaient qu'à conserver leur crédit sous le nouveau règne, et les jeunes à les supplanter.

Le contre-poison des prestiges de la cour est un changement de règne : le cœur alors paraît à nu; toute illusion cesse; le roi mort n'est plus qu'un homme, et souvent moins. Il n'y a point de coup de théâtre plus moral et plus propre à faire réfléchir.

Il est dans la destinée des peuples, comme dans celle des individus, de vivre dans un état presque perpétuel de souffrance; aussi les peuples, comme les malades, aiment à changer de position : ce mouvement leur donne l'espoir de se trouver mieux.

Cette fois tout semblait justifier une telle espérance : on voyait monter au trône un jeune prince qui s'était déjà fait connaître généralement par la bonté de son cœur, la justesse de son esprit et la simplicité de ses mœurs. Il paraissait n'éprouver d'autre passion que celle de remplir ses devoirs et de rendre ses sujets heureux. Ennemi du faste, du luxe, de l'orgueil, de la flatterie, on eût dit que le ciel avait formé ce roi non pour sa cour, mais pour son peuple.

La reine Marie-Antoinette, douée de tous les

agrémens de son sexe, réunissait à la dignité du maintien, qui inspire le respect, la grâce qui adoucit la majesté. Ses traits seuls portaient quelque empreinte de la fierté autrichienne. Toutes ses manières et ses paroles étaient aimables, engageantes et françaises. Peut-être trop ennuyée de l'étiquette dont madame la maréchale de Mouchy, sa dame d'honneur, s'efforçait de lui faire subir le joug, elle se plut trop à se dégager de ces liens incommodes pour jouir des douceurs de la vie privée; elle avait besoin d'amies, besoin qu'éprouvent bien rarement les personnes placées si haut.

C'était une imprudence que d'écouter trop son cœur. Le peuple français, malgré la légèreté qu'on lui reproche, et peut-être même à cause de cette légèreté, cesse bientôt de respecter l'autorité qui le gouverne, dès qu'il la voit dépouillée d'une certaine gravité. Il lui faut une bonté sérieuse, qui le contienne et mette obstacle à la familiarité.

Un roi jeune, dont le défaut principal était de se méfier trop de lui-même, et de se montrer presque honteux de l'éducation négligée qu'il avait reçue; une reine spirituelle, mais un peu légère et inexpérimentée, pouvaient difficilement gouverner une nation mobile, ardente, avide de gloire et de nouveautés, dont les finances étaient en désordre, et les esprits en agitation, qui brûlait de se venger des affronts d'une guerre malheureuse, et de se relever de la honte d'un règne voluptueux. Une philosophie nouvelle la disposait à rompre tous les liens qu'un gouvernement arbitraire sans talens, et une licence habituelle de mœurs lui faisaient regarder comme de gothiques chaînes.

Dans cette position critique, le jeune monarque comprit qu'il lui fallait un guide, un soutien, un premier ministre; il en choisit un, et ce choix ne fut pas heureux. La reine, vivement pressée par les instances des nombreux amis du duc de Choiseul, se montrait assez favorable à son rappel; mais le roi conservait contre ce ministre de fortes préventions qu'il tenait de son père et des personnes qui avaient présidé à son éducation.

Louis XVI prit d'abord la résolution de confier les rênes du gouvernement à M. de Machault, administrateur habile et magistrat sévère. La dépêche qui lui annonçait sa nomination était écrite; on l'avait remise au courrier, lorsque tout à coup le roi la reprit : il avait changé de dessein. L'austérité de M. de Machault alarmait le clergé, qu'il aurait voulu contenir rigoureusement dans les limites de l'autorité spirituelle.

Mesdames, tantes du monarque, le déterminèrent à nommer un autre premier ministre : ce fut le comte de Maurepas, qui, à peine au sortir de l'enfance, avait été ministre dans les derniers jours de Louis XIV. Son caractère facile, son esprit aimable et léger lui donnaient beaucoup d'amis. Son penchant pour la raillerie lui avait attiré une longue disgrâce, qu'il supporta avec une insouciance qu'on prenait pour de la sagesse. Son grand âge lui faisait attribuer une expérience rassurante, et la frivolité, sous les cheveux blancs de la vieillesse, se trouva ainsi, par un caprice du sort, chargée de diriger le vaisseau de l'État au milieu des écueils qui l'entouraient, et à l'approche de l'époque des tempêtes.

M. de Maurepas, vieillard octogénaire, nommé ministre à l'âge de vingt ans, tombé depuis en disgrâce pour une chanson faite contre madame de Pompadour, maîtresse de Louis XV, chanson qu'on lui imputait faussement, avait été vingt-cinq ans exilé.

Ce ministre avait vécu et brillé sous la régence. On reconnaissait en lui, malgré les traces du temps et l'ennui d'une longue disgrâce, l'insouciance et la légèreté de l'époque de ses anciens succès. L'âge augmentait son penchant à l'égoïsme, et le seul but de son ministère fut d'éviter toute secousse, de s'abstenir de toute grande mesure qui aurait pu compromettre son repos. Il ne voulait que conserver tranquillement sa place, et finir doucement sa vie. Prendre le temps et les hommes comme ils étaient, maintenir la paix au dehors et au dedans, telle fut toute sa politique : elle ne nuisait, ne remédiait à rien, n'aggravait aucun dommage, ne réparait aucune ruine; c'était pour les maux de l'État plutôt un calmant qu'un remède.

Il laissa donc paisiblement les vieilles idoles conserver leur culte, les innovateurs propager leurs opinions ; toute carrière fut laissée libre aux passions nouvelles, pourvu qu'elles agissent sans bruit. Sous la conduite de ce singulier mentor, le roi et la cour s'endormirent avec confiance sur le bord d'un abîme que ce vieillard aimable et une société brillante semaient de fleurs.

Au moment où M. de Maurepas fut nommé,

la querelle qui existait entre les anciens parlemens renvoyés et ceux qui les avaient remplacés semblait le seul indice d'un orage prochain. M. de Maurepas se hâta d'éteindre ce feu qui l'alarmait. Il rappela les parlemens disgraciés ; leur exil avait été un acte de tyrannie ; leur rappel n'aurait pas dû être un triomphe pour eux, il le fut. On leur rendit, sans conditions, leur puissance, et cette victoire de l'indépendance de la haute magistrature sur l'autorité enhardit l'esprit de résistance et d'innovation. Une rigueur injuste avait fait naître l'esprit de liberté en le comprimant ; un acte de justice fait avec faiblesse lui donna un nouvel essor.

Il n'entre point dans mon dessein de peindre ici la politique et l'administration de ces premières années du règne de Louis XVI. Ma jeunesse ne me permettait pas d'y jouer un rôle, et par conséquent d'en bien connaître les mouvemens. A mon âge je ne pouvais encore suivre et voir que la cour, les sociétés brillantes de Paris, leurs séduisantes superficies et le tourbillon de leurs plaisirs.

Tous ceux qui occupaient des places, des charges près du trône, étaient d'un autre temps, d'un autre siècle que nous. Nous respections extérieurement les vieux débris d'un antique régime dont nous frondions, en riant, les mœurs, l'ignorance et les préjugés ; ne songeant point à leur disputer le fardeau des affaires, nous ne pensions qu'à nous amuser, et, guidés par le plaisir, c'était au milieu des bals, des fêtes, des chasses, des jeux et des concerts, que nous nous avancions gaîment sans prévoir nos destinées.

Entravés dans cette marche légère par l'ancienne morgue de la vieille cour, par les ennuyeuses étiquettes du vieux régime, par la sévérité de l'ancien clergé, par l'éloignement de nos pères pour nos modes nouvelles, pour nos costumes favorables à l'égalité, nous nous sentions disposés à suivre avec enthousiasme les doctrines philosophiques que professaient des littérateurs spirituels, hardis. Voltaire entraînait nos esprits ; Rousseau touchait nos cœurs ; nous sentions un secret plaisir à les voir attaquer un vieil échafaudage qui nous semblait gothique et ridicule.

Ainsi, quoique ce fussent nos rangs, nos priviléges, les débris de notre ancienne puissance qu'on minait sous nos pas, cette petite guerre nous plaisait : nous n'en éprouvions pas les atteintes, nous n'en avions que le spectacle. Ce n'étaient que des combats de plume et de paroles, qui ne nous paraissaient pouvoir faire aucun dommage à la supériorité d'existence dont nous jouissions, et qu'une possession de plusieurs siècles nous faisait croire inébranlable.

Les formes de l'édifice restant intactes, nous ne voyions pas qu'on le minait en dedans; nous riions des graves alarmes de la vieille cour et du clergé, qui tonnaient contre cet esprit d'innovation. Nous applaudissions les scènes républicaines de nos théâtres, les discours philosophiques de nos académies, les ouvrages hardis de nos littérateurs, et nous nous sentions encouragés dans ce penchant par la disposition des parlemens à fronder l'autorité, et par les nobles écrits d'hommes tels que Turgot et Malesherbes, qui ne voulaient que de salutaires, d'indispensables réformes, mais dont nous confondions la sagesse réparatrice avec la témérité de ceux qui voulaient plutôt tout changer que tout corriger.

La liberté, quel que fût son langage, nous plaisait par son courage, l'égalité par sa commodité. On trouve du plaisir à descendre, tant qu'on croit pouvoir remonter dès qu'on le veut;

et, sans prévoyance, nous goûtions tout à la fois les avantages du patriciat et les douceurs d'une philosophie plébéienne.

Ce fut de cette sorte que s'établit peu à peu, entre les mœurs de la vieille et de la jeune cour, la même rivalité et la même différence qui préludaient alors dans les opinions, par des escarmouches légères, à ces terribles combats qui ont depuis changé la face du monde.

Cependant, nourris, dès notre enfance, des maximes de l'ancienne chevalerie, notre imagination regrettait ces temps héroïques et presque fabuleux. Aussi le premier combat qui se livra entre les vieux et les jeunes courtisans, fut une tentative de notre part, faite dans le dessein de reprendre l'usage des habillemens, des coutumes et des jeux de la cour de François Ier, de Henri II, de Henri III et de Henri IV.

Bientôt nous fîmes adopter ces idées par les frères du roi, Monsieur et M. le comte d'Artois, qui favorisèrent nos projets avec autant d'ardeur que d'activité. Nous eûmes d'abord un brillant succès : peu s'en fallut qu'il ne fût complet et que la révolution des modes ne devînt totale. Mais notre triomphe n'eut que la durée d'un carnaval : dès qu'il fut fini, les vieux seigneurs reprirent leur empire, les usages de Louis XIV et de Louis XV, leur puissance; et nous allâmes oublier dans nos garnisons, sous les règles de la discipline nouvelle, nos rêves trop courts de chevaliers et de paladins.

Cette faveur passagère et cet essai d'innovations avaient commencé très gaîment par des ballets et par des quadrilles. MM. de Noailles, d'Havré, de Guémené, de Durfort, de Coigny, les deux Dillon, mon frère et moi, La Fayette, une troupe choisie de jeunes dames, composaient ces quadrilles.

La nécessité de faire des répétitions, avant d'exécuter ces ballets, nous avait donné un libre et fréquent accès chez la reine, chez les princesses et dans l'intérieur des appartemens des princes. La gaîté qui présidait à ces répétitions et à ces amusemens, les multiplia. La gravité des vieux courtisans qui possédaient les grandes charges, ne permettait guère de les y admettre. Leur présence et leurs formes cérémonieuses auraient attristé notre joie.

Les costumes divers que nous prenions nous paraissaient aussi gracieux, aussi nobles et pittoresques que l'habillement français moderne nous semblait ridicule. Nous recherchâmes celui de tous qui convenait le mieux à une cour chevaleresque, galante et belliqueuse. Les princes choisirent celui d'Henri IV, et, après l'avoir porté dans quelques quadrilles qui furent fort applaudis, nous obtînmes une décision qui obligeait tous les hommes invités au bal de la reine à se revêtir de cet ancien costume.

Il convenait admirablement à la jeunesse, mais il allait fort mal aux hommes d'un âge mûr et d'une taille courte et épaisse. Ces manteaux de soie, ces panaches, ces rubans et leurs vives couleurs rendaient ridicules tous ceux que la nature avait privés de grâces, et l'âge de fraîcheur.

Au milieu de nos jeux, de nos bals, de nos répétitions, la politique osa pénétrer en riant et en ne se montrant d'abord que sous les traits de la folie. Le rappel des parlemens occupait alors les esprits. Nous parodiâmes les séances de ces graves assemblées. Un des princes joua le rôle de premier président; d'autres ceux d'avocats, de procureurs-généraux, de conseillers; et ce qui aujourd'hui pourra peut-être sembler assez piquant, c'est que La Fayette, dans une de ces joyeuses audiences, remplit les fonctions de procureur général.

Le mécontentement que l'intimité accordée par les princes à quelques jeunes courtisans, inspirait aux grandes charges, aux représentans de la vieille cour, éclatait fréquemment; ils cherchaient avec une humeur active l'occasion d'éloigner ce jeune essaim de favoris. Nous sûmes bientôt qu'ils voulaient profiter de notre étourderie, et qu'ils avaient fait sentir à M. de Maurepas l'inconvénient de laisser les princes entourés de jeunes et légers courtisans qui s'étaient permis de parodier ainsi les parlemens et la magistrature.

Pour détourner l'orage qui nous menaçait, il me vint l'idée de prévenir adroitement le coup qu'on voulait nous porter. Me trouvant au coucher du roi, je m'approchai d'un de mes amis, et en lui parlant d'une de nos joyeuses séances, j'eus soin de rire avec une indiscrétion qui me fit remarquer par le roi.

Venant alors à moi, il me demanda le sujet de cette bruyante gaîté. Après m'être défendu quelques momens d'en avouer tout haut le motif, comme il me dit de le suivre, je m'approchai d'une fenêtre, et là je lui contai tout ce qui s'était passé dans une de nos séances parlementaires, en donnant à ce récit les formes, la variété et les couleurs qui pouvaient le rendre amusant pour sa majesté. Le roi m'écouta avec plaisir et rit beaucoup.

Le lendemain, je sus qu'au moment où M. le comte de Maurepas avait voulu provoquer contre nous la sévérité royale, et s'efforçait de lui montrer les conséquences d'un travestissement qui livrait au ridicule d'une jeune cour la dignité du parlement, le roi lui répondit : « Cela » suffit : on y songera pour l'avenir; mais à pré- » sent il n'y a rien à faire, car je suis presque » moi-même au nombre des coupables. J'ai tout *** ; mais, loin de m'en fâcher, j'en ai ri. » *** ne recommençâmes plus ; cependant nos quadrilles continuèrent, et, malgré le mécontentement de la vieille cour, notre faveur dura autant que le carnaval. Mais dès que l'heure des austérités eut succédé à celle des plaisirs, la grave étiquette nous interdit toute entrée familière; les occupations sérieuses prirent la place des amusemens. Le vieil habit de cour triompha de nos costumes chevaleresques, et, recevant, pour notre profit, une utile leçon sur les vicissitudes de la fortune, nous nous vîmes retomber du faîte d'une faveur qui, malgré sa frivolité et sa briéveté, avait fait tant de jaloux, dans la foule des courtisans, apprenant de bonne heure, par là, que la faveur a des ailes comme le plaisir.

L'hiver suivant, le sort m'offrit, par un caprice assez bizarre, une étrange occasion de retrouver les bontés de l'un de nos princes. C'était encore dans ce temps de plaisirs si favorable à la jeunesse : une imprudente vivacité me valut alors une faveur précieuse qui se montra constante plusieurs années, et qu'interrompirent seuls les grands événemens qui firent bien d'autres changemens dans le monde.

J'étais au bal de l'Opéra, à visage découvert, et je me promenais en donnant le bras à un masque aimable sous lequel se cachait une femme du rang le plus distingué. Tout à coup je vois un homme masqué et en domino s'approcher de nous, et m'enlever sans façon le bras de la dame que j'accompagnais. Surpris de cette liberté, je repris brusquement le bras de cette dame, en exprimant, sans ménagement, à l'inconnu le mécontentement et la surprise que m'inspirait son audace.

Il me répondit sur le même ton, et, comme je voulais répliquer, il s'approcha de mon oreille, et me dit : « Ne faisons point de bruit

» ici, je vous rendrai raison autre part. » « La
» partie n'est pas égale, lui répondis-je; vous
» savez qui je suis et vous m'êtes inconnu;
» nommez-vous. » « Cela n'est pas nécessaire,
» reprit-il; allez-vous demain au bal de la
» reine? » « Oui, lui répliquai-je. » « Eh bien,
» dit-il, je vous y trouverai. » A ces mots il
s'éloigna.

Ce qui m'étonnait le plus, c'était de voir que
la dame, témoin et sujet de cette querelle, loin
d'en paraître alarmée, en riait et semblait,
sans vouloir la nommer, connaître la personne
qui m'avait si lestement enlevé son bras.

On peut facilement penser que le lendemain
je me rendis un des premiers à Versailles, au
bal de la reine. J'allais au devant de chaque
individu qui arrivait, croyant que c'était celui
auquel j'avais eu affaire; mais leur abord amical
ou insignifiant faisait promptement évanouir
cette idée. Enfin la salle du bal se remplit totalement
sans que personne vînt me donner l'explication
que j'attendais.

Bientôt les portes intérieures s'ouvrent; la
cour paraît : les membres de la famille royale
prennent leurs places; ensuite, avant de commencer
les contre-danses, les princes s'avancent

de notre côté, et adressent successivement la parole à ceux qu'ils veulent honorer de cette faveur.

L'un d'eux s'approche de moi et me dit : « Mon-
» sieur de Ségur, où logez-vous à Versailles ? »
Je lui répondis que je demeurais à l'hôtel d'Or-
léans, et je pris la liberté de lui demander le motif de cette question. « C'est, me dit-il tout
» bas, pour vous donner une petite explication
» relative à ce qui s'est passé hier au bal de
» l'Opéra entre vous et un masque. Je suis prêt
» à vous en faire raison, et vous laisse le choix
» des armes, depuis l'épingle jusqu'au canon,
» à moins que vous n'aimiez mieux recevoir le
» titre de *mon frère d'armes*, qui sera le gage
» de mon amitié. » Je me confondis alors en excuses et en remercîmens, aussi étonné que satisfait de voir une telle aventure terminée par un dénouement si heureux et si imprévu.

Depuis, ce prince ne cessa point de me trai-
ter avec une extrême bonté ; il me fit jouir souvent de son entretien, dans lequel on remarquait une instruction étendue et un esprit ai-
mable. Il me permit de lire des vers qu'il avait composés, et daigna jeter les yeux sur quelques-
uns des miens. Il me décora de l'ordre royal,

dont il était grand-maître, après mon retour d'Amérique et au moment où j'allais partir pour la Russie.

A Pétersbourg, je reçus plusieurs lettres de lui, dans lesquelles il me donnait toujours le titre qui m'avait inspiré tant de reconnaissance. Mais malheureusement, à la fin des cinq années de ma mission, la France fut bouleversée; tout changea. A mon retour à Paris, je vis rarement ce prince auguste, que les malheurs du temps forcèrent bientôt de quitter précipitamment sa patrie.

Ma position, ma famille et mes opinions me décidèrent à demeurer dans les rangs de ceux qui espéraient sauver leur pays en y restant. Ainsi ces orages politiques qui ébranlèrent tous les trônes, qui créèrent, détruisirent tant d'illusions, et qui firent éclater tant de crimes, de gloire et de vertus, me séparèrent nécessairement du prince dont les bontés m'avaient donné tant d'espoir. Je ne le revis qu'à la restauration, et il ne m'est resté de cet heureux lien que le souvenir et la reconnaissance.

Si ce prince vivait encore, et s'il eût jeté ses regards sur ces lignes, il aurait souri et m'aurait pardonné l'hommage respectueux que je lui rends, en osant rappeler un des traits de sa jeunesse qui honorent également les grâces de son esprit et l'aménité de son caractère.

Au reste, dans ces premières années, tout souriait à ma jeunesse. On dirait que la fortune est comme la nature et qu'elle réserve toutes ses fleurs pour le printemps. Mon avancement militaire était rapide : nommé sous-lieutenant en 1769, dans le régiment mestre de camp général de la cavalerie, sous les ordres de M. de Castries, ami intime de mon père, je fus deux ans après promu au grade de capitaine. En 1776, sur la demande de M. le duc d'Orléans, le roi me nomma colonel en second du régiment d'Orléans-dragons.

A peu près dans ce temps le hasard m'avait admis dans la société intime de la comtesse Jules de Polignac. Rien ne semblait devoir être plus étranger à ma jeune ambition que cette douce liaison avec une famille illustre par sa naissance, mais alors éloignée de toutes les grandeurs.

Madame la comtesse Jules et son mari, ainsi que la comtesse Diane de Polignac, sa belle-sœur, vivaient modestement loin de la cour où ils allaient rarement. Leur goût, leur caractère les portaient à préférer les douceurs de la vie privée aux orages de la vie publique.

Il était impossible de trouver une personne qui réunît plus d'agrémens dans la figure, plus de douceur dans les regards, plus de charmes dans la voix, plus d'aimables qualités de cœur et d'esprit que la comtesse Jules.

Les comtesses de Châlons et d'Andlaw, ses parentes, le comte de Vaudreuil, le duc de Coigny, un homme distingué par l'originalité de son esprit, M. Delille, le baron de Besenval, dont la légèreté toute française faisait oublier qu'il était né Suisse, formaient des réunions charmantes où les heures passaient comme des minutes.

Leur agrément fut augmenté par l'admission d'un homme qui, d'un état subalterne, fut porté rapidement par le sort à une haute fortune. Il avait été long-temps connu sous le nom de Monfalcon; simple lieutenant et aide-major dans un régiment d'infanterie, sa belle figure et sa valeur bouillante le firent remarquer à l'affaire de Warbourg par mon père et par M. de Castries

Dans cette affaire, où dix mille Français luttèrent avec opiniâtreté contre toute l'armée du duc de Brunswick, quelques-uns de nos bataillons, après avoir pris, perdu et repris trois fois un poste important, se retiraient. Le jeune Monfalcon, l'épée nue, l'œil ardent, les cheveux en désordre, embelli par son courage, court, appelle, exhorte, rallie les soldats, se précipite avec eux dans la mêlée, triomphe et reste maître de la colline disputée.

Les deux généraux, témoins de sa vaillance, sollicitèrent pour lui des récompenses ; mais, comme il était sans nom connu, sans fortune et sans liaisons, il n'obtint que la croix de Saint-Louis et une place de major dans une petite ville : c'était plutôt lui donner sa retraite que le récompenser.

Toute carrière semblait désormais fermée pour lui, lorsque, par un hasard singulier, il trouva, dans la solitude, la fortune qu'il avait vainement cherchée dans les camps. Allant fréquemment habiter le petit château d'une vieille tante dont la vie monotone ne pouvait lui offrir aucun plaisir, il s'amusa à parcourir les nombreux et antiques parchemins déposés dans les archives de ce castel, et, à sa grande surprise, il y trouva des titres qui prouvaient évidemment sa descendance de l'ancienne maison d'Adhémar, que généralement alors on croyait éteinte.

Muni de ces pièces, il accourt à Paris, et fait part de sa découverte à mon père et à M. de Castries, ses protecteurs; ils en rirent d'abord et crurent son espérance chimérique. Cependant, d'après leurs conseils; il porta ces papiers chez le généalogiste Chérin, juge érudit dans cette matière, et incorruptible; d'ailleurs un pauvre major de place n'aurait pas certainement trouvé le moyen de le corrompre.

Chérin, après un long examen, déclara l'authenticité des titres; et le nouveau comte d'Adhémar, reconnu, ayant obtenu, par l'intervention de mon père et de M. de Castries, la place de colonel commandant du régiment de Chartres infanterie, fut présenté à la cour.

Une veuve qui possédait quarante mille livres de rentes, madame de Valbelle, dame du palais de la reine, éprise du nouveau colonel et espérant effacer l'inégalité des âges par le don de ses richesses, l'épousa. M. d'Adhémar joignait à la régularité des traits un esprit aimable et une voix charmante. Lié avec le comte de Vaudreuil, il fut présenté par lui à la comtesse Jules, et bientôt compté au nombre de ses amis.

Tous se réunissaient quelquefois chez madame la duchesse de Bourbon, où se donnaient de petits concerts dans lesquels brillaient les talens de la comtesse Jules, de la comtesse Amélie de Boufflers, de MM. d'Adhémar, de Vaudreuil, et du duc de Guines, qui jouait supérieurement de la flûte.

Là, on était loin de penser aux affaires, et il aurait été difficile de prévoir que, peu de temps après, la famille des Polignac et leurs amis parviendraient au faîte de la faveur, et s'élèveraient au-dessus de tous ces courtisans nés dans le palais et vieillis dans les cours.

J'ai dit que la jeune reine avait un cœur fait pour aimer. Elle cherchait une amie qui fût attirée par sa grâce plutôt que par sa puissance, et qui l'aimât pour elle. Frappée par la figure de la comtesse Jules, par la douce expression de ses yeux, par la sensibilité modeste et franche que décelait son attrayante physionomie, elle conçut pour elle une amitié qui dura jusqu'à sa mort. Ses instances vainquirent la modestie de madame de Polignac; elle vint à la cour et s'y établit en favorite.

La reine nomma son mari premier écuyer. La comtesse Diane fut placée près de madame

Élisabeth, comme dame d'honneur. M. de Vaudreuil reçut la charge de grand fauconnier; M. d'Adhémar, nommé chevalier d'honneur de madame Élisabeth, obtint le poste de ministre du roi à Bruxelles, et, peu d'années après, l'ambassade d'Angleterre.

On peut bien croire que ces faveurs nouvelles excitèrent d'abord la surprise et bientôt l'envie; mais cette envie elle-même se voyait presque toujours désarmée par la douceur, par la modestie, par le désintéressement de la favorite. Jamais il n'en fut de moins avide et de moins égoïste, et véritablement, loin d'accaparer les grâces, les pensions, les emplois, elle aimait mieux les faire obtenir que les recevoir.

On en vit plus tard une preuve éclatante à l'époque où un grand scandale fit perdre une grande place à l'illustre famille des Rohan : le prince de Guémené fit une banqueroute de vingt millions, et la princesse sa femme, qui était gouvernante des enfans de France, se trouva dans la nécessité de quitter cette charge importante.

La reine voulut alors confier l'éducation de ses enfans à son amie. Elle se vit obligée d'employer beaucoup d'efforts pour vaincre sa résistance et pour la contraindre à recevoir d'elle cette haute marque de faveur, et cette grande charge, l'une des premières du royaume.

Mes liaisons intimes avec madame la comtesse Jules, qui devint duchesse de Polignac, et avec ses amis, me firent prendre part à sa fortune. La reine, qui me voyait souvent dans cette société que sa présence embellissait fréquemment, et avec laquelle elle passait ordinairement ses soirées, s'accoutuma à me traiter avec une bonté particulière, et son influence contribua beaucoup, quelques années après, à la nomination de mon père au ministère de la guerre.

M. d'Adhémar, dont j'ai parlé plus haut, avait bien voulu, à la prière de mon père, se charger de me conduire à Strasbourg pour y suivre un cours de droit public. Son régiment y était, et ce fut là que nous nous formâmes à l'étude de la diplomatie, qui jusqu'alors m'avait été aussi étrangère qu'à lui.

Revenu à Paris, je me trouvai dans le même tourbillon de fêtes, de sociétés, de bals, de plaisirs de tous genres. Toujours de mieux en mieux traité à la cour, mon père était tenté de faire quelques démarches pour m'obtenir une place dans les maisons royales; mais je m'y opposai : ce genre de service me déplaisait. Les rêves de l'ambition ne me tourmentaient point encore; je préférais ma liberté à un servage brillant, mais gênant. Par devoir j'allais à Versailles, mais par penchant je restais à Paris.

Malgré mon âge, ce n'étaient pas les galanteries et les amusemens d'une jeunesse frivole qui prenaient la plus grande part de mon temps : je cherchais avidement la société des personnes qui réunissaient chez elles les savans et les hommes de lettres les plus distingués; j'allais souvent chez madame Geoffrin et madame du Deffant. D'ailleurs je trouvais dans quelques grandes maisons, telles que celles de madame la princesse de Beauvau, de madame la duchesse de Choiseul, de madame la maréchale de Luxembourg, de madame la duchesse de Grammont, de madame de Montesson, mariée secrètement alors à M. le duc d'Orléans, de madame la duchesse d'Anville, de madame la comtesse de Tessé, et chez ma mère, des entretiens tantôt profonds, tantôt légers, toujours à la fois instructifs et agréables, et dont on ne retrouve plus aujourd'hui le charme.

On y voyait un mélange indéfinissable de simplicité et d'élévation, de grâce et de raison, de critique et d'urbanité. On y apprenait, sans s'en douter, l'histoire et la politique des temps anciens et modernes, mille anecdotes sur la cour, depuis celle de Louis XIV jusqu'à la cour du roi régnant, et par là on parcourait une galerie aussi instructive, aussi variée en événemens et en portraits, que celle qui nous est offerte dans les inimitables lettres de madame de Sévigné.

On recherchait avec empressement toutes les productions nouvelles des génies transcendans et des brillans esprits qui faisaient alors l'ornement de la France. Les ouvrages de Bernardin de Saint-Pierre, d'Helvétius, de Rousseau, de Duclos, de Voltaire, de Diderot, de Marmontel, donnaient un aliment perpétuel à ces conversations, où presque tous les jugemens semblaient dictés à la fois par la raison et par le bon goût.

On y discutait avec douceur, on n'y disputait presque jamais; et, comme un tact fin y rendait savant dans l'art de plaire, on y évitait l'ennui en ne s'appesantissant sur rien. Le précepte alors le mieux pratiqué était celui de Boileau, qui enseigne *à passer sans cesse du grave au doux, du plaisant au sévère.* Aussi très souvent, dans une même soirée, on parlait alternativement de l'*Esprit des lois* et des contes de Voltaire, de la philosophie d'Helvétius et des opéra de Sedaine ou de Marmontel, des tragédies de La Harpe et des contes licencieux de l'abbé de Voisenon, des découvertes dans les Indes par l'abbé Raynal et des chansons de Collé, de la politique de Mably et des vers charmans de Saint-Lambert ou de l'abbé Delille.

Les hommes de lettres les plus distingués étaient admis avec faveur dans les maisons de la haute noblesse. Ce mélange des hommes de cour et des hommes lettrés donnait aux uns plus de lumières, aux autres plus de goût. Jamais Paris ne fut plus semblable à la célèbre Athènes.

Ma vive passion pour les lettres me valut, quoique je fusse bien jeune, l'amitié de D'Alembert, de l'abbé Raynal, du comte de Guibert, de Champfort, de Suard, de l'abbé Arnaud, de Rulhière, du chevalier de Boufflers, du chevalier de Chastellux, de l'abbé Barthélemy, de l'abbé Delille, les bontés de M. de Malesherbes, les conseils du célèbre comte d'Aranda. La Harpe et Marmontel m'éclairèrent par leurs sages avis et protégèrent mes premiers essais.

Des succès, d'abord légers, mais assez brillans, encouragèrent mon amour-propre, et m'inspirèrent le constant désir d'en mériter de plus solides. En soumettant mes premiers ouvrages à d'aussi bons juges, j'apprenais par eux combien l'art d'écrire est difficile.

Les entretiens des hommes qui ont obtenu une célébrité méritée, nous éclairent encore mieux que leurs livres. Ils nous font connaître mille règles de tact et de goût, et une foule d'observations, de nuances, qu'il serait presque impossible d'expliquer par écrit.

Aucun livre n'aurait pu m'apprendre ce que me faisaient connaître, en peu de conversations, Marmontel et La Harpe, sur les formes du style, sur les moyens secrets de l'éloquence, Boufflers sur l'art d'amener naturellement un trait piquant et heureux, M. de Beauvau et Suard sur la correction du style, le duc de Nivernais sur la finesse du tact, sur les nuances de la grâce, sur la délicatesse du goût, et l'abbé Delille sur les moyens de saisir dans notre imagination cette baguette magique qui sait tout animer.

Je ne citerai à cette occasion qu'un seul exemple déjà connu et toujours bon à répéter.

On soutenait, devant l'abbé Delille, que la langue française, n'ayant pas, comme les langues latine et grecque, des brèves et des longues, n'était pas susceptible comme elles de peindre par son accent, et qu'en un mot elle manquait d'harmonie imitative.

L'abbé prétendait, au contraire, que notre heureux langage donnait au vrai talent toutes les ressources qu'il pouvait désirer, et que son harmonie imitative pouvait peindre non-seulement les différences, mais encore les nuances des objets, et, pour le prouver, il cita ses propres vers :

>Peins-nous légèrement l'amant léger de Flore;
>Qu'un doux ruisseau murmure en vers plus doux encore.
>Entend-on de la mer les ondes bouillonner ?
>Le vers, comme un torrent, en roulant doit tonner.
>Qu'Ajax soulève un roc, et l'arrache avec peine,
>Chaque syllabe est lourde et pesamment se traîne.
>Mais vois d'un pied léger Camille effleurer l'eau :
>Le vers vole et la suit, aussi prompt qu'un oiseau.

L'abbé Delille ajoutait au charme de ses vers celui de les lire avec une séduisante perfection.

L'art de bien lire est le plus rare en France : on ne sait pas y varier ses intonations, leur donner de la justesse, de la force et du naturel.

Cet art, si connu des anciens, compose cependant une grande partie du talent de l'orateur et du poëte. Tout le monde sait que la plus belle scène mal déclamée ne produit aucun effet, et cependant on conserve dans l'habitude de la vie une prononciation monotone qui abrége tout, mange la moitié des mots, ne caractérise rien, donne à tout une physionomie uniforme, et prive ainsi la raison de sa force et l'esprit de sa grâce.

Frappé de ces vérités, je suivis les conseils de La Harpe, de Delille, de ma mère, dont le jugement était toujours éclairé par un goût aussi sûr que délicat, et je pris long-temps des leçons du célèbre acteur Le Kain, pour apprendre à bien lire et à bien dire.

Presque toujours l'amour-propre le plus ambitieux ne se dirige que vers un seul but, celui que lui indiquent sa position, ses moyens, ses penchans et les mœurs de son siècle. Ainsi, chez les anciens, la tribune aux harangues, les palmes de l'éloquence, les lauriers cueillis à la guerre, d'autres lauriers offerts aux talens par les muses, voilà ce qui poussait au mouvement toute la jeunesse : tels étaient les motifs de son ardeur et les prix ambitionnés par elle.

Plus tard, la plupart des esprits se détachèrent de la terre pour se diriger vers le ciel. La gloire des saints fut préférée à celle des héros; on quitta les camps pour les monastères, la tribune pour la chaire, la pourpre pour le cilice. L'enthousiasme religieux succéda aux passions littéraires ou belliqueuses.

Bientôt l'ambition, prompte à entrer dans tous les chemins qui mènent à la considération, prit avec empressement le masque de la piété. La politique se couvrit d'un voile religieux, et chaque courtisan affecta une piété qui, par une feinte renonciation aux biens terrestres et aux plaisirs mondains, lui ouvrit toutes les sources de la fortune et du pouvoir.

Chez les peuples modernes, long-temps on vit subsister le mélange constant de la superstition, du fanatisme, triste héritage des Romains corrompus, avec l'ardeur belliqueuse des anciens Francs et Germains, qui ne connaissaient de droit que la force, de plaisir que la guerre, et qui croyaient le ciel fermé aux lâches et ouvert aux braves.

Chez ces peuples nouveaux, et surtout parmi nous, la religion et la gloire se montrèrent indulgentes pour l'amour, de sorte que le caractère français, jusqu'au XVIIe siècle, resta à la fois dévot, galant et belliqueux.

C'étaient les mœurs féodales ou chevaleresques : tout jeune noble, en sortant de l'enfance, n'était animé que du triple désir de servir son Dieu, de se battre pour son roi et de plaire à sa dame; et, si l'on en excepte la classe que la pauvreté condamne au travail et à l'ignorance, toute la nation était plus ou moins animée de ces sentimens chevaleresques.

Mais, au moment où j'entrais dans le monde, ces sentimens, dont on retrouvait encore des traces, avaient déjà subi de grandes altérations. Depuis la découverte de l'imprimerie et la réforme de Luther, on avait voulu tout examiner, tout analyser. L'esprit, sortant des ténèbres antiques, était ébloui de cette nouvelle lumière, et cherchait par elle à distinguer la vérité de l'erreur, à tout connaître et à tout perfectionner.

Honteux de l'ignorance de nos pères, non-seulement nous voulions nous approprier les trésors de la science des anciens, mais nous prétendions même les égaler, et bientôt les surpasser, dans la carrière des arts, de la législation, de la littérature et de la philosophie.

Cette révolution, opérée graduellement par

les decouvertes du XVe siècle, par les guerres de religion, par l'affranchissement de quelques républiques qui avaient brisé le joug du pouvoir arbitraire, et qui s'étaient délivrées de celui de Rome, enfin par la gloire des grands écrivains du siècle de Louis XIV, et ensuite par la philosophie épicurienne de la régence, cette révolution, dis-je, avait exercé une influence si générale sur la jeunesse qui s'élevait en France à l'époque où Louis XVI commençait son règne, que chacun de nous pouvait offrir à l'attention d'un observateur éclairé le mélange le plus singulier des mœurs grecques, romaines, gauloises, françaises, chevaleresques et philosophiques.

Nourris dans les principes d'une monarchie militaire, élevés dans l'orgueil d'une noblesse privilégiée, dans les prestiges de la cour, dans les maximes de la piété, et, d'autres parts, entraînés par la licence du siècle, par une galanterie dont on faisait trophée, excités à la liberté par les écrits des philosophes, par les discours des parlemens, au lieu d'avoir un but certain, des principes assurés, nous voulions à la fois jouir des faveurs de la cour, des plaisirs de la ville, de l'approbation du clergé, de l'affection populaire, des applaudissemens des philosophes, de la renommée que donnent les succès littéraires, de la faveur des dames et de l'estime des hommes vertueux ; de sorte qu'un jeune courtisan français, animé de ce désir de réputation qui sépare du vulgaire les hommes distingués, pensait, parlait et agissait tour à tour comme un habitant d'Athènes, de Rome, de Lutèce, comme un paladin, un croisé, un courtisan, et comme un sectateur de Platon, de Socrate, ou d'Épicure.

Cette divergence d'idées produisait nécessairement une confusion qui se répandit jusqu'au sein de la cour. Les tantes du roi y rappelaient les coutumes pieuses et sévères de la fin de Louis XIV ; M. de Maurepas, le mol épicurianisme de la régence ; le comte du Muy, ministre de la guerre, le courage, la sévérité et la dévotion des anciens preux ; M. de Miroménil, garde-des-sceaux, la dépendance ancienne et presque servile de quelques magistrats sous des règnes absolus ; M. Turgot, l'esprit de ces sages philanthropes, citoyens et non courtisans, qui voulaient, par de grandes réformes, soulager les peuples opprimés, et faire triompher l'intérêt général des intérêts privés, la justice de l'arbitraire, et les principes des préjugés.

Les souvenirs de la ligue se retraçaient encore, sous la forme de partis parlementaires, dans les opinions de quelques pairs, de plusieurs magistrats, et même d'un prince du sang, le vieux prince de Conti. Le parti de la dévotion et du despotisme y conservait aussi des défenseurs, tels que les Marsan, les d'Aiguillon; celui du duc de Choiseul réunissait à la fois sous ses étendards tout ce qu'il y avait de plus brillant dans le système de l'ancienne monarchie et dans ceux des innovateurs.

Au milieu de cet ébranlement général et de ce choc d'opinions opposées, le bon roi Louis XVI et la jeune reine cherchaient la vérité, voulaient le bien, et rêvaient le bonheur public sans prévoir leur fatale destinée.

Louis XVI était le plus homme de bien de son royaume; la force seule manquait à ses rares qualités, et, au milieu de tant de passions fermentantes, de tant de projets d'innovations, et d'un besoin si général de changement, sa facile bonté l'entraîna trop rapidement vers les nombreux écueils sortis de cette mer agitée, et sur lesquels devait inévitablement se briser notre antique monarchie.

Chacun ne voulait que réparer ce vieil édifice, et tous, en y portant la main, le renversèrent. Trop de gens apportèrent des lumières, et firent par là éclater un embrasement. Aussi la vie tourmentée de chacun de nous a été, depuis cinquante années, un rêve alternativement monarchique, républicain, belliqueux et philosophique.

Malgré l'amitié qui me liait à la société des nouveaux favoris de la cour, je continuais à préférer Paris à Versailles : l'amour des lettres et celui des plaisirs m'y retenaient invinciblement; l'été seul et mes devoirs m'en éloignaient. Mais, dans les garnisons, je consacrais habituellement à l'étude les heures de liberté que me laissait le service.

Là, s'offrait un autre tableau et plus de vestiges de nos anciennes coutumes chevaleresques. Par un effet des mœurs du temps, par une suite des anciens préjugés qui se mêlaient aux idées nouvelles, le sort m'obligea de tirer mon épée; car l'usage des duels, survivant presque seul aux autres préjugés gothiques, avait constamment résisté, comme il résiste encore, à la religion, à la raison, à la philosophie et aux lois. Aussi, quoique nos rois jurassent à leur sacre de ne point pardonner au coupable, on ne se donnait guère la peine de se cacher d'un duel, et le mien, qui eut à Lille une grande publicité, loin de m'attirer quelque disgrâce, me donna plus de vogue et de succès à la cour ainsi qu'à la ville. Je remplis une de mes vues en le racontant : car on y verra un exemple du singulier mélange de vivacité, de courtoisie et de légèreté qui caractérisait les mœurs françaises à cette époque.

L'armée alors ressemblait peu à celle d'aujourd'hui : on y voyait bien régner le même désir de se distinguer, le même zèle pour servir la patrie et le roi; les officiers y montraient la même assiduité aux exercices et aux devoirs militaires; mais la composition était différente, et les liens de la subordination étaient beaucoup moins resserrés qu'ils ne le sont aujourd'hui.

Les régimens ne se complétaient que par enrôlement, de sorte qu'au lieu de voir sous les drapeaux les fils de famille de toutes les classes, appelés par la conscription et par une loi générale, on n'y comptait que des jeunes gens dont la plupart ne se décidaient à s'enrôler qu'à la suite de quelques dérangemens ou par oisiveté. Aucune perspective d'avancement ne leur était offerte, et rien n'était plus rare que de voir des soldats ou des sous-officiers devenir officiers. Le petit nombre de ceux que le hasard élevait ainsi, n'y arrivait qu'après de longues années de service. Le nom qu'on leur donnait indiquait assez la rareté de ces chances favorables; on les appelait *officiers de fortune*. Les Nobles seuls avaient le droit d'entrer au service comme sous-lieutenans.

Cet usage antique venait du régime féodal, et du préjugé, conservé jusqu'à cette époque, qui fermait aux gentilshommes français toute autre carrière que celles des armes, de la diplomatie et de la magistrature.

Il résultait de ce reste de nos vieilles coutumes une grande difficulté pour maintenir une subordination complète entre des officiers, séparés, il est vrai, par la hiérarchie des grades, mais qui, en qualité de Nobles, se regardaient tous comme égaux.

Chacun respectait son chef à la manœuvre, à la parade, dans les heures de service; mais, en tout autre temps et partout ailleurs, on voyait peu de traces de subordination. Revenus à la ville ou à la cour, il arrivait nécessairement qu'on s'y retrouvait en ordre inverse, et qu'un colonel, gentilhomme de province, s'y voyait en infériorité à l'égard de ses jeunes capitaines ou sous-lieutenans, qui possédaient des charges, ou étaient décorés de noms illustres, tels que les Montmorency, les Rohan, les Crillon, etc.

Le régiment où je servais en offrait une preuve frappante. Le colonel qui le commandait, sous les ordres de M. de Castries, était un pauvre gentilhomme gascon, nommé le chevalier Dabeins, vieilli dans les grades inférieurs; il comptait sous ses étendards, indépendamment des officiers en pied de ce corps, dix-sept sous-lieutenans à la suite, tels que le prince de Lambesc, de la maison de Lorraine, grand écuyer de France, le fils du duc de Fleury, premier gentilhomme de la chambre, les comtes de Matignon, de Roncheroles, de Balbi, enfin la jeunesse la plus brillante de la cour.

M. Dabeins savait à merveille contenir notre turbulence, et même parfois humilier notre vanité : aussi très souvent, aux grandes manœuvres, devant un public assez nombreux, il se plaisait à nous traiter légèrement, en nous parlant ainsi : « Monsieur Fleury, monsieur Lam-
» besc, monsieur Ségur, vous manœuvrez com-
» me des étourdis; je vous enverrai à l'ombre

» mûrir vos cervelles. » Et en même temps, s'adressant à des officiers de fortune, autrefois cavaliers, il leur disait : « Monsieur de Carré, » monsieur de Créplot, monsieur de Roger, » vous avez fort bien exécuté mes ordres; on » voit que vous savez commander comme obéir. » Communément ses louanges et ses reproches n'étaient pas trop justement distribués; mais le résultat en était toujours assez bon, puisqu'il relevait les humbles et abaissait les superbes.

On sent bien que, malgré la sévérité de quelques chefs, hors du service il devenait bien difficile de maintenir la subordination entre tant de jeunes nobles, habitués dès l'enfance à se regarder comme égaux entr'eux, et qui se croyaient faits pour commander aux autres. La bourgeoisie avait souvent à se plaindre de leur orgueil dans les garnisons et dans les quartiers.

Cependant, depuis quelques années, l'esprit d'égalité, né des lumières, avait commencé à se répandre dans la nation; aussi dans beaucoup de villes, telles que Toulouse, Lyon, Besançon, Strasbourg, la bravoure d'un grand nombre de jeunes étudians avait forcé, par beaucoup de duels, les patriciens à reconnaître qu'on peut rétablir par l'épée le niveau, quand l'honneur le réclame et que la justice ne l'accorde pas.

En général, dans ce temps, c'était moins des grands seigneurs et des hommes de la cour qu'on avait à se plaindre que de la noblesse de province, pauvre et peu éclairée ; et c'est ce qui ne doit pas surprendre, car celle-ci n'avait de jouissance que celle de ses titres, qu'elle opposait sans cesse à la supériorité réelle d'une classe de bourgeoisie dont la richesse et l'instruction la gênaient et l'humiliaient.

A son urbanité on reconnaissait presque toujours un homme de la cour, et c'était parmi les jeunes gentilshommes campagnards qu'on rencontrait le plus souvent la morgue et la susceptibilité. Ces esprits querelleurs étaient les plus difficiles à gouverner; craints dans les sociétés bourgeoises, inoccupés dans leur chambre, après l'heure des exercices ils passaient tout leur temps au café, au billard et au spectacle.

Dans la ville de Lille on avait une bonne troupe d'acteurs : les jeunes lieutenans et sous-lieutenans de la garnison se rendaient de si bonne heure et si assidûment à la comédie, que les capitaines et les officiers supérieurs ne trouvaient souvent plus de places aux premières loges en y arrivant.

Le lieutenant de roi de la place de Lille, instruit de ce qui se passait, prit contre sa coutume une mesure peu réfléchie; il défendit aux lieutenans et sous-lieutenans de se placer dans les premières loges avant la fin du premier acte du spectacle.

Un pareil ordre étonna et mécontenta tout le monde. Les capitaines de la garnison convinrent tous, pour consoler leurs jeunes camarades, de partager leur sort et de ne point prendre les places qu'on défendait à ceux-ci d'occuper.

Étant depuis quelques jours à la campagne, j'ignorais totalement et l'ordre donné et l'effet qu'il avait produit. J'arrive à Lille à l'heure où le spectacle allait commencer; j'entre dans une première loge, un peu surpris de la trouver vide, ainsi que toutes celles du même rang. Ma surprise augmente en voyant des chapeaux sur toutes les chaises de ces loges. C'étaient ceux des lieutenans et sous-lieutenans qui, pour éluder l'ordre, faisaient ainsi retenir leurs places.

Comme la loge où j'entrai était large, j'avançai une chaise entre deux de celles qui étaient sur le devant, et je m'assis, toujours fort surpris du vide de cette première enceinte, tandis que tout le reste de la salle était rempli.

Autre étonnement : dès que le premier acte est joué, toutes les portes des premières loges s'ouvrent, et une foule d'officiers y entrent.

L'un d'eux, M. de La Villeneuve, lieutenant de chasseurs dans le régiment Dauphin infanterie, prend place à côté de moi et me dit : « Monsieur, vous avez fait tomber mon cha- » peau qui était sur cette chaise. » En effet, sans y prendre garde, je l'avais fait tomber en m'asseyant. Je lui fis une excuse polie ; mais il me répondit, avec une humeur inconcevable, qu'une telle impertinence ne se réparait pas par une mauvaise excuse. Je lui répliquai qu'après le spectacle il aurait une explication sérieuse et peut-être moins satisfaisante pour lui.

Nous étant ainsi entendus, il garda le silence ; mais, comme il était jeune et impatient, il ne put attendre la fin de la représentation. Après la première pièce, il se leva et me fit signe de le suivre. Au moment où je sortais, un jeune lieutenant de mon régiment, le comte d'Assas, qui se trouvait derrière moi, et qui voulait ma place si je ne rentrais pas, me dit en me répétant ce vers d'un opéra comique qu'on jouait : « Ségur, tu t'en vas,

» Pour ne revenir jamais, pour ne revenir jamais. »

« Tu te trompes peut-être, » lui répondis-je. Dès que j'eus rejoint, au bas de l'escalier, mon lieutenant tapageur, nous sortîmes ensemble de la salle, et, lorsque nous fûmes sur la place d'armes, comme réellement il avait le cœur aussi bon que l'esprit vif et léger, il me dit après quelques momens de rêverie : « En » vérité, nous sommes de grands fous ; nous al- » lons nous couper la gorge pour une bagatelle » qui n'en vaut pas assurément la peine, pour » un chapeau tombé. » « Cette réflexion est » juste, lui dis-je, mais un peu trop tardive. » Je n'ai pas l'honneur de vous connaître ; le » vin est tiré, il faut le boire. » « Comme vous » voudrez, répliqua-t-il ; sortons donc de la » ville. » « Non, lui dis-je, il est tard, et ce- » lui de nous deux qui sera blessé ne doit pas » rester seul sans secours dans un champ ; al- » lons nous battre sur un bastion. » Il me fit observer que c'était sévèrement défendu et sous des peines graves. « Bon repris-je, qu'im-

» porte la défense? en fait de folies, les plus
» courtes sont les meilleures ; ce sera bientôt
» fait : marchons. »

Arrivés dans l'intérieur d'un bastion, nous quittâmes nos habits et nous tirâmes nos épées : comme mon adversaire était ardent et leste, il s'élança sur moi par un seul bond, si promptement que je n'eus pas le temps de parer ; je me sentis le côté frappé ; heureusement, par impétuosité il avait manqué mon corps, et c'était la garde de son glaive qui m'avait touché. « Ma foi, dis-je en moi-même, d'Assas a pensé
» prédire juste. »

Je chargeai à mon tour mon adversaire, et lui donnai, en plongeant, un coup d'épée ; la pointe pénétra dans son corps, et s'arrêta sur un os. Il voulait continuer, mais la douleur l'empêchait de se tenir ferme sur ses jambes, ce qui me donnait trop d'avantage : je lui proposai de cesser le combat. Il y consentit et accepta mon bras pour marcher.

Nous rentrâmes dans la ville : à la lueur d'un réverbère je le vis inondé de sang, et je réfléchis tristement sur la cruauté de nos préjugés. Bientôt nous trouvâmes un fiacre ; je l'y fis monter avec assez de peine, et je voulus y prendre place à côté de lui; mais il le refusa absolument.

Attribuant ce refus à un ressentiment prolongé, je lui en montrai ma surprise. « Vous me
» jugez mal, me dit-il; je suis étourdi, un peu
» bizarre, passablement entêté même, mais je
» suis bien loin de vous en vouloir; au contraire,
» je veux me punir plus que vous ne l'avez fait :
» tout le tort est de mon côté; je vous ai pro-
» voqué sans raison, et j'exige, quand ce ne
» serait même que pour dix minutes, que vous
» alliez reprendre à la comédie la maudite place
» qui a été le sujet de notre dispute. Après
» cela vous viendrez me soigner si vous le vou-
» lez, j'en serai honoré et ravi; autrement,
» j'y suis décidé, nous ne nous reverrons plus. »
J'eus beau lui dire que je ne pouvais le laisser seul dans l'état où il était, ignorant si la blessure était mortelle ou non; il ferma la portière et me donna son adresse.

Pour le satisfaire, j'allai à la comédie; je repris à d'Assas ma place, en lui racontant mon aventure et en lui rappelant la belle prédiction qu'il m'avait faite sans s'en douter, et dont il parut tout attristé. Un quart d'heure après, j'allai chez mon lieutenant blessé, que je trouvai très souffrant, mais sans danger. Au bout de trois semaines, il fut guéri; il avait fait le récit de cette affaire à tous ses camarades. Elle eut un singulier résultat : l'ordre fut retiré; les querelles pour les places cessèrent, et la bonne intelligence se rétablit entre les officiers des différens grades.

Cinq ans après, passant à Nantes, lorsque j'allais m'embarquer pour l'Amérique, j'y retrouvai le régiment Dauphin. Mon lieutenant de chasseurs, instruit de mon passage, m'invita à dîner avec tous les jeunes gens de la garnison. Pour cette fois il n'y eut de choc qu'entre les verres; la gaîté fut cordiale et vive. Je n'ai rappelé cette anecdote que parce qu'elle me paraît propre à peindre l'esprit de notre âge et les mœurs de notre temps.

Cette aventure termina mon séjour à Lille; car, trois semaines après, je reçus à la fois et la nouvelle de ma nomination à la place de colonel en second du régiment d'Orléans-dragons, et un ordre que m'envoyait mon père de le rejoindre en Franche-Comté, province dont il était commandant.

J'éprouvai une bien douce jouissance en voyant la vénération qu'inspirait mon père dans son commandement, et à quel point sa noble franchise, secondée par l'esprit et par la grâce de ma mère, avait su, en peu de temps, rétablir le calme dans un pays jusque-là toujours agité, concilier les intérêts opposés, et faire régner, au moins en apparence, la plus satisfaisante harmonie entre les corps militaires, la magistrature, l'administration et la bourgeoisie.

Cet exemple et plusieurs autres m'ont prouvé que, malgré la légèreté de notre nation, ou peut-être à cause de cette légèreté même, les qualités les plus nécessaires pour la gouverner facilement sont la gravité, la justice, la bonne foi et la fermeté. Il faut de plus y joindre une politesse qui, sans nuire à la dignité, ménage l'amour-propre de toutes les classes; car en France l'amour-propre, ou si on le veut la vanité, est de toutes les passions la plus irritable; et c'est ce qui fait que depuis trente ans on y a toujours plus vivement et plus constamment défendu l'égalité que la liberté. Aux yeux de quelques-uns même, une servitude de plain-pied, et pesant également sur tout le monde, paraîtrait plus supportable qu'une liberté solide construite par étages et avec des différences de classes et de rangs.

Cette même année je fis une course aux eaux de Spa, qui dans ce temps étaient très fréquentées et très à la mode. Spa était le café de l'Europe; on s'y rendait en foule de tous les pays, sous le prétexte d'y retrouver la santé, mais dans le but réel d'y chercher le plaisir. On y jouissait d'une liberté plus étendue que dans aucune contrée du monde. L'évêque de Liége, souverain de ce pays, était un trop petit prince pour imposer aux voyageurs ses lois et ses usages. Son exemple n'était compté pour rien, et une centaine d'invalides à sa solde ne pouvait être un frein bien respectable : aussi, Français, Anglais, Hollandais, Allemands, Russes, Suédois, Italiens, Espagnols et Portugais, chacun y vivait selon les mœurs de son pays, et cette variété d'usages avait un charme singulier.

Ce fut là que j'appris, pour la première fois, les événemens qui annonçaient en Amérique une prochaine et grande révolution. Le premier théâtre de cette lutte sanglante entre la Grande-Bretagne et ses colonies fut la ville de Boston. Le premier coup de canon tiré dans ce nouvel hémisphère, pour défendre l'étendard de la liberté, retentit dans toute l'Europe avec la rapidité de la foudre.

Je me souviens qu'on appelait alors les Américains, Insurgés et Bostoniens; leur courageuse audace électrisa tous les esprits, excita une admiration générale, surtout parmi la jeunesse amie des nouveautés et avide de combats. Et dans cette petite ville de Spa où se trouvaient tant de voyageurs, ou députés accidentels et volontaires de toutes les monarchies de l'Europe, je fus singulièrement frappé de voir éclater unanimement un si vif et si général intérêt pour la révolte d'un peuple contre un roi.

L'insurrection américaine prit partout comme une mode : le savant jeu anglais, le wisk, se vit tout à coup remplacé dans tous les salons par un jeu non moins grave qu'on nomma *le boston*. Ce mouvement, quoiqu'il semble bien léger, était un notable présage des grandes convulsions auxquelles le monde entier ne devait pas tarder à être livré, et j'étais bien loin d'être le seul dont le cœur alors palpitât au bruit du réveil naissant de la liberté, cherchant à secouer le joug du pouvoir arbitraire.

Ceux qui nous en blâmèrent depuis, devraient se rappeler qu'alors ils partageaient notre enthousiasme, et semblaient se retracer avec plaisir les vieux souvenirs de la ligue et de la fronde, temps bien différent, cause bien diverse, mais que leur esprit frondeur ne savait alors ni distinguer ni séparer.

Comment d'ailleurs les gouvernemens monarchiques de l'Europe pouvaient-ils s'étonner de voir éclater l'amour de la liberté dans les esprits ardens d'une jeunesse que partout on élevait dans l'admiration des héros de la Grèce et de Rome, devant laquelle on avait sans cesse loué avec enthousiasme l'affranchissement de la Suisse et de la Hollande, et qui n'apprenait à lire et à penser qu'en étudiant sans cesse les ouvrages des républicains les plus célèbres dans l'antiquité?

Mais tel était l'aveuglement des princes et des grands : ils avaient favorisé les progrès des lumières, et voulaient une obéissance passive qui ne peut exister qu'avec les ténèbres. Ils prétendaient jouir de tout le luxe des arts et de la civilisation, sans permettre aux savans, aux artistes, à tous les plébéiens éclairés de sortir d'une condition presque servile. Enfin ils pensaient, chose impossible, que les lumières de la raison pouvaient briller et s'étendre sans dissiper les nuages des préjugés nés dans les siècles de la barbarie.

Il n'existait pas une doctrine en éducation, un progrès en philosophie, un succès en littérature, un applaudissement au théâtre, qui ne dût avertir les puissances qu'une grande époque était arrivée, qu'il fallait un autre art pour gouverner les hommes, et qu'on ne pouvait plus leur refuser la jouissance de leurs droits long-temps perdus, mais que des hommes, tels que l'immortel Montesquieu, leur avaient fait reconnaître et retrouver.

Lorsque je fus de retour à Paris, mes regards y furent frappés par la même agitation des esprits. Personne ne s'y montrait favorable à la cause des Anglais, et chacun y faisait publiquement des vœux pour celle des Bostoniens.

Cependant, malgré cet amour de la liberté qui se manifestait en France, l'inégalité existait encore tout entière par le droit, par les lois, par les priviléges; mais de fait elle s'atténuait chaque jour : les institutions étaient monarchiques, et les mœurs républicaines. Les charges, les fonctions publiques continuaient à être le partage de certaines classes ; mais, hors de l'exercice de ces fonctions, l'égalité commençait à régner dans les sociétés. Les titres littéraires avaient même, en beaucoup d'occasions, la préférence sur les titres de noblesse, et ce n'était pas seulement aux hommes de génie qu'on rendait des hommages qui faisaient disparaître pour eux toute trace d'infériorité; car on voyait fréquemment, dans le monde, des hommes de lettres du second et du troisième ordre être accueillis et traités avec des égards que n'obtenaient pas les nobles de province.

La cour seule conservait son habituelle supériorité; mais comme les courtisans en France sont encore plus les serviteurs de la mode que les serviteurs du prince, ils trouvaient de bon air de descendre de leur rang et venaient faire leur cour à Marmontel, à D'Alembert, à Raynal, avec l'espoir de s'élever par ce rapprochement dans l'opinion publique.

C'était cet esprit d'égalité qui faisait alors le charme des sociétés de Paris, et qui y attirait en foule les étrangers de tous les pays. Partout ailleurs, si ce n'est en Angleterre, on ne savait pas jouir de la vie privée; on ignorait les douceurs d'une société sans morgue, sans gêne, d'une conversation sans déguisement et sans entrave. Autre part, la séparation entre les castes étant constante et inviolable, chacun ne vivait qu'avec ses pairs, et il n'existait aucun commerce d'échange entre les esprits et les intérêts des diverses fractions de la population éclairée.

Chez nous, au contraire, ces communications fréquentes des divers étages de la société, ces liaisons mutuelles, ces égards réciproques, ces échanges de pensées accroissaient la richesse de notre civilisation, et, dans ces rapports nouveaux, les Nobles acquéraient les connaissances et les lumières de tout genre dont ils étaient auparavant privés, tandis que les hommes éclairés des classes inférieures y puisaient des leçons de ce goût fin, de ce tact délicat, de cette grâce élégante, fleur légère mais charmante, et qu'on ne trouve qu'au sein d'une cour polie.

Il faut avouer aussi que depuis long-temps cet esprit d'égalité, avant de s'étendre jusqu'au tiers-état, avait jeté de profondes racines dans la Noblesse française. La hiérarchie féodale était oubliée. On avait entendu Henri IV dire « qu'il » regardait comme son plus beau titre d'hon- » neur d'être le premier des gentilshommes » français. » Les pairs avaient bien seuls droit de séance au parlement et les honneurs du Louvre. Les duchesses jouissaient de la prérogative d'être assises sur un tabouret chez la reine; mais, hors de ces circonstances très rares, les Nobles se croyaient tous parfaitement égaux entr'eux.

Au mariage de Marie-Antoinette, la Noblesse, qui ne voulait pas reconnaître la supériorité des ducs, c'est-à-dire des hommes titrés, s'opposa même vivement aux droits que la reine voulait établir en faveur de la maison de Lorraine, et menaçait de ne pas se trouver au bal paré, si la princesse Charlotte de Lorraine ouvrait ce bal. Comme la résistance était opiniâtre, la négociation sur ce point frivole fut difficile. Enfin il fut décidé que la princesse jouirait de la faveur qu'on voulait lui accorder, mais sans conséquence pour l'avenir, et uniquement parce qu'elle était parente de la reine.

La fierté des princes de la Germanie, de ce dernier temple de l'étiquette, de ce dernier asile de l'ancien système féodal, était obligée en venant en France de se soumettre à ce niveau social. Tous les princes allemands, souverains chez eux, n'étaient traités à Paris par les gentilshommes français que comme leurs égaux. Il n'existait aucune différence, par exemple, entre le prince Max de Deux-Ponts, aujourd'hui roi de Bavière, et les gentilshommes français qui servaient ou vivaient en société avec lui; car ce prince était alors entré au service de France.

Les électeurs et quelques souverains, même du troisième ordre, comme le duc de Deux-Ponts, qui n'auraient pas voulu reconnaître cette égalité et qui voulaient cependant jouir des plaisirs que leur offrait le séjour de Paris, éludaient toute difficulté en voyageant incognito : c'est pour cette raison que le duc de Deux-Ponts y prenait le nom de comte de Sponheim.

Les électeurs formaient à la vérité des prétentions plus hautes : ils croyaient devoir jouir partout des honneurs royaux ; ils ne voulaient point céder le pas même aux princes du sang royal. Aussi on les vit très rarement en France, et leur séjour y devint l'objet de vives contestations à la cour.

Ce que je viens de dire des princes allemands me rappelle encore une aventure qui m'arriva à la suite d'une querelle que me fit sans sujet le prince de Nassau, à un dîner que nous donnait le prince de Deux-Ponts, logé modestement alors à l'hôtel du Parlement d'Angleterre, rue Coq-Héron.

Pour mieux expliquer les motifs de cette querelle, il faut remonter un peu plus haut.

Un ou deux ans environ avant l'époque dont je parle, je rencontrai le prince de Nassau un matin sur la terrasse des Feuillans, aux Tuileries; il marchait vite, et je voulus en vain l'arrêter. « Je suis très pressé, dit-il; le prince
» F... de S... m'a choisi pour témoin d'un
» duel qui doit avoir lieu tout à l'heure aux
» Champs-Élysées entre lui et le chevalier de
» L... Si tu veux voir ce combat, viens avec
» moi. »

J'y consentis, car j'étais assez curieux de voir sur le pré ce prince, qui, par sa lenteur à se décider dans ces sortes d'affaires, avait trouvé le moyen de se donner une réputation assez douteuse du côté de la bravoure, quoiqu'il n'y eût peut-être pas d'homme de son temps qui se fût battu plus souvent que lui.

Nous sortîmes donc des Tuileries et nous entrâmes dans la grande allée des Champs-Élysées. Devant nous, à une assez grande distance, nous vîmes deux voitures s'arrêter, et nos deux champions en descendre avec leurs épées. Ils marchèrent, et nous hâtâmes le pas pour les rejoindre. Mais la distance était assez grande, et il y avait ce jour-là des promeneurs. Avant d'approcher du lieu où ils s'arrêtèrent, une foule assez nombreuse nous en sépara.

Nous entendîmes alors un grand tumulte; nous courûmes, et, en arrivant, nous vîmes le dénouement très singulier de ce combat : l'un des deux combattans tenait à la main le tronçon de son épée brisée, l'autre le frappait avec la sienne. Tous deux s'accusaient réciproquement d'avoir violé les usages et les règles du duel. L'un prétendait qu'étant tombé parce que le pied lui avait glissé, et que son épée s'étant rompue, son adversaire était venu pour le percer, quoiqu'il fût désarmé; ce qu'il aurait fait si son valet de chambre ne fût venu le secourir. L'autre soutenait que son ennemi, sans attendre qu'il fût en garde, l'avait légèrement blessé dans les reins, et qu'ensuite le valet de chambre de ce même ennemi était venu, contre toute convenance, se mêler au combat.

La foule qui les entourait était trop partagée d'opinion pour nous éclairer. De toutes parts on criait *au meurtre! à l'assassinat!* sans désigner le coupable. Cette foule s'accroissait à chaque instant, et les derniers arrivans, qui n'avaient rien vu, n'étaient pas ceux qui criaient le moins haut.

Les deux témoins de chaque combattant défendaient, avec une vivacité un peu partiale, chacun la cause de son ami. Enfin les exhortations de quelques spectateurs plus sages persuadèrent aux deux adversaires et à leurs amis de terminer ce scandale. Tous deux étaient blessés. Les témoins les reconduisirent dans leurs voitures, et ils se séparèrent.

Cette aventure, comme on le croit bien, fit un grand bruit; on ne parlait d'autre chose dans Paris. Le soir, le vieux père du prince F... m'écrivit qu'ayant su que j'avais été à portée de voir ce qui s'était passé, il me priait de lui écrire mon opinion à ce sujet, persuadé qu'elle serait favorable à l'honneur de son fils.

Le prince de Nassau me pressa vivement, mais en vain, d'acquiescer à cette demande. Je m'y refusai, alléguant pour excuse que c'était aux témoins choisis par les deux parties à déposer sur une si étrange affaire, et que, le hasard seul m'en ayant rendu spectateur, je ne voulais point, étant arrivé tard et au milieu de ce grand tumulte, émettre, sur ce que j'avais très confusément vu et très vaguement entendu, une opinion qui pourrait être désavantageuse à l'une ou à l'autre des parties. Cette réponse mécontenta Nassau, et depuis ce jour il avait existé une assez grande froideur entre nous.

Nous étions encore dans cette disposition réciproque, lorsqu'un jour nous dînâmes ensemble, avec environ vingt autres convives, chez le prince Max de Deux-Ponts. Le repas était fort avancé, quand un des invités, M. de S... B..., jeune homme doué d'un très bon cœur et d'un excellent esprit, mais qui avait alors toute l'ardeur et la légèreté de son âge, entra dans la salle à manger, et, après quelques excuses faites au maître de la maison sur son retard, alla se placer à côté du prince de Nassau.

Celui-ci le railla sur sa paresse; M. de S... B... lui répondit, sur le même ton, que ce qui l'avait retardé était une querelle qu'il venait d'avoir avec un prince allemand, et qu'il avait été au moment de jeter ce prince par la fenêtre.

Nassau, naturellement très colère, au lieu de rire de cette légèreté si singulière à la table d'un prince allemand, et à côté d'un prince du même pays, s'en fâcha sérieusement, déclarant que, lorsqu'on tenait un pareil propos, il fallait au moins nommer le prince dont on voulait parler. M. de S... B... répliqua qu'il s'agissait d'une querelle survenue entre lui et le prince F... de S....

Comme je voyais le visage de Nassau s'enflammer, je crus pouvoir apaiser cette altercation naissante en m'y interposant. « Monsieur de » S... B..., dis-je alors, vous avez tort. Le prince » F... ne se serait pas laissé malmener si fa- » cilement que vous le croyez. Je l'ai vu sou- » tenir un combat très vif, il y a quelques mois, » aux Champs-Élysées. »

Ces paroles, au lieu d'apaiser la colère de Nassau, comme je l'espérais, ne firent que la détourner sur moi. « Monsieur, me dit-il assez » haut, vous n'avez point voulu parler sur cette » affaire, quand on vous en priait; ainsi, à pré- » sent, vous feriez mieux de vous taire. » Je lui répliquai que ce ne serait jamais lui qui pourrait m'imposer silence. Les personnes qui étaient entre nous s'empressèrent d'étouffer nos voix et d'interrompre cette conversation.

Après le dîner, je m'approchai sans affectation de Nassau, et je lui dis : « Vous m'avez tenu » un propos offensant, parce que votre empor- » tement vous a ôté toute réflexion. Vous avez » dix ans de plus que moi. Votre réputation

» est faite et trop faite par vingt combats; la
» mienne ne fait que s'établir. Vous sentez qu'il
» me faut une satisfaction, et il en est de deux
» genres; vous pouvez tout finir, si vous le
» voulez, en disant devant nos convives, qui sont
» tous vos amis, que vous vous reprochez votre
» vivacité, n'ayant eu aucune intention de m'of-
» fenser. Si je n'obtiens pas cette satisfaction,
» vous savez qu'il m'en faudra une autre. »

« Je n'en ai point à vous donner, reprit-il
» brusquement. » « Eh bien, lui répondis-je, de-
» main, à sept heures du matin, j'irai chez vous
» pour vous demander raison d'une si étrange
» conduite. » Après ce peu de paroles échangées, nous nous quittâmes.

Pour éviter d'être retenu par aucun obstacle imprévu, je me gardai bien de rentrer chez mes parens, et je leur écrivis que j'étais obligé de partir pour Saint-Germain. Le vicomte de Noailles avait été présent à cette scène; je le choisis pour témoin et j'allai demander asile à un autre de mes amis, le duc de C...., qui me fit coucher chez lui. Le vicomte de Noailles, qui devait me servir de témoin, vint me chercher le lendemain à six heures et demie pour m'accompagner chez le prince de Nassau.

Lorsque nous y arrivâmes, tout le monde dormait dans sa maison. Maître et valets, tous étaient plongés dans le plus profond sommeil. Nous eûmes beaucoup de peine à réveiller le suisse, à nous faire ouvrir et à pénétrer dans la chambre du prince, que notre brusque entrée éveilla en sursaut.

Il avait perdu toute idée de ce qui s'était passé la veille; ce souvenir s'était effacé de son cerveau avec les fumées du vin de Champagne qu'il avait bu. « Par quel hasard, messieurs, » nous dit-il, me faites-vous une visite si ma- » tinale? » « Vous devez le savoir, lui répon- » dis-je, puisque c'est vous qui l'avez voulu. » « Parbleu, reprit-il, je me donne au diable, » si j'en sais un mot. »

Je fus donc obligé de lui rappeler en peu de paroles le propos insolent qu'il m'avait tenu. « Tu as raison, dit-il, je me suis conduit com- » me un fou, le vin m'avait troublé la tête; mais » il n'y faut plus penser, et, puisque tu m'as » amené le vicomte de Noailles, je te déclare » devant lui que je suis ton serviteur, ton ami, » et qu'il n'a jamais été dans mon intention de » te faire la moindre offense. »

« C'est bien, dis-je à mon tour, mais c'est

» trop tard ; j'aurais voulu pour toute chose au
» monde recevoir hier de toi cette réparation ;
» mais les vingt convives qui dînaient avec nous
» ne peuvent en être témoins, et elle ne me
» suffit plus. »

« Allons, ajouta-t-il, tu as encore raison :
» eh bien, nous nous battrons ; mais au moins,
» je te prie, qu'il n'entre point de ressentiment
» dans ce combat, et que ce ne soit simple-
» ment qu'un sacrifice que nous faisons aux
» préjugés et au point d'honneur. » Je lui ser-
rai la main amicalement, et il se leva.

Il me proposa de déjeûner ; mais, comme je
lui dis que je ne déjeûnerais qu'après le combat, il me répliqua d'un air un peu piqué :
« La réponse n'est pas mal présomptueuse ;
» nous verrons qui des deux, après cette af-
» faire, pourra déjeûner. »

Dès qu'il fut habillé, nous sortîmes. Je lui
demandai où il voulait aller. « Ah ! reprit-il,
» j'ai non loin d'ici un endroit très commode
» pour ce genre d'exercice. » Je repartis « qu'on
» voyait bien qu'il était coutumier du fait. »

M'arrêtant alors, je lui fis remarquer que
j'étais accompagné d'un témoin, et qu'il n'en
avait pas, ce qui était contre la règle. « Bon !

» me dit-il, Noailles est notre ami et homme
» d'honneur; je le choisis aussi pour témoin :
» il en vaut bien deux. »

Nous continuâmes notre marche. Arrivés dans une petite ruelle entre deux murs de jardin, nous nous mîmes lestement en chemise et en garde. A peine nos fers étaient-ils croisés que, jetant les yeux sur un grand nœud de ruban couleur de rose, attaché à la garde de mon épée, il s'écria : « Voilà une nouvelle fa-
» veur de quelque belle; je crains bien qu'elle
» ne te porte bonheur. » « C'est ce que nous
» verrons bientôt, » repris-je. Alors nous nous attaquâmes vivement.

Le prince ne se battait pas comme un autre : il ne suivait aucune des règles de l'escrime; mais, comme il était singulièrement nerveux et agile, tantôt il s'élançait sur son ennemi avec la rapidité d'un cerf, et tantôt il sautait en arrière avec la même vélocité, de sorte qu'il était également difficile de parer ses coups rapides et de l'atteindre dans sa prompte retraite.

Ce jeu, qui m'étonnait fort, lui avait réussi dans presque toutes les affaires que sa vivacité lui avait fréquemment attirées. Aussi, malgré mon attention et mon sang-froid, il perça plusieurs fois ma chemise, mais heureusement sans me toucher, et moi je m'étendais inutilement pour le frapper à mon tour.

Cependant, au bout de quelques secondes, mon épée l'atteignit à la main et son sang coula. Je lui demandai alors s'il était content et s'il voulait s'arrêter. « Content! dit-il un peu vi-
» vement, je l'étais tout à l'heure, mais à pré-
» sent je ne le suis plus ; continuons. »

Le combat recommença ; son fer, dirigé trop impétueusement, manqua et dépassa plusieurs fois mon corps ; enfin mon épée perça son bras et se brisa au moment où je voulais parer un coup qu'il me ripostait. « Allons, lui dis-je en
» ce moment, il faut envoyer chercher une
» autre épée. »

« Vous êtes deux insensés, s'écria le vicomte
» de Noailles ; pour un propos trop vif, mais
» qui n'était point une injure, c'est, ma foi,
» bien assez de deux blessures reçues et d'une
» épée rompue. Je vous déclare que doréna-
» vant celui qui ne voudra pas cesser de com-
» battre, aura affaire à moi. »

Nous rîmes de cette saillie. « Parbleu, dit
» Nassau, il a raison, et je le sens d'autant
» mieux que ma main commence à ne pouvoir

» plus tenir mon épée. » « Eh bien, repris-je,
» veux-tu que nous nous embrassions et que
» tout soit fini? » « J'y consens, repartit-il, à
» condition de jurer sur notre honneur que,
» quoi qu'il arrive, nous ne combattrons jamais
» l'un contre l'autre, et que nous serons frères
» d'armes pour la vie. » Nous nous embrassâmes : ainsi tout fut terminé.

Je ne serais pas entré dans les détails de cette affaire, qui ne concerne que moi seul, si elle n'eût été, par la suite, une des causes d'événemens assez singuliers; car on verra, en poursuivant la lecture de ces Mémoires, que, Nassau étant en Pologne lorsque j'étais en Russie, fidèle à la fraternité jurée, j'obtins pour lui de l'impératrice, qu'il n'avait jamais vue et qui était même prévenue contre lui, le don d'une terre en Crimée et la permission de porter sous pavillon russe, dans la mer Noire, les productions de ses domaines en Pologne. Par reconnaissance, il offrit à l'impératrice de la servir contre les Turcs; élevé par elle au commandement de ses flottes, il brûla dans le Borysthène celle du capitan-pacha, et battit dans le Nord les escadres du roi de Suède : tant il est vrai que les plus grands événemens sont souvent produits par les plus petites causes!

Ce prince, par l'originalité de son caractère, était un vrai phénomène au milieu d'un temps et d'un pays où l'effet d'une longue civilisation était de donner à tous les esprits une uniforme ressemblance, au moins pour le langage et pour la forme.

Dans nos brillantes sociétés surtout, par un mélange et par un frottement continuels, les empreintes natives de chaque caractère s'effaçaient; comme tout était de mode, tout était semblable. Les opinions, les paroles se pliaient sous le niveau de l'usage; langage, conduite, tout était de convention, et, si l'intérieur différait, chacun au dehors prenait le même masque, le même ton et la même apparence.

Le prince de Nassau, au contraire, offrait à nos regards un mélange bizarre des qualités les plus opposées, et ne ressemblait qu'à lui-même. Son esprit était peu cultivé; il manquait d'imagination, parlait peu et semblait au premier abord d'une froideur extrême. Cependant nul n'était plus propre à réussir dans tout ce qu'il voulait, parce qu'il voulait très fortement et avait une invariable suite dans ses démarches et dans ses projets.

Il avait toujours besoin d'argent, le prodiguait sans mesure, et n'en gardait jamais; trois fois il se ruina, mais son bonheur et son courage relevèrent trois fois sa fortune.

Cet homme, d'un maintien si froid, s'irritait au moindre mot; sa douceur apparente se changeait avec rapidité en colère. Passionné pour les femmes, pour le jeu, pour le luxe, pour tous les plaisirs de la capitale, il les quittait sans regret au moindre bruit de trompettes et de guerre. Préférant Paris à tout autre séjour, il s'en éloignait sans cesse pour parcourir les quatre parties du monde, dont il fit le tour avec Bougainville.

Voluptueux avec recherche, il supportait sans peine les rigueurs de tous les climats, les fatigues de tous les genres, les privations de toute espèce. Partout où l'on s'amusait et où l'on se battait, on était sûr de le rencontrer. C'était le courtisan de toutes les cours, le guerrier de tous les camps, le chevalier de toutes les aventures.

On le vit successivement combattre les tigres dans un autre hémisphère, attaquer les Anglais à Gibraltar, s'élancer à la nage après l'incendie de sa batterie flottante, détruire une escadre turque près d'Oczakow, guerroyer contre les Suédois dans les mers glacées du Nord, avec des fortunes diverses, et ensuite porter en Allemagne ses armes et son argent au secours des émigrés.

Enfin, pour compléter les contrastes, ce caractère si haut, si fier, si aventureux, lorsqu'il était animé par la gloire ou par le simple point d'honneur, devenait trop flexible et trop souple à la cour; et le paladin, pour gagner la faveur des princes, retombait alors dans la foule des courtisans.

La révolution l'empêcha d'achever le rôle auquel la nature l'avait destiné; il ne put y briller ni dans l'un ni dans l'autre parti. Il s'y trouvait en effet dans une fausse position; car son amour pour les aventures et pour les dangers, ainsi que son ardeur impétueuse, auraient dû le classer au premier rang des Français, des républicains et des impériaux, tandis que son nom, son rang, ses habitudes et ses préjugés le retenaient au milieu des coalisés, dont la lenteur méthodique était incompatible avec son humeur entreprenante.

Deux jours après notre combat, le prince de Nassau vint au bal de la reine avec une écharpe qui soutenait son bras. Notre aventure se répandit, et, comme ce temps bizarre était un constant mélange de galanterie, de chevalerie et de philosophie, cette petite affaire me fit honneur dans l'esprit des hommes qui se vantaient le plus de combattre les préjugés, et les dames me firent fête.

Nous passâmes l'hiver en jeux, en bals et en plaisirs : tous les Français ressemblaient alors à ces jeunes Napolitains qui rient, chantent et s'endorment sans inquiétude sur la lave et au bord d'un volcan. Comment prévoir d'horribles malheurs au sein de la paix et de la prospérité ! Comment craindre ce débordement de passions et de crimes à une époque où tous les écrits, toutes les paroles, toutes les actions n'avaient pour but que l'extirpation des vices, la propagation des vertus, l'abolition de tout arbitraire, le soulagement des peuples, l'amélioration du commerce et de l'agriculture, enfin le perfectionnement des sociétés humaines !

Un roi jeune, vertueux, bienfaisant, qui n'avait d'autre pensée que celle du bonheur de ses sujets, et qui ne voulait d'autre autorité que celle de la justice, donnait par son exemple un nouvel essor à toutes ces idées généreuses et philanthropiques.

Il avait pris pour ministres les deux hommes que la voix publique désignait comme les plus instruits, les plus désintéressés, les plus vertueux. Toutes les idées de tolérance et de sage liberté étaient accueillies et encouragées par eux. Amis constans des principes, ennemis courageux des abus, ils réalisaient avec leur monarque les vœux de cet ancien sage qui disait que *le bonheur n'existerait sur la terre qu'au moment où la vraie philosophie s'assiérait sur le trône.*

Partout l'injuste persécution des protestans cessait : on supprimait la fiscalité des corporations; la corvée était détruite; les traces de toute servitude disparaissaient; les priviléges humilians n'osaient plus se montrer et s'exercer; enfin on vouait à l'oubli cette antique maxime féodale qui disait *qu'aucun noble n'est tenu de payer taille, ni de faire de viles corvées; et que nul n'est corvéable, s'il n'est vilain et taillable.*

Avec de tels ministres, une réforme douce, graduelle et salutaire, nous aurait mis à l'abri d'une révolution; mais une telle philosophie peut rarement se montrer avec impunité aux regards des classes puissantes qui ne vivent que d'abus, n'existent que par des priviléges, et qui perdraient presque toutes leurs jouissances et leur éclat, si le mérite seul menait au crédit, et si la justice remplaçait l'arbitraire.

La cour, presque toujours plus puissante que la royauté, s'alarma des projets des deux ministres, et les attaqua avec toutes les armes que l'intérêt et l'intrigue savent si bien fournir aux passions.

Le roi était bon, mais faible : partageant les pensées et les sentimens de Turgot, il n'eut pas la force de le soutenir; il le renvoya et en gémit. Malesherbes voulut partager le sort d'un collègue si digne de lui, et donna sa démission. Cependant, parmi les ministres qui les remplaçaient, on ne vit que des hommes de mérite; car on n'osait pas en proposer d'autres à un prince tel que Louis XVI.

Le choix de M. Necker, comme directeur général des finances, fut une grande et très remarquable innovation; elle portait l'empreinte de l'esprit du siècle, et c'était la première fois, depuis Henri IV, qu'on voyait un protestant siéger dans les conseils de nos rois.

L'envie la plus haineuse ne saurait, par aucun prétexte plausible, refuser à M. Necker le plus noble caractère, une âme élevée, un extrême amour du bien public, des intentions toujours pures, un esprit très étendu et une brillante éloquence; mais il était d'une autre part, ainsi que le roi, plus fort en principes qu'en actions.

Tous deux, jugeant les hommes comme ils devraient être, et non comme ils sont, se persuadaient trop facilement qu'il suffisait de vouloir le bien pour le faire, et de mériter l'amour des peuples pour l'obtenir. Ils ignoraient la logique des passions; ils ne savaient pas que, chez la plupart des hommes, rien n'est plus opposé à leur intérêt bien entendu que leur égoïsme.

Admis dans l'intimité de M. Necker et de sa femme, quoique bien jeune encore, je puis assurer que jamais on ne pouvait l'entendre sans être touché de ses sentimens, et frappé de respect pour son caractère. On respirait dans cette maison un air de simplicité et de vertu, tout-à-fait étranger au milieu d'une cour brillante et d'une capitale corrompue.

A cette époque si différente du temps présent, un long usage excluait la jeunesse des affaires; il fallait, pour oser se mêler de politique et de législation, cette maturité d'âge qui ne donne pas toujours la raison, mais qui au moins la suppose. Ainsi, dans ces souvenirs que je retrace, on ne doit point s'attendre à me voir comme acteur au milieu de tous ces divers événemens qui se préparaient, se succédaient, et qui, en nous donnant l'espoir de tant de bonheur, nous conduisirent à tant de calamités.

Dans la plus grande partie de ces scènes politiques qui ont fini par bouleverser l'Europe, j'étais placé non sur le théâtre, mais au premier rang des spectateurs; j'avais toute l'illusion de la scène. L'enthousiasme excité par les nouvelles idées de réformes, d'améliorations, de liberté, de tolérance, et d'une égalité légale, me ravissaient.

Le sort me mit cependant à portée plusieurs fois de voir de très près les principaux personnages et l'intérieur même des coulisses; mais ce hasard, loin de dissiper mon illusion, y ajoutait; et il était en effet impossible de passer les soirées chez D'Alembert, d'aller à l'hôtel de La Rochefoucauld, chez les amis de Turgot, d'assister au déjeûner de l'abbé Raynal, d'être admis dans la société et dans la famille de M. de Malesherbes, enfin d'approcher de la reine la plus aimable et du roi le plus vertueux, sans croire que nous entrions dans une sorte d'âge d'or, dont les siècles précédens ne nous donnaient aucune idée.

Cependant des faits mieux observés, et qui ne tardèrent pas à se multiplier, auraient dû dessiller les yeux de spectateurs plus expérimentés ; et une suite d'événemens qui se succédèrent avec rapidité, ne devaient manifester que trop clairement à nos yeux, d'un côté l'imminence de la crise qui approchait, la fougue des passions innovatrices qui se propageaient, l'effrayante jalousie qui animait l'ordre plébéien contre les ordres de la noblesse et du clergé, l'irritation de ceux-ci, et de l'autre côté la faiblesse des pilotes chargés de nous diriger entre tant d'écueils.

En effet, déjà par sa faiblesse le ministère de Louis XV avait laissé honteusement partager la Pologne par la Russie, la Prusse et l'Autriche : partage funeste, car il eut le double inconvénient, 1° de rompre l'équilibre établi par le traité de Westphalie, d'augmenter considérablement la force de trois puissances déjà formidables, tandis que l'Angleterre, d'un autre côté, avait acquis la plus grande prépondérance par la conquête de l'Inde ; ce qui rabaissait la France au second rang des monarchies, elle qui jusque-là avait occupé le premier ; 2° de substituer le droit de convenance au droit des gens, puisque sans prétexte on avait démembré une puissance inoffensive, et par cette injustice ouvert la porte à la violation de tous les engagemens, de tous les droits et de toutes les propriétés.

La même faiblesse semblait toujours paralyser nos conseils au dedans et au dehors. La Russie, active et constante dans son ambition, envahit bientôt la Crimée. Vainement l'Autriche s'efforça, pour la seconde fois, d'engager la France à opposer une digue à tant d'accroissemens. Vainement l'empereur Joseph, lorsqu'il vint à Paris, redoubla ses instances, et annonça le péril dont la gigantesque grandeur du colosse russe menaçait l'Europe ; l'amour du repos, le désordre des finances et la timidité qui empêchait de les rétablir en imposant le clergé, l'emportèrent sur toute autre considération.

Il en résulta que l'Autriche, ne se trouvant pas en état de lutter seule contre la Russie, changea de système et resserra ses liens avec le cabinet de Pétersbourg ; ce qui nous fit perdre en grande partie notre prépondérance en Allemagne, et l'influence que nous étions habitués à exercer sur les puissances des deuxième et troisième ordres, qui jusqu'alors avaient compté sur notre protection.

Pendant ce temps la liberté, assoupie dans le monde civilisé depuis tant de siècles, se réveillait dans un autre hémisphère, et luttait glorieusement contre une antique domination armée des forces les plus redoutables.

Inutilement l'Angleterre, fière de son pouvoir, de ses nombreuses flottes et de ses richesses, avait soldé et envoyé quarante mille hommes en Amérique pour étouffer cette liberté dans son berceau. Une nation tout entière qui veut être libre est difficilement vaincue.

Le courage de ces nouveaux républicains leur attirait partout en Europe l'estime, les vœux des amis de la justice et de l'humanité. La jeunesse surtout, par un singulier contraste, élevée, au sein des monarchies, dans l'admiration des grands écrivains comme des héros de la Grèce et de Rome, portait jusqu'à l'enthousiasme l'intérêt que lui inspirait l'insurrection américaine.

Le gouvernement français, qui désirait l'affaiblissement de la puissance anglaise, était insensiblement entraîné par cette opinion libérale qui se déclarait avec tant de vivacité. Il donnait même secrètement ou laissait donner, par son commerce, des secours en armes, en munitions et en argent aux Américains. Mais, par une suite de sa faiblesse, il n'osait se prononcer ouvertement, affectait au contraire en apparence une impartiale neutralité, et s'aveuglait au point de croire que ses démarches secrètes ne seraient pas devinées, et qu'il pourrait ruiner sa rivale sans courir le danger de se mesurer avec elle. Une telle illusion devait peu durer, et le cabinet anglais était trop clairvoyant pour laisser ainsi recueillir au nôtre les avantages de la guerre sans en courir les chances.

Le voile dont on se couvrait devenait de jour en jour plus transparent; bientôt on vit arriver à Paris des députés américains, Sileas Deane et Arthur Lee. Peu de temps après, le célèbre Benjamin Franklin vint les rejoindre. Il serait difficile d'exprimer avec quel empressement, avec quelle faveur furent accueillis en France, au sein d'une vieille monarchie, ces envoyés d'un peuple en insurrection contre son monarque.

Rien n'était plus surprenant que le contraste

du luxe de notre capitale, de l'élégance de nos modes, de la magnificence de Versailles, de toutes ces traces vivantes de la fierté monarchique de Louis XIV, de la hauteur polie, mais superbe de nos grands, avec l'habillement presque rustique, le maintien simple mais fier, le langage libre et sans détour, la chevelure sans apprêts et sans poudre, enfin avec cet air antique qui semblait transporter tout à coup dans nos murs, au milieu de la civilisation amollie et servile du XVIIIe siècle, quelques sages contemporains de Platon, ou des républicains du temps de Caton et de Fabius.

Ce spectacle inattendu nous ravissait d'autant plus qu'il était nouveau, et qu'il arrivait justement à l'époque où la littérature et la philosophie répandaient universellement parmi nous le désir des réformes, le penchant aux innovations, et les germes d'un vif amour pour la liberté.

Le bruit des armes excitait encore davantage l'ardeur d'une jeunesse belliqueuse; la lente circonspection de nos ministres nous irritait; nous étions fatigués de la longueur d'une paix qui durait depuis plus de dix ans, et chacun brûlait du désir de réparer les affronts de la dernière guerre, de combattre les Anglais et de voler au secours des Américains.

Cette impatience, contenue par le gouvernement, s'en accroissait encore; car on fortifie presque toujours ce que l'on comprime. Bientôt, appuyés par l'autorité d'un long usage et par le souvenir de nos ancêtres qu'on avait vus souvent, tandis que nos rois restaient en paix, chercher partout la guerre et les aventures, et faire briller leurs épées tantôt dans les camps espagnols, italiens, pour combattre les Sarrasins, tantôt dans les armées autrichiennes, pour repousser les invasions des Ottomans, nous cherchâmes les moyens de traverser individuellement l'Océan pour nous ranger sous les drapeaux de la liberté américaine.

Les commissaires du congrès n'étaient point encore reconnus officiellement comme agens diplomatiques : ils n'avaient point obtenu d'audience du monarque; c'était par des intermédiaires que le ministère négociait avec eux. Mais, dans leurs maisons, on voyait chaque jour accourir avec empressement les hommes les plus distingués de la capitale et de la cour, ainsi que tous les philosophes, les savans et les littérateurs les plus célèbres. Ceux-ci attribuaient à leurs propres écrits et à leur influence les progrès et les succès des doctrines libérales dans un autre monde, et leur désir secret était de se voir un jour législateurs en Europe, comme leurs émules l'étaient en Amérique.

Conduits par un autre motif, les jeunes officiers français, qui ne respiraient que la guerre, s'empressaient de venir chez les commissaires américains et de les questionner sur la situation de leurs affaires, sur les forces du congrès, sur leurs moyens de défense, et sur les nouvelles diverses qu'on recevait incessamment de ce grand théâtre, où l'on voyait la liberté combattre si vaillamment contre la tyrannie britannique.

Ce qui ajoutait encore à notre estime, à notre confiance, à notre admiration, c'étaient la bonne foi et la simplicité avec lesquelles ces envoyés, dédaignant tout artifice diplomatique, nous racontaient les revers fréquens et successifs que leurs milices encore inexpérimentées venaient d'éprouver; car, dans ces premiers temps, le nombre et la tactique des Anglais leur donnaient des triomphes momentanés sur la vaillance des cultivateurs américains, novices dans le métier des armes.

Sileas Deane et Arthur Lee ne nous dissimulèrent point que le secours de quelques officiers instruits leur serait aussi agréable qu'utile. Ils nous dirent même qu'ils étaient autorisés à promettre à ceux de nous qui voudraient embrasser leur cause, des grades proportionnés à leurs services.

Les troupes américaines comptaient déjà dans leurs rangs plusieurs volontaires européens que l'amour de la gloire et de l'indépendance y avait conduits. On y distinguait surtout deux Polonais dont l'histoire conservera le nom, le brave Pulawski et l'illustre Kosciusko, qui depuis brisa momentanément les fers de sa patrie, et ne succomba qu'après avoir ébranlé, par de nombreux combats et d'éclatans triomphes, la puissance du colosse qui l'attaquait; enfin le major Fleury, qui honora notre patrie par son heureuse audace et par ses talens.

Les trois premiers Français, distingués par leur rang à la cour, qui offrirent le secours de leurs épées aux Américains, furent le marquis de La Fayette, le vicomte de Noailles et moi. Nous étions depuis long-temps unis par l'amitié, nous l'étions encore par une grande conformité de sentimens, et nous le fûmes bientôt par les nœuds du sang.

La Fayette et le vicomte de Noailles avaient épousé deux filles du duc de Noailles, nommé alors duc d'Ayen; leur mère, la duchesse d'Ayen, était fille du premier lit de M. D'Aguesseau, conseiller d'État et fils du chancelier D'Aguesseau. Il avait eu d'un second lit, vingt ans après, plusieurs enfans, dont l'un était M. D'Aguesseau, aujourd'hui pair de France, une fille mariée à M. de Saron, premier président du parlement de Paris, et enfin une autre fille que j'épousai au printemps de l'année 1777, de sorte que par cette alliance je devins l'oncle de mes deux amis.

Nous nous promîmes tous trois le secret sur nos arrangemens avec les commissaires américains, afin de nous donner le temps de sonder les dispositions de notre cour, et de rassembler les moyens nécessaires à l'exécution de nos projets. La conformité de nos sentimens, de nos opinions, de nos désirs, n'existait malheureusement pas alors dans nos fortunes : le vicomte de Noailles et moi nous dépendions de nos parens, et nous ne jouissions que de la pension qu'ils nous donnaient. La Fayette, au contraire, quoique plus jeune et moins avancé en grade que nous, se trouvait, par un singulier hasard, à l'âge de dix-neuf ans, maître de son bien, de sa personne, et possesseur indépendant de cent mille livres de rentes.

Notre ardeur était trop vive pour être longtemps discrète. Nous confiâmes notre dessein à quelques jeunes gens que nous espérions engager dans notre entreprise. La cour en eut connaissance, et le ministère, qui craignait que le départ pour l'Amérique de volontaires d'un rang distingué, qu'on ne croirait pas possible sans son autorisation, ne découvrît aux yeux des Anglais les vues qu'il voulait encore leur cacher, nous enjoignit formellement de renoncer à notre dessein.

Nos parens, qui l'avaient ignoré jusque-là, prirent l'alarme et nous reprochèrent vivement notre aventureuse légèreté. Ce qui me frappa surtout, ce fut la surprise qu'en témoigna la famille de La Fayette. Elle me parut d'autant plus plaisante, qu'elle m'apprit à quel point ses grands parens avaient jusqu'alors mal jugé et mal connu son caractère.

La Fayette eut de tout temps, et surtout quand il était jeune, un maintien froid, grave, et qui annonçait même très faussement une apparence d'embarras et de timidité. Ce froid extérieur et son peu d'empressement à parler faisaient un contraste singulier avec la pétulance, la légèreté et la loquacité brillante des personnes de son âge; mais cette enveloppe, si froide aux regards, cachait l'esprit le plus actif, le caractère le plus ferme, et l'âme la plus brûlante.

J'avais été mieux que personne à portée de l'apprécier; car, l'hiver précédent, amoureux d'une dame aimable autant que belle, il m'avait cru mal à propos son rival, et, malgré notre amitié, dans un accès de jalousie, il avait passé presque toute une nuit chez moi, pour me persuader de disputer contre lui, l'épée à la main, le cœur d'une beauté sur laquelle je n'avais pas la moindre prétention.

Quelques jours après notre querelle et notre réconciliation, je ne pus m'empêcher de rire, en écoutant le maréchal de Noailles et d'autres personnes de sa famille, me prier d'user de mon influence sur lui pour échauffer sa froideur, pour le réveiller de son indolence, et pour communiquer un peu de feu à son caractère. Jugez donc quel dut être leur étonnement, lorsqu'ils apprirent tout à coup que ce jeune sage de dix-neuf ans, si froid, si insouciant, emporté par la passion de la gloire et des périls, voulait franchir l'Océan pour combattre en faveur de la liberté américaine!

Au reste, la défense que nous avions reçue de tenter cette grande aventure, produisit naturellement sur nous des effets tout différens : elle consterna le vicomte de Noailles et moi, parce qu'elle nous ôtait absolument toute liberté et tout moyen d'agir, et elle irrita La Fayette qui résolut de l'enfreindre, assuré de ne manquer d'aucun des moyens nécessaires à la réussite de son dessein.

Cependant il dissimula et parut d'abord obéir comme nous à l'ordre que nous avions reçu; mais deux mois après, un matin, à sept heures, il entre brusquement dans ma chambre, en ferme hermétiquement la porte, et, s'asseyant près de mon lit, me dit : « Je pars pour l'Amé-
» rique; tout le monde l'ignore; mais je t'aime
» trop pour avoir voulu partir sans te confier
» mon secret. » « Et quel moyen, lui répon-
» dis-je, as-tu pris pour assurer ton embarque-
» ment ? »

J'appris alors de lui qu'ayant, sous un prétexte plausible, fait un voyage hors de France, il avait acheté un vaisseau, qui devait l'attendre dans un port d'Espagne; il l'avait armé, s'était procuré un bon équipage, et avait rempli ce navire non-seulement d'armes et de munitions, mais encore d'un assez grand nombre d'officiers qui avaient consenti à partager son sort. Parmi ces officiers se trouvaient M. de Ternan, militaire brave et instruit, et M. de Valfort, recommandable par sa longue expérience, par sa sévère probité, par ses profondes études; depuis, mon père lui confia la surveillance de l'École-Militaire, de sorte qu'il devint le principal instituteur de Napoléon Bonaparte. Ces deux officiers avaient été indiqués à La Fayette par M. le maréchal de Broglie, auquel il avait confié son projet.

Je n'eus pas besoin d'exprimer longuement à mon ami le chagrin que j'avais de ne pouvoir l'accompagner, il le sentait aussi vivement que moi; mais nous conservions l'espoir que la guerre éclaterait bientôt entre l'Angleterre et la France, et qu'alors rien ne s'opposerait à notre réunion.

La Fayette, après avoir fait la même confidence au vicomte de Noailles, s'éloigna promptement de Paris. Son départ jeta dans l'affliction sa famille, qui le voyait avec une peine extrême non-seulement courir tant de dangers de tout genre, mais encore sacrifier à la cause d'un pays si lointain une grande partie de sa fortune. Sa femme seule, quoique la plus affligée, l'aimait trop pour ne pas partager ses sentimens et approuver sa généreuse résolution.

La cour, promptement informée de sa désobéissance, envoya pour l'arrêter des ordres qui furent exécutés. Ainsi mon malheureux ami, après tant de sacrifices, se vit privé de sa liberté, au moment où il partait pour défendre celle d'un autre hémisphère.

Heureusement, peu de jours après, ayant trompé la vigilance de ses surveillans, il s'échappa, franchit les Pyrénées, et retrouva sur la côte espagnole son vaisseau ainsi que ses compagnons d'armes, qui déjà désespéraient de le revoir. Il mit à la voile, arriva sans accident en Amérique, et reçut l'accueil que méritait sa noble et généreuse audace.

Se montrant ensuite aussi modeste qu'ardent, et aussi prudent qu'intrépide, il s'attira de la part des Américains l'estime et la confiance générales, à un tel degré que son âge parut oublié, que ses qualités seules furent comptées, et que, peu d'années après, Washington, qui l'avait deviné, lui confia le commandement d'un corps d'armée et le soin de faire à la tête de ce corps une campagne défensive, genre de guerre qui demande le plus d'expérience, de sagesse et d'habileté.

Cependant, avant de le favoriser ainsi, la fortune l'avait sévèrement éprouvé ; car, à son début, elle ne lui avait fait connaître que ses rigueurs. La première bataille dans laquelle il se distingua, fut une bataille perdue, celle de Brandy-Wine. Il y reçut une blessure grave ; une balle traversa sa jambe, ce qui ne l'empêcha pas de continuer quelque temps ses efforts héroïques pour rallier les Américains.

Bientôt il vit Philadelphie au pouvoir des Anglais ; mais il était doué de ces qualités qui seules rendent la célébrité durable : la fermeté dans les revers, la constance dans les résolutions et la confiance dans l'avenir. Comme Washington, son maître, il pouvait être vaincu, mais non découragé.

Je le retrouvai tout entier dans les lettres qu'il m'écrivit après ce commencement malencontreux d'une carrière si brillante. Cependant, sous les drapeaux de la liberté, dans les camps républicains, et presque sous les yeux des sages du congrès, il montra une seule fois, par un trait de bravoure purement chevaleresque, qu'il ne s'était pas totalement désaccoutumé des habitudes et des mœurs de nos jeunes paladins français.

Le comte de Carlisle avait publié en Amérique une proclamation qui contenait des expressions injurieuses pour la France; La Fayette, en champion de l'honneur français, envoya un cartel au comte et le défia au combat. Lord Carlisle répondit avec sagesse, en refusant ce défi, « que les querelles des nations entraîne-» raient à leur suite trop de désordres, si elles » excitaient des haines individuelles. »

Lorsque Paris retentit du bruit des premiers combats où La Fayette et ses compagnons d'armes avaient fait briller le nom français, l'approbation fut générale; les personnes mêmes qui avaient le plus blâmé sa téméraire entreprise, l'applaudirent; la cour s'en montrait presque enorgueillie, et toute la jeunesse l'enviait. Ainsi l'opinion publique, se déclarant de plus en plus pour la guerre, la rendait inévitable, et entraînait nécessairement un gouvernement trop faible pour résister à une telle impulsion.

Aussi le vieux comte de Maurepas, premier

ministre, dit plusieurs fois à mon père que c'était l'ardeur impétueuse des jeunes courtisans et des guerriers français qui avait étourdi la sagesse du conseil, et forcé, pour ainsi dire, le gouvernement à la guerre.

Quoi qu'il en soit, pendant long-temps encore, la lente circonspection des ministres déçut notre attente, et ils continuèrent, selon leur coutume, à tenir à Londres un langage pacifique, tandis qu'ils négociaient secrètement avec les commissaires américains.

Ces longueurs et cette indécision me désolaient ainsi que ceux qui partageaient mes sentimens. Heureusement, à vingt-trois ans et dans Paris, le tourbillon du monde, les devoirs militaires et des occupations aussi variées que nombreuses, offrent une foule de moyens pour supporter les contrariétés.

Au printemps de la vie, tout chagrin est léger, parce qu'on voit tout au travers du prisme de l'espérance, qui répand sur l'avenir les plus riantes couleurs.

Je quittai, pendant l'hiver, la capitale pour jouir du plaisir nouveau pour moi de connaître et de commander le régiment de dragons dont j'étais le colonel en second.

La vue de nos armes et les exercices militaires me présentaient une image de la guerre, et m'aidaient à en attendre la réalité. Un autre soin plus pressant occupa bientôt toutes mes pensées. Le 30 avril 1777, j'épousai mademoiselle D'Aguesseau, et mes idées de gloire se calmèrent facilement avec l'aide d'impressions plus douces et non moins vives.

Mon mariage, quelque charme qu'il eût pour moi, ne pouvait me faire oublier mes devoirs militaires, et je me rendis dès la fin de mai à Douai, où le régiment d'Orléans était alors en garnison.

Depuis quelques années, l'esprit d'innovation, de réforme et d'amélioration, s'étendait sur l'armée, sur son administration et sur sa tactique, comme sur tout autre objet.

Ce n'est point ici le lieu de tracer une histoire des révolutions successives du système militaire dans l'Europe moderne. Je dirai seulement, en peu de mots, que long-temps les Francs nos aïeux, empruntant des Gaulois vaincus la tactique romaine, durent à cette science, qui régularisait leurs mouvemens et dirigeait leur courage, leur premier, leur capital succès à Tolbiac, et depuis, leurs victoires nombreuses contre les Allemands, les Sarrasins et les Saxons, qui tour à tour s'efforcèrent d'envahir la France.

L'histoire de Charlemagne nous apprend même que, s'il n'eût point conservé quelques traces de cet ancien système militaire, l'opiniâtre et féroce vaillance des Saxons aurait lassé son génie. Il conquit presque toute l'Europe, parce qu'il était encore à cette époque, non le plus brave, mais le plus habile des guerriers.

Cependant la richesse des princes, des ducs, des comtes, des leudes, avait déjà apporté un notable changement dans la manière de faire la guerre; la plupart dédaignant de combattre à pied, la cavalerie l'emportait dans l'opinion sur l'infanterie. Ainsi la guerre changea, et les armées perdirent peu à peu leur principale force, celle de l'infanterie.

Sous les successeurs de Charles, ce mépris pour l'infanterie s'accrut journellement : on oublia toute règle de tactique; quelques paysans et bourgeois, mal armés, composaient seuls cette misérable infanterie qui ne comptait presque plus pour rien dans les batailles. Les seigneurs, leurs vassaux et arrière-vassaux, les chevaliers, leurs écuyers, leurs hommes d'armes composaient une cavalerie nombreuse, fière et magnifique; elle faisait la guerre sans plan et combattait sans ordre. Le courage personnel était tout, et l'habileté rien.

On pouvait décrire un grand combat par le simple récit de dix mille duels simultanés. On faisait des invasions, des excursions, plutôt que des campagnes. Le service obligé n'était que de quarante jours; aucune grande conquête n'était possible, et, tant que ce chaos féodal dura, chaque nation, en proie à des guerres privées, fut peu redoutable pour les autres.

Le fanatisme seul créa, grossit et versa dans l'Orient un immense torrent de guerriers qui, de toutes les contrées de l'Europe, se répandit avec fureur sur l'Asie. Plusieurs millions d'hommes y périrent, et un petit nombre d'illustres aventuriers y conquirent seuls quelques principautés que, peu de temps après, les Sarrasins leur enlevèrent.

Constantinople, perdue par la faiblesse d'un lâche despote, et prise d'assaut par nos chevaliers, ne resta que cinquante ans sous l'empire des Latins, que d'irrégulières milices féodales ne purent défendre.

Enfin nos rois, las de tant de désordres, et

devenus puissans en domaines que désolaient les courses des brigands, les révoltes des villes, les discordes des grands et les invasions anglaises, provoqués par des vassaux infidèles, levèrent et soldèrent des compagnies d'hommes d'armes.

Bientôt la découverte de la poudre changea forcément la tactique et le destin des peuples. Une infanterie redoutable reparut dans nos armées. Les révoltes devinrent presque impossibles. Les villes fortifiées auraient seules pu résister avec succès à l'autorité, mais la plupart appartenaient au souverain. Les grands perdirent peu à peu celles qu'ils tenaient encore. Tous les pouvoirs se centralisèrent, et se réunirent dans la main du monarque.

Les exploits des Lansquenets et surtout ceux des Suisses démontrèrent avec évidence les innombrables avantages d'une infanterie si long-temps dédaignée. Enfin il parut un grand homme dans le Nord, Gustave-Adolphe ; il fit une révolution dans la tactique. Ce génie profond et ardent sut avec quinze mille hommes, par l'habileté de ses manœuvres, par la savante ordonnance de ses bataillons, conquérir en peu de temps presque toute la belliqueuse

Germanie. L'infanterie suédoise acquit alors la même célébrité que, dans les temps antiques, mérita la phalange macédonienne.

Après la mort de Gustave, tous les princes de l'Europe s'approprièrent sa législation militaire. Les grands hommes qui illustrèrent le règne glorieux de Louis XIV, perfectionnèrent cette tactique. Vauban porta au plus haut degré la science des siéges et de la défense des places. Condé, Turenne, Luxembourg et Villars excitèrent autant d'admiration par la sagesse de leurs plans de campagne, et par l'habileté de leurs manœuvres, que par leur audace et leur rapidité.

En vain cependant Folard, Feuquière, Vauban, Montécuculi, Puységur, traçaient savamment les règles que mettaient si brillamment en pratique tant de grands capitaines; vainement, de toutes parts, les arts et les sciences contribuaient par leurs découvertes au progrès méthodique de cette science de guerre et de destruction, nos armées étaient encore bien loin de ressembler à celles qui étonnent aujourd'hui l'Europe.

Il restait trop de traces des mœurs et du désordre de l'ancien temps. Les armées étaient peu nombreuses, pourtant les trésors des rois suffisaient à peine pour les payer; dans les grandes crises, on était encore obligé d'avoir recours au ban et à l'arrière-ban, dernière image de la féodalité.

Pendant la jeunesse de Louis XV, l'habillement des troupes n'était pas uniforme : plus tard même nous vîmes des maréchaux, tels que M. le maréchal de Contades, en habit de ville et portant une grande perruque. L'obligation stricte de l'uniforme fut établie depuis; néanmoins nous avons encore vu les officiers des gardes françaises monter la garde, à Versailles, en habit noir avec le hausse-col sur la poitrine.

Il était difficile que la discipline fût rigoureuse, et l'instruction profonde : les emplois d'officiers appartenaient de droit aux gentilshommes de province, très fiers, assez insubordonnés et communément dépourvus d'instruction.

Les emplois supérieurs étaient réservés, à bien peu d'exceptions près, pour les fils des grands seigneurs et des Nobles de cour qu'on appelait *hommes de qualité*. Loin d'exiger d'eux, pour les obtenir, quelques études et quelque expérience, on les faisait colonels lorsqu'ils étaient encore enfans.

Mon père, alors l'un des moins favorisés, fut à dix-neuf ans colonel du régiment de Soissonnais, et fut blessé, en le commandant, à la bataille de Rocoux. Le duc de Fronsac, fils du maréchal de Richelieu, fut nommé à sept ans colonel du régiment de Septimanie. Son major n'avait que cinq années de plus que lui.

Cependant il faut dire que, pour l'ordinaire, les places de lieutenant-colonel et de major étaient données à des capitaines qui s'étaient distingués par leur intelligence. A proprement parler, il n'existait point d'administration générale dans les corps; chaque capitaine était chargé de celle de sa compagnie, qu'il recrutait, équipait et gouvernait suivant son intelligence.

Les revers de la guerre de sept ans nous ouvrirent tardivement les yeux, et le gouvernement sentit la nécessité d'adopter les règles d'une administration et d'une tactique par lesquelles le grand Frédéric avait su triompher des trois plus grandes puissances de l'Europe.

Les ordonnances de M. le duc de Choiseul firent disparaître la plupart des anciens abus.

Nos manœuvres devinrent régulières ; une instruction plus étendue fut exigée des officiers; on nous soumit à la plus sévère discipline et à la plus stricte subordination. Une sage administration remédia au désordre ; elle établit, pour l'équipement, le recrutement, l'armement, les remontes, une utile économie, et dans l'habillement une parfaite uniformité. Tel était le nouvel ordre de choses au moment où j'entrai au service.

La faveur accordée aux colonels dont les régimens étaient les mieux instruits et les mieux disciplinés, et l'avancement obtenu par les officiers qui se distinguaient dans les écoles de théorie et dans les exercices, excitaient dans toute la France une émulation générale, et chacun se disputait à l'envi ce nouveau genre de palme.

Tous les colonels cherchaient à se surpasser mutuellement par la belle tenue de leurs troupes, ainsi que par la régularité et la promptitude de belles manœuvres, dont la plupart étaient peut-être au fond plus propres à briller dans des revues de parade, qu'à conduire à la victoire sur les champs de bataille.

L'amour-propre exagère tout. Plusieurs chefs

de corps, que nous appelions *les faiseurs*, tourmentaient le soldat par des détails minutieux, et les officiers par une sévérité plus dure que juste. En tout on n'avait pris de l'école de Frédéric que ses leçons les plus faciles à saisir et les moins essentielles. On en avait bien appris les petits secrets qui instruisent et font mouvoir une troupe peu nombreuse, mais on n'avait pas aperçu les grands principes qui donnent un grand ensemble et une sûre direction aux mouvemens d'une armée.

M. le comte du Muy, vénérable par ses vertus, par sa juste rigidité, s'était borné à maintenir sévèrement l'ordre qu'il trouvait établi. Son successeur, le comte de Saint-Germain, ennemi des abus, du luxe et des caprices de la faveur, attaqua la cour, supprima les corps privilégiés, lourds pour le trésor, rarement utiles à la guerre, mais chers à la noblesse, parce qu'ils lui étaient avantageux.

Voulant établir dans nos camps une discipline allemande, incompatible avec nos mœurs, il soumit le soldat français à l'humiliante punition des coups de plat de sabre; on obéit avec répugnance et incomplétement. Je me souviens même d'avoir vu à Lille des grenadiers d'un régiment de quatre bataillons répandre au pied de leurs drapeaux des pleurs de rage, et le duc de La Vauguyon, leur colonel, mêler ses larmes aux leurs.

Ce mécontentement devint général. Le ministre fut renversé par l'opinion publique, qui devenait déjà une puissance. Le prince de Montbarrey prit sa place, et n'y fit rien d'utile. Sa faiblesse même laissa commettre des déprédations qu'il ignorait peut-être.

Mon père, comme on le verra bientôt, lui succéda; mais ce fut dans les dernières années qui précédèrent sa nomination, que commencèrent à se manifester toutes les idées de réforme, d'innovation et de perfectionnement, qui semblaient être devenues un besoin pour les Français.

Le comte de Guibert, militaire plein de feu, d'âme et de connaissances, brûlant du désir de la gloire dans tous les genres, parvenu très jeune, par son activité, aux grades supérieurs, et, par ses talens, à l'académie française, publia un essai sur la tactique, dont les idées grandes et nouvelles acquirent une rapide célébrité.

Dans le même temps, un major prussien,

nommé le baron de Pyrch, vint en France, et offrit au ministre de nous enseigner, dans tous leurs développemens, les règles de l'exercice prussien, et celles des grandes manœuvres de Frédéric.

A la même époque, un autre officier, nommé le baron de Mesnil-Durand, professant une nouvelle théorie, celle de l'ordre profond, attaqua celle de l'ordre mince qui était universellement adopté depuis long-temps par les armées européennes; il voulut nous diviser en *tiroirs*, en *manches*, en *manipules* et en *tranches*.

Tous ces différens systèmes, accueillis par leur nouveauté, devinrent l'objet d'une grande curiosité et même de querelles assez vives; le gouvernement alimenta ce feu par les ordres qu'il donna pour essayer et juger chacune de ces méthodes.

On voit par là qu'une grande fermentation remuait tout, que de grandes disputes s'élevaient de tous côtés sur la philosophie, la religion, le pouvoir, la liberté, la tactique; enfin la musique même fit éclater une sorte de guerre assez animée entre les écoles française et italienne, et Paris fut un moment divisé en deux factions acharnées l'une contre l'autre, celle des Gluckistes et celle des Piccinistes.

Il n'était rien qui ne fût remis en question; et c'était par cette agitation de tous genres qu'on préludait aux terribles mouvemens qui ébranlèrent et ébranlent encore le monde entier.

Lorsqu'on voit régner tant de calme et pour ainsi dire tant de léthargie chez tous les peuples, à certaines époques, tandis qu'à d'autres ils s'agitent, ils fermentent et paraissent, pour ainsi dire, en frénésie, on pourrait croire qu'il existe dans le monde moral des paralysies et des fièvres ardentes, comme dans le monde physique.

A la fin du XVIIIe siècle, la France était visiblement tourmentée de cette inquiétude, de ce malaise, de cette ardeur violente qui précèdent et annoncent les grandes crises morales, religieuses et politiques.

Quand je me rappelle l'incroyable activité d'esprit avec laquelle, de toutes parts, on provoquait, on multipliait, on combattait les plus légères innovations comme les plus grandes, et l'importance que chacun y attachait alors, j'en conclus qu'aux yeux de froids spectateurs, avant de devenir aussi dramatiques, aussi tragiques, aussi terribles que nous l'avons été plus tard, nous devions paraitre assez fous, et passablement ridicules.

Une petite anecdote en pourra donner une idée : lorsqu'il parut une ordonnance de M. de Saint-Germain, qui changeait la discipline et infligeait aux soldats français le châtiment des coups de plat de sabre, la cour, la ville et l'armée disputaient avec acharnement pour et contre cette innovation : les uns la vantaient, les autres la blâmaient avec emportement; le bourgeois, le militaire, les abbés, les femmes mêmes, chacun dissertait et controversait sur cet objet.

Tous ceux qui s'étaient engoués de la discipline allemande avec tout autant de chaleur qu'ils s'étaient précédemment enthousiasmés pour les modes anglaises, soutenaient qu'avec des coups de plat de sabre notre armée égalerait promptement en perfection celle du grand Frédéric; les autres n'y voyaient qu'une humiliante dégradation, incompatible avec l'honneur français. Un tiers-parti s'étonnait et doutait. « Le bâton, disait-il, serait humiliant;
» mais le sabre est l'arme de l'honneur, et cette
» punition militaire n'a rien de déshonorant;
» il faut examiner seulement si elle n'est pas

» préférable à la prison et à la salle de disci-
» pline, qui nuisent à la santé et corrompent
» les mœurs. » Enfin on dissertait gravement
pour savoir jusqu'à quel point cette punition
physique pouvait agir sur les sens du soldat,
pour le forcer par la douleur à se corriger de
ses vices, de sa paresse ou de son insubordi-
nation.

Un matin, je vis entrer dans ma chambre un
jeune homme des premières familles de la cour;
j'étais, dès mon enfance, lié d'amitié avec lui.
Long-temps, haïssant l'étude, il n'avait songé
qu'aux plaisirs, au jeu, aux femmes; mais depuis peu l'ardeur militaire s'était emparée de
lui : il ne rêvait qu'armes, chevaux, école de
théorie, exercices et discipline allemande.

En entrant chez moi, il avait l'air profondément sérieux; il me pria de renvoyer mon valet de chambre. Quand nous fûmes seuls : « Que
» signifient, lui dis-je, mon cher vicomte, une
» visite si matinale et un si grave début? Est-
» il question de quelque nouvelle affaire d'hon-
» neur ou d'amour? »

« Nullement, dit-il; mais il s'agit d'un objet
» très important, et d'une épreuve que je suis
» absolument résolu de faire; elle te paraîtra

» sans doute bien étrange, mais il me la faut
» pour achever de m'éclairer sur la grande
» discussion qui nous occupe tous. On ne juge
» bien que ce qu'on a connu et éprouvé par
» soi-même. En te communiquant mon projet,
» tu sentiras tout de suite que c'est à mon
» meilleur ami seul que je pouvais le confier,
» et que c'est lui seul qui peut m'aider à l'exé-
» cuter. En deux mots, voici le fait : je veux
» savoir positivement l'impression que peuvent
» faire les coups de plat de sabre sur un hom-
» me fort, courageux, bien constitué, et jus-
» qu'à quel point son opiniâtreté pourrait,
» sans faiblir, supporter ce châtiment; je te
» prie donc de prendre ton sabre et de m'en
» frapper jusqu'à ce que je dise, *c'est assez.* »

Éclatant de rire à ce propos, je fis l'impossible pour le détourner de ce bizarre dessein, et pour le convaincre de la folie de sa proposition; mais il n'y eut pas moyen : il insista, me pria, me conjura de lui faire ce plaisir, avec autant d'instance que s'il eût été question d'obtenir de moi le plus grand service.

Enfin j'y consentis, résolu, pour le punir de sa fantaisie, d'y aller *bon jeu, bon argent.* Je me mis donc à l'œuvre; mais, à mon grand

étonnement, le patient, méditant froidement sur l'impression de chaque coup, et rassemblant tout son courage pour les supporter, ne disait mot et s'efforçait de se montrer impassible; de sorte que ce ne fut qu'après m'avoir laissé répéter une vingtaine de fois cette épreuve, qu'il me dit : « Ami, c'est assez; je suis content, et
» je comprends à présent que, pour vaincre
» beaucoup de défauts, ce remède doit être
» efficace. »

Je croyais tout fini, et jusque-là cette scène n'avait rien eu pour moi que de plaisant; mais, au moment où j'allais sonner mon valet de chambre afin de m'habiller, le vicomte, en m'arrêtant tout à coup, me dit : « Un instant,
» de grâce, tout n'est pas achevé; il est bon
» aussi que tu fasses cette épreuve à ton tour. »

Je l'assurai que je n'en avais nulle envie, qu'elle ne changerait rien à mon opinion, qui était absolument contraire à une innovation si peu française.

« Fort bien, répondit-il; mais, si ce n'est
» pas pour toi, c'est pour moi que je te le de-
» mande : je te connais; quoique tu sois un
» parfait ami, tu es très gai, un peu railleur,
» et tu ferais peut-être à mes dépens, avec

» tes dames, un récit très plaisant de ce qui
» vient de se passer entre nous. »

« Mais ma parole ne te suffit-elle pas? »
repris-je. « Oui, dit-il, sur tout autre point plus
» sérieux; mais enfin, quand je n'aurais que
» la peur d'une indiscrétion, c'est encore trop.
» Ainsi, au nom de l'amitié, je t'en conjure,
» rassure-moi complétement à cet égard, en re-
» cevant à ton tour ce que tu m'as bien voulu
» prêter de si bonne grâce. D'ailleurs, je te le
» répète, crois-moi, tu y gagneras, et tu seras
» bien aise d'avoir jugé par toi-même cette
» nouvelle méthode sur laquelle on dispute
» tant. »

Vaincu par ses prières, je lui laissai prendre l'arme fatale; mais, après le premier coup qu'il m'eut donné, loin d'imiter sa constance obstinée, je me hâtai de m'écrier que c'était assez, et que je me tenais pour suffisamment éclairé sur cette grave question. Ce fut ainsi que se termina cette folle scène. Nous nous embrassâmes en nous séparant, et, quelque envie que j'eusse de raconter le fait, je lui gardai le secret aussi long-temps qu'il le voulut.

Ce jeune homme, alors si léger, fit depuis une chose très rare et très difficile : à l'âge où l'éducation est faite, il était très peu instruit ; mais, enflammé par le désir d'acquérir de la renommée, il refit lui-même son éducation, quitta les plaisirs, les frivolités, s'acharna à l'étude, apprit en quatre années les mathématiques, le latin, l'histoire, plusieurs langues, la logique et la rhétorique ; enfin il se distingua à la tribune, dans nos camps, et mourut glorieusement en Amérique, au champ d'honneur, à l'instant où il venait de prendre à l'abordage un bâtiment anglais.

L'été se passa, pour notre jeunesse, en exercices fréquens, en discussions perpétuelles sur les nouveaux systèmes de tactique, en petites guerres et en combats simulés, et surtout en vœux inquiets et ardens pour une rupture avec l'Angleterre, qui devait changer nos feints combats en batailles réelles, substituer une pratique glorieuse à de froides théories, et contraindre nos pédans et minutieux *faiseurs* à céder la place aux officiers véritablement militaires et habiles.

Comme c'était pour la liberté que la guerre se faisait alors entre les Américains et les Anglais, cette même liberté s'offrait à nous avec tous les attraits de la gloire ; et, tandis que des hommes plus mûrs et les partisans de la philosophie ne voyaient dans cette grande querelle qu'une favorable occasion pour faire adopter leurs principes, pour mettre des limites au pouvoir arbitraire, et pour donner la liberté à la France, en faisant recouvrer aux peuples des droits qu'ils croyaient imprescriptibles, nous, plus jeunes, plus légers et plus ardens, nous ne nous enrôlions sous les enseignes de la philosophie que dans l'espoir de guerroyer, de nous distinguer, d'acquérir de l'honneur et des grades ; enfin c'était comme paladins que nous nous montrions philosophes.

Mais il arriva tout naturellement qu'en nous déclarant ainsi, par une humeur d'abord purement belliqueuse, les partisans et les champions de la liberté, nous finîmes par nous enflammer de très bonne foi pour elle.

Après avoir lu avidement tous les livres, tous les écrits qui se publiaient alors en faveur des nouvelles doctrines, nous devînmes les disciples zélés de ceux qui les professaient, et les adversaires des prôneurs de l'ancien temps dont les préjugés, la pédanterie et les vieilles coutumes nous semblaient alors ridicules.

Nous ne nous lassions pas d'en rire avec

Voltaire, d'en gémir avec Rousseau; les discours académiques de Thomas, de D'Alembert et de leurs émules, exaltaient notre imagination; l'*Esprit des Lois* de Montesquieu excitait en nous une profonde admiration, et, si nous croyions retrouver dans son livre les droits des peuples long-temps perdus, ses *Lettres Persanes* nous rendaient presque honteux des mœurs de notre temps, par la peinture spirituelle et satirique que cet éloquent écrivain en avait faite.

D'ailleurs nous nous ennuyions d'entendre nos vieillards nous donner des leçons sévères, comme si nous ignorions tout ce que leur jeunesse et leur maturité avaient vu, souffert et même trop souvent fait de scandaleux, à l'époque de la régence et pendant le règne long, faible et licencieux de Louis XV.

Nous étions peu dociles aux prédications et peu touchés des alarmes d'un clergé honoré certainement par des vertus éclatantes, mais dans lequel on avait compté tant de prélats mondains, tant d'abbés à bonnes fortunes, et surtout un premier ministre, le cardinal Dubois, dont le nom et la vie avaient été un opprobre pour son ordre, pour le gouvernement et pour la nation.

On avait tant mêlé d'erreurs superstitieuses aux vérités de la religion, les écrivains du jour, en nous déroulant nos tristes annales, nous montraient tant de guerres civiles, tant de massacres inhumains, tant de persécutions, tant de princes déposés, tant de sorciers brûlés par le fanatisme, tant de peuples opprimés par les préjugés, par l'ignorance et par la tyrannie du système féodal ; l'expulsion et la spoliation d'un million de Français, pour cause d'hérésie, étaient si récentes ; les querelles encore existantes entre les jansénistes et les molinistes, et celles des billets de confession, nous semblaient si ridicules, qu'il nous était impossible de ne pas saisir avec enthousiasme l'espérance, peut-être trop illusoire, que des hommes de génie nous donnaient alors d'un avenir où la raison, l'humanité, la tolérance et la liberté devaient régner sur les derniers débris des erreurs, des folies et des préjugés qui avaient si long-temps asservi et ensanglanté le monde.

Ce qui aiguillonnait encore notre vive impatience, c'était la comparaison de notre situation présente avec celle des Anglais. Montesquieu nous avait ouvert les yeux sur les avantages des institutions britanniques ; les communications entre les deux peuples étaient devenues beaucoup plus fréquentes; la vie brillante mais frivole de notre noblesse, à la cour et à la ville, ne pouvait plus satisfaire notre amour-propre, lorsque nous pensions à la dignité, à l'indépendance, à l'existence utile et importante d'un pair d'Angleterre, d'un membre de la chambre des communes, et à la liberté, aussi tranquille que fière, de tous les citoyens de la Grande-Bretagne.

Aussi j'ai toujours été surpris que notre gouvernement et nos hommes d'État, au lieu de blâmer, comme frivole, folle et peu française, la passion qui s'était tout à coup répandue en France pour les modes anglaises, n'y aient pas vu le désir d'une imitation d'un autre genre, et les germes d'une grande révolution dans les esprits : ils ne se doutaient pas qu'en bouleversant dans nos parcs les allées droites, les carrés symétriques, les arbres taillés en boule et les charmilles uniformes, pour les transformer en jardins anglais, nous annoncions notre désir de nous rapprocher, sur d'autres points, de la nature et de la raison.

Ils ne voyaient pas que les fracs, remplaçant les amples et imposans vêtemens de l'ancienne cour, présageaient un penchant général pour l'égalité, et que, ne pouvant encore briller dans des assemblées comme des lords et des députés anglais, nous voulions au moins nous distinguer comme eux par la magnificence de nos cirques, par le luxe de nos parcs, et par la rapidité de nos coursiers.

Cependant rien n'était plus facile à deviner, et il suffisait d'entendre parler ceux qui les premiers nous avaient apporté ces modes, le comte de Lauraguais, le duc de Lauzun, le duc de Chartres, le marquis de Conflans, et beaucoup d'autres, pour comprendre que ce n'était pas à de si superficielles imitations qu'ils prétendaient borner leurs vœux.

Quoi qu'il en soit, tout ce qui était jeune à la cour, et les princes mêmes, se laissèrent entraîner par ce torrent. La reine montra le plus grand ennui de l'étiquette, le goût le plus vif pour les jardins anglais, le penchant le plus marqué pour les courses de chevaux; elle honorait celles-ci de sa présence, et par là encourageait la folie des parieurs qui s'y ruinaient.

Quelques vieux seigneurs blâmaient, il est vrai, cette manie, mais seulement parce qu'elle était nouvelle. Le bon roi Louis XVI seul la désapprouvait hautement, non comme indice d'innovations dangereuses, mais comme un luxe ridicule, scandaleux, et comme une préférence humiliante donnée aux usages d'un pays étranger sur ceux du nôtre.

Tandis qu'on faisait à l'envi, dans ces courses, des gageures énormes, le roi, pressé de parier, ne voulut mettre au jeu qu'un écu : la leçon fut inutile; l'opinion était déjà plus forte que l'autorité et que l'exemple. Malheureusement, sur tous les points, on sentait trop clairement la violence de l'agitation des flots et la faiblesse du pilote.

On peut en juger par une anecdote : le comte de Lauraguais, fameux par son enthousiasme pour les institutions, les mœurs et les usages de l'Angleterre, par l'éclat de ses aventures galantes, par sa philosophie un peu cynique, et par un luxe qui consomma toute sa fortune, s'était attiré, par la hardiesse de ses paroles et par l'originalité audacieuse de ses écrits, un assez grand nombre de lettres de cachet, qu'il appelait un jour plaisamment devant moi *sa correspondance avec le roi.*

Je me rappelle que, le sachant exilé loin de Paris par une de ces lettres, je le vis se promener tranquillement dans le lieu où l'on faisait une course et où se trouvait, comme à l'ordinaire, toute la cour; je voulus lui faire sentir le danger de son imprudence, il n'en fit que rire. Cette escapade ne put être ignorée, et resta cependant impunie. L'arbitraire était plutôt toléré que respecté, et si, au lieu de fermer les yeux sur une telle désobéissance, on eût sévi, je ne sais trop si l'opinion publique, en effervescence, n'aurait pas donné à cette affaire beaucoup plus d'éclat et de gravité qu'elle n'en avait réellement.

Le comte de Lauraguais, aujourd'hui duc de Brancas, et qui vient de mourir à l'âge de quatre-vingt-onze ans, a certainement été l'un des hommes les plus singuliers de son temps; il réunissait dans sa personne des qualités et des défauts dont la moindre partie aurait suffi pour marquer tout individu de l'empreinte d'une grande originalité.

Aimant à l'excès le tourbillon et les plaisirs du monde, il s'adonna aux sciences, et fit en chimie quelques découvertes auxquelles il dut son admission dans l'académie des sciences. C'est à lui que l'on doit l'art de perfectionner la porcelaine. Il fit des expériences sur l'éther et sur sa miscibilité dans l'eau, ainsi que des découvertes moins utiles, relativement à la dissolution des diamans. Ces dernières ne profitèrent à personne, et contribuèrent à sa ruine. Original et passionné dans tous ses goûts, on ne saurait dire combien il prodigua d'argent pour acheter des diamans, dont une partie enrichit d'ingrates beautés, et dont l'autre se fondit dans ses fourneaux de porcelaine.

Il fut un des premiers qui, bravant la pédanterie de la magistrature et les superstitions de la Sorbonne, favorisa en France l'inoculation.

Le célèbre grammairien Dumarsais, dont la science honorait sa patrie, languissait dans la pauvreté, parce qu'on le croyait janséniste. M. de Lauraguais, en faisant généreusement une pension à cet illustre grammairien, le vengea des persécutions de Rome et de l'injustice de la cour.

Long-temps on le vit le plus fastueux, le plus magnifique, le plus galant des grands seigneurs; mais plus long-temps encore on le vit depuis mal vêtu, mal peigné, et affectant la simplicité du paysan du Danube.

Je me souviens qu'un jour il vint chez moi

le matin dans ce costume cynique, mais avec une physionomie rayonnante de plaisir. « Et
» d'où te vient, lui dis-je, cette joie inaccou-
» tumée ? » « Mon ami, me répondit-il, je suis
» le plus heureux des hommes : me voilà com-
» plétement ruiné. » « Ma foi, repris-je, c'est
» un étrange bonheur et pour lequel il y aurait
» de quoi se pendre. » « Tu te trompes, mon
» cher, répliqua-t-il ; tant que je n'étais que
» dérangé, je me voyais accablé d'affaires, per-
» sécuté, ballotté entre la crainte et l'espé-
» rance ; aujourd'hui que je suis ruiné, je me
» trouve indépendant, tranquille, délivré de
» toute inquiétude et de tous soucis. »

A l'époque où, par l'effet d'une civilisation concentrée, les règles de ce qu'on appelait alors bon ton et bonne compagnie, obligeaient tout le monde de se soumettre, pour le goût, pour les opinions, pour le langage et pour la manière de vivre, à une monotone uniformité, M. de Lauraguais, secouant ce joug, suivait en tout genre ses fantaisies, et professait hautement les plus hardis systèmes.

Nos théâtres lui doivent une grande révolution : il nous fit sentir le premier combien il était ridicule et contraire à l'illusion de la scène, de souffrir que les élégans de la cour et de la ville fussent assis sur des banquettes des deux côtés du théâtre en avant des coulisses. D'après ses conseils, les acteurs cessèrent aussi de représenter les personnages antiques en habit moderne. Ce fut grâce à lui que nous ne vîmes plus Néron, Brutus, Thésée en habit à grandes basques avec une écharpe et des nœuds d'épaule, Phédre et Mérope en cheveux bouclés, poudrés, et en robe à grands paniers.

Vivement épris d'une actrice, mademoiselle Arnoult, et ennuyé de la présence assidue d'un homme de la cour, le prince D..., très peu spirituel, le comte de Lauraguais alla gravement chez un médecin et lui demanda s'il était possible de mourir d'ennui. « Cet effet » de l'ennui, répondit le docteur, serait bien » étrange et bien rare. » « Je vous demande, » reprit le comte, s'il est possible. » Le médecin ayant répondu qu'à la vérité un trop long ennui pourrait donner une maladie telle que la consomption, et par là causer la mort du malade, il exigea et paya cette consultation signée. De là il se rendit chez un avocat, et lui demanda s'il pouvait accuser en justice un homme qui aurait formé le dessein, par quelque moyen que ce fût, de le faire mourir. L'avocat dit que le fait n'était pas douteux, et, sur ses instances, écrivit et signa cette déclaration. Muni de ces deux pièces, le comte de Lauraguais porta devant la justice une plainte criminelle contre le prince D...., qui voulait, disait-il, le faire mourir d'ennui, ainsi que mademoiselle Arnoult. Cette bizarre affaire n'eut aucune suite ; mais, comme on le croit bien, elle fit beaucoup de bruit.

Pendant la guerre de sept ans, M. de Lauraguais, au milieu d'une bataille sanglante, avait chargé trois fois l'ennemi à la tête du régiment qu'il commandait, et s'était distingué par la plus froide et la plus brillante intrépidité. Lorsque le combat eut cessé, rassemblant ses officiers et leur ayant distribué de justes éloges, il leur demanda s'ils étaient satisfaits de sa conduite; on lui répondit par une acclamation unanime. « Je suis bien aise, reprit le » comte, que vous soyez contens de votre co- » lonel ; mais moi, je ne le suis nullement du » métier que nous faisons, et je le quitte. » En effet, après la campagne, il quitta le service.

A cette occasion il composa les vers suivans, où se mêle à la peinture de son propre caractère, une épigramme un peu vive contre un de ses contemporains, le duc de La Vallière, qui n'eut jamais d'autre activité que celle de courtisan.

> J'ai vu périr Gisors *, et perdre une victoire,
> Où j'ai manqué cent fois de périr à mon tour ;
> Mon sang sur mes lauriers coulait à mon retour,
> Ce qui m'en dégoûta plus qu'on ne saurait croire.
>   Qu'on en jase tant qu'on voudra :
> Apollon peut rayer mon nom de son grimoire ;
>   Et les neuf filles de mémoire,
> Ami, n'en valent pas une de l'Opéra.
> Je ne veux que chasser, rire, chanter et boire,
> Ainsi que La Vallière, en cet heureux séjour.
> Quand on est riche et duc, et qu'on rampe à la cour,
>   On a toujours assez de gloire.

Ce fut M. le comte de Lauraguais qui, le premier, fit voir aux Parisiens, dans la plaine des Sablons, une course avec des chevaux et des jockeys anglais.

Quand les idées de liberté se propagèrent, le comte de Lauraguais fut un des partisans les plus zélés des grandes innovations qui se préparaient. Il se voyait déjà remplir, dans un

---

* Le comte de Gisors, fils du maréchal de Belle-Isle, jeune homme de la plus haute espérance.

parlement français, le rôle des Walpole, des Chatam et des Fox ; mais notre tempête révolutionnaire déçut ses espérances, comme tant d'autres, et ce ne fut qu'après la restauration qu'il vint siéger à la chambre des pairs, où son âge avancé ne lui permit de paraître que peu de temps.

Cependant, dès le moment où la ville et la cour, contre les anciennes coutumes, s'étaient livrées avec fureur à la discussion des affaires publiques, discussion dont le signal fut donné par la publication toute nouvelle du compte des finances rendu par M. Necker, ouvrage qu'on trouvait non-seulement chez tous les hommes d'État, mais dans la poche de tous les abbés et sur la toilette de toutes les dames, M. de Lauraguais, donnant le premier l'exemple d'une opposition hardie, écrivit contre le ministre des pamphlets sur les finances, composés avec talent, et dont l'originalité satirique lui attira de nouvelles disgrâces et quelques légers supplémens à *sa correspondance avec le roi*.

Si M. de Lauraguais se permettait les libertés les plus étranges en paradoxe, en ironie, en raillerie, surtout lorsqu'il écrivait, d'un autre côté, son commerce en société était très agréable et très piquant. Seulement on le trouvait beaucoup moins aimable lorsqu'il voulait dogmatiser en finances et en politique, au milieu d'un monde léger dont l'usage était de ne pas souffrir, pour l'intérêt de la conversation, qu'on s'appesantît trop sur aucun sujet; car alors, pour plaire, il fallait dans le monde cacher son savoir et tout effleurer.

Parfois M. de Lauraguais voulut être poëte; mais il ne fut pas heureux dans ce genre qui ne paraît que trop facile à beaucoup de gens, et qui demande de longues études, un travail assidu, travail sans lequel on ne produit rien de bon, et qui cependant doit être si bien caché qu'on ne le sente pas.

Je me souviens qu'un matin le comte de Lauraguais vint me lire une tragédie de sa composition, et dont *Jocaste* était le titre. Me demandant ensuite mon avis, je m'amusai à lui répondre en plaisantant, ce qui était fort de son goût, qu'il y avait certainement des beautés dans sa pièce, mais que malheureusement je n'y avais trouvé de bien clair que les vers du sphinx. « C'est, répondit-il, que tu les as
» mal écoutés. »

« Je vais te prouver le contraire, repris-je, » car en voilà que j'ai retenus :

» Oui, Phorbas à l'instant, dans le temple inspiré,
» M'a révélé ce qu'il ignore encor lui-même.
» — Ah ! qu'a-t-il dit ? parlez, ma surprise est extrême. »

« Tu es un mauvais railleur, me dit le comte ; » ton esprit n'est pas à la hauteur de mon talent » ni du siècle, puisque tu ne vois pas que dans » cet ouvrage je donne à l'Europe le bilan de » mon génie. » « Prends garde, lui dis-je, au » mot *bilan*, il est de mauvais augure. »

Au fond, M. de Lauraguais, dont les sarcasmes, quand il écrivait, semblaient annoncer un esprit méchant, avait le meilleur cœur du monde, était obligeant, serviable, bon ami, prodigue de tout ce qu'il avait, sachant se passer de tout ce qu'il n'avait pas ; nul ne sut mieux que lui abuser sans mesure de la fortune, et supporter philosophiquement la pauvreté.

Une de ses maîtresses racontait qu'il l'avait logée dans sa serre chaude, la nourrissant très mal, et ne lui donnant presque que des fruits de climats étrangers. Comme elle le lui reprochait : « Peux-tu te plaindre, ingrate, lui di-

» sait-il, de manquer du nécessaire, chose
» triviale, lorsque tu jouis abondamment du
» superflu que tout le monde désire? »

Pendant quelque temps il eut de hautes prétentions en métaphysique, et donna un jour rendez-vous au chevalier de Boufflers et à moi pour nous expliquer l'obscure doctrine renfermée et cachée dans le livre intitulé : *Des erreurs et de la vérité*, ouvrage composé par le célèbre Saint-Martin, chef de la secte des illuminés.

Après l'avoir entendu patiemment disserter deux heures sur ce sujet, Boufflers et moi nous lui dîmes, d'un commun accord, que jusqu'à ce jour nous avions cru saisir le sens et la clef de quelques passages de ce livre énigmatique, mais que, depuis sa savante explication, nous n'y comprenions plus rien du tout. Il rit comme nous de sa présomption, de la nôtre et du temps que nous avions perdu.

Telle était la singularité de ce siècle, qu'au moment où l'incrédulité était en vogue, où l'on regardait presque tous les liens comme des chaînes, où la philosophie traitait de préjugés toutes les anciennes croyances et toutes les vieilles coutumes, une grande partie de ces jeunes et nouveaux sages s'eng*ait, les uns de la manie des illuminés, des doctrines de Swedenborg, de Saint-Martin, de la communication possible entre les hommes et les esprits célestes, tandis que beaucoup d'autres, s'empressant autour du baquet de Mesmer, croyaient à l'efficacité universelle du magnétisme, étaient persuadés de l'infaillibilité des oracles du somnambulisme, et ne se doutaient pas des rapports qui existaient entre ce baquet magique, dont ils étaient enthousiastes, et le tombeau miraculeux de *Pâris* dont ils s'étaient tant moqués.

Jamais on ne vit plus de contraste dans les opinions, dans les goûts et dans les mœurs : au sein des académies, on applaudissait les maximes de la philanthropie, les diatribes contre la vaine gloire, les vœux pour la paix perpétuelle ; mais, en sortant, on s'agitait, on intriguait, on déclamait pour entraîner le gouvernement à la guerre. Chacun s'efforçait d'éclipser les autres par son luxe, à l'instant même où l'on parlait en républicain et où l'on prêchait l'égalité. Jamais il n'y eut à la cour plus de magnificence, de vanité, et moins de pouvoir. On frondait les puissances de Versailles, et on faisait sa cour à celles de l'*Encyclopédie*.

Nous préférions un mot d'éloges de D'Alembert, de Diderot, à la faveur la plus signalée d'un prince. Galanterie, ambition, philosophie, tout était entremêlé et confondu : les prélats quittaient leurs diocèses pour briguer des ministères; les abbés faisaient des vers et des contes licencieux.

On applaudissait à la cour les maximes républicaines de *Brutus ;* les monarques se disposaient à embrasser la cause d'un peuple révolté contre son roi : enfin on parlait d'indépendance dans les camps, de démocratie chez les Nobles, de philosophie dans les bals, de morale dans les boudoirs.

Au reste, ce qu'on peut avec raison regretter de cette époque qui ne renaîtra plus, c'était, au milieu de ce conflit entre des opinions, des systèmes, des goûts et des vœux si opposés, une douceur, une tolérance dans la société, qui en faisaient le charme.

Toutes ces luttes entre les anciennes et les nouvelles doctrines ne s'exerçaient encore qu'en conversations, et ne se traitaient que comme des théories. Le temps n'était pas arrivé où leur pratique et leur action devaient répandre parmi nous la discorde et la haine. Jours heureux où les opinions n'influaient pas sur les sentimens, et où l'on savait aimer toujours ceux qui ne pensaient pas comme nous!

Je n'oublierai jamais les délicieuses et fréquentes réunions où se trouvaient ensemble les financiers, les magistrats, les courtisans, les poëtes, les philosophes les plus aimables et les plus distingués, et ces conversations au Mont-Parnasse, chez le comte de Choiseul-Gouffier, où brillaient tour à tour Boufflers, Delille, Rulhière, Saint-Lambert, Champfort, La Harpe, Marmontel, Panchaud, Raynal, l'abbé de Périgord, depuis prince de Talleyrand, mon frère, l'un des plus aimables hommes de son temps, le prince de Ligne, nouveau chevalier de Grammont de tous les pays, favori de tous les rois, courtisan de toutes les cours, ami de tous les philosophes, et le duc de Lauzun, qui, cherchant partout la gloire, n'en eut que les illusions, et dont la plupart des aventures furent plus imaginaires que réelles.

Dans quelques autres centres de réunion, on entendait avec un plaisir mêlé de vénération le simple, le laborieux, l'éloquent et savant abbé Barthélemy; Malesherbes, l'un des plus populaires des hommes illustres, le plus juste des ministres, le plus intègre des magistrats, le moins flatteur des courtisans; cet immortel Malesherbes qui pensait en philosophe, agissait en sage, et charmait, par la fécondité de sa mémoire, par la multiplicité de ses anecdotes, ceux qu'il instruisait par la moralité de ses discours et par l'universalité de ses connaissances; le duc de Nivernais, aussi distingué par la délicatesse de son goût et par l'urbanité de son ton que par la finesse et les agrémens de son esprit : il savait allier la noblesse de l'antique cour à l'esprit philosophique de la nouvelle; il réunissait en lui l'image et l'esprit de deux siècles différens.

Chez la princesse de Beauvau, modèle d'aménité et d'art pour soutenir et varier la conversation, on se plaisait à voir la réunion et la représentation de tout ce qu'il y avait de mieux et de plus délicat dans la cour de Louis XV, sans jamais y rencontrer ce qu'une juste sévérité reprochait à la licence de ce temps.

On aurait pu retrouver aussi quelques traces, quelques souvenirs de la vieille époque de la régence chez la maréchale de Luxembourg; mais l'âge, le repentir et le besoin de la considération, effaçant ces vestiges, n'y laissaient presque plus entrevoir que l'importance et la dignité imprimées sur les noms qui rappelaient le règne de Louis XIV.

Je quittais avec empressement les compagnons de ma jeunesse et les amusemens de mon âge, pour entendre des entretiens et pour suivre des sociétés qui formaient à la fois ma raison, mon esprit et mon goût.

Destiné aux emplois publics par ma position dans le monde et par mon penchant à cultiver les études de l'histoire et de la politique, je sentais combien était précieux pour moi l'avantage de me lier avec tous ceux qu'on pouvait sans vanité regarder comme l'élite des sociétés humaines.

En effet, on trouvait alors à l'hôtel de La Rochefoucauld, chez D'Alembert, chez madame Geoffrin, les littérateurs, les philosophes les plus distingués, et cet esprit de liberté qui devait changer la face du monde en l'éclairant, et malheureusement aussi ébranler toutes ses bases en voulant lui en donner de nouvelles.

Dans les réunions qui avaient lieu chez mesdames la maréchale de Luxembourg, de La Vallière, à l'hôtel de Choiseul, on revoyait tout ce que le règne de Louis XV avait offert de personnages marquans par leur rang, par leur urbanité, par leur galanterie. Chez madame du Deffant, on était certain de rencontrer les étrangers les plus célèbres, attirés par la curiosité de connaître cette France ancienne et nouvelle, que chez eux ils dénigraient avec pesanteur, et accusaient de frivolité, mais qui, dans tous les temps, fut, est et sera l'objet de leur jalousie.

Quoique bien jeune, porté naturellement à la réflexion, je me convainquis bientôt, dans ces écoles brillantes de civilisation, des causes qui donnaient en Europe des avantages presque universels à nos politiques et à nos littérateurs sur ceux de tous les autres pays, en en exceptant l'Angleterre qui nous dispute cette prééminence.

Ces causes sont les mêmes que celles qui donnent aux historiens de l'antiquité une supériorité évidente sur la plupart des historiens modernes. En effet, pour traiter avec les hommes et pour les peindre, il faut les étudier, les connaître, et cette connaissance profonde ne peut s'acquérir qu'au milieu d'une civilisation perfectionnée, et dans une position où la pratique du monde substitue la réalité aux apparences et l'expérience aux systèmes.

Pourquoi trouvons-nous si froids la plupart des historiens de l'Europe moderne? c'est qu'avec beaucoup d'érudition et souvent même d'esprit, leurs récits sont secs, manquent d'intérêt dramatique, et que leurs réflexions, la plupart du temps très longues, ne sont que des lieux communs de morale rebattus à la chaire ou dans les colléges.

Ce qui fait au contraire que les ouvrages des Xénophon, des Tite-Live, des Polybe, des Salluste, des Tacite, sont lus avec intérêt, relus avec avidité, et ont traversé les siècles, c'est que ces grands écrivains avaient été acteurs dans les scènes qu'ils retraçaient ou dans des scènes semblables.

Ce n'étaient point des abbés, des professeurs, des savans séparés du monde par leurs vœux, par leurs études ou par leur obscurité, qui répandaient de si vives lumières sur le jeu des passions humaines; c'étaient des hommes qui les avaient éprouvées et combattues. Ces illustres écrivains réunissaient le triple avantage d'être à la fois hommes de lettres, hommes du monde et hommes d'État, et par là possédaient le triple mérite de l'art du style d'un littérateur, de la finesse du goût d'un homme de la haute société et de l'habileté d'un politique expérimenté.

Aussi, dans l'Europe nouvelle, on doit remarquer que les hommes dont les écrits politiques ou historiques excitent le plus constamment notre intérêt, sont les écrivains tels que le président de Thou, le duc de Sully, le cardinal de Retz.

Si Montesquieu n'eût été qu'un savant professeur, son génie ne nous eût donné que des dissertations froides sur les lois. Il nous en a donné l'*esprit*, parce qu'il connaissait le monde, les affaires, les hommes de toutes les classes, les sociétés de toutes les nuances.

Ce qui fait le charme des Mémoires écrits même avec le plus de négligence, c'est que ceux qui les ont composés s'y montrent en acteurs plus qu'en auteurs. Cependant, s'ils ont le mérite du naturel, l'art leur manque trop souvent, ainsi que l'impartialité; ils ne vous montrent qu'un coin du tableau et dénué d'ornemens, tandis que, de tous les genres d'éloquence, l'histoire et la politique sont ceux où il est le plus nécessaire d'offrir le mélange indispensable d'élégance, de simplicité, de variété, de profondeur, de pratique des hommes et d'habitude des affaires.

En Angleterre, les institutions ont été plus

favorables à ce genre de talent que celles des autres gouvernemens : les affaires y sont vraiment publiques, ce sont celles de tous; chacun les connaît, s'y mêle, y prend part; on n'y sépare point la théorie de la pratique; le ciment de la liberté y a établi des liens et des communications entre tous les rangs et toutes les classes : aussi une gloire solide est attachée aux noms des écrivains, des hommes d'État, des orateurs de ce pays, tels que Hume, Clarendon, Littleton, Robertson, Chesterfield, etc.

En nous dégageant comme eux des entraves où nous retenaient le pouvoir féodal, l'autorité arbitraire, les préjugés scolastiques, la superstition, l'éloignement forcé des affaires pour presque toutes les classes de la société, le dédain antique et vaniteux des classes privilégiées pour les lettres, alors la muse de l'histoire et de la politique reprendra dans notre patrie le rang élevé qui lui est dû.

Ce qu'il y avait de plus singulier et de plus remarquable, c'est que, à la cour comme à la ville, chez les grands comme chez les bourgeois, parmi les militaires comme parmi les financiers, au sein d'une vaste monarchie, sanctuaire antique des priviléges nobiliaires, parlementaires, ecclésiastiques, et malgré l'habitude d'une longue obéissance au pouvoir arbitraire, la cause des Américains insurgés fixait toutes les attentions et excitait un intérêt général.

De toutes parts l'opinion pressait le gouvernement royal de se déclarer pour la liberté républicaine, et semblait lui reprocher sa lenteur et sa timidité. Les ministres, entraînés peu à peu par le torrent, craignaient cependant encore de rompre avec les Anglais et d'entreprendre une guerre ruineuse; de plus ils étaient retenus par la sévère probité de Louis XVI, le plus moral des hommes de son temps.

La neutralité paraissait un devoir à ce monarque, parce qu'aucune agression anglaise ne justifiait à ses yeux une démarche hostile contre la couronne britannique. Ce n'était pas la crainte des frais et des chances de la guerre qui le frappait, c'était sa conscience qui lui faisait regarder comme une perfidie la violation des traités et de l'état de paix, sans autre motif que celui d'abaisser une puissance rivale.

Ainsi le gouvernement, froissé entre la volonté du prince et le vœu général, faisait par faiblesse ce qu'il y a de pire en politique : il encourageait secrètement le commerce français à donner aux Américains des secours en armes et en munitions; il accueillait favorablement, mais mystérieusement, les envoyés américains; il flattait par ses discours l'espoir et l'ardeur impatiente d'une jeunesse belliqueuse; il laissait circuler les écrits des partisans de la liberté américaine, et, en même temps, il chargeait notre ambassadeur à Londres de calmer les alarmes du ministère anglais, de lui renouveler fréquemment l'assurance du maintien de la paix par l'observation de la plus stricte neutralité.

Par cette conduite peu loyale, il perdait également les avantages d'un système pacifique, sincère, et ceux d'une guerre déclarée; il s'exposait aux inconvéniens de ces deux partis, parce qu'il n'en savait suivre aucun.

Cependant l'orage croissait : après quelques revers éprouvés par les Américains, la fortune commençait à se déclarer pour eux. La passion de la liberté, l'amour de la patrie triomphaient de tous les obstacles. La tactique et la discipline anglaises n'étonnaient plus le courage irrégulier des nouveaux républicains. Le congrès, vivante image du sénat antique de Rome, délibérait froidement, et faisait de sages lois au milieu du tumulte des armes.

Vainement un électeur de l'empire germanique fortifia l'armée anglaise par des troupes auxiliaires, et par un traité honteux, puisqu'il contenait un tarif exact des sommes qu'on devait lui payer pour la mort, pour les mutilations, pour les blessures graves ou légères des sujets et des soldats qu'il vendait.

Les armées américaines faisaient chaque jour de nouveaux progrès. Enfin on sut qu'une armée anglaise tout entière, commandée par le général Burgoyne, s'était vue investie par les milices insurgées, privée de vivres, de communications, réduite à l'impossibilité de combattre ou de fuir, et forcée, à Saratoga, de déposer ses armes aux pieds de ces cultivateurs pauvres mais fiers, inexperts mais vaillans, et dont elle avait jusque-là tant dédaigné la simplicité, l'indiscipline, le dénuement, et l'ignorance des évolutions militaires.

Cette victoire fit pencher les balances de la politique; une prompte renommée répandit dans toute l'Europe l'éclat de ce triomphe. En tout temps le bonheur donne des amis, et l'Amérique eut bientôt des alliés.

La nouvelle de ce succès redoubla notre ardeur et notre impatience. Les ministres, pressés par nous et rassurés par la fortune, dissimulèrent moins leur but, et persuadèrent au roi qu'on pouvait, pour l'intérêt de la France, former des liens de commerce avec les Américains sans rompre avec l'Angleterre.

En conséquence, ils reçurent plus ouvertement les commissaires de l'Amérique, négocièrent avec eux, et, dans le mois de décembre 1777, signèrent ensemble les articles préliminaires d'un traité de commerce et d'amitié.

Il en résulta ce qu'ils n'avaient pas prévu, et ce qui pourtant devait nécessairement arriver. Les ministres anglais éclatèrent en reproches contre nous, regardant comme une rupture ouverte ce nouveau lien formé avec leurs provinces rebelles.

Inutilement notre ambassadeur voulut alléguer nos intérêts commerciaux et protester de notre amour pour la paix, les Anglais étaient décidés à la guerre; en même temps, se croyant autorisés, par notre conduite, qu'ils regardaient comme une agression, à l'oubli et à l'infraction du droit des gens, ils avaient envoyé des ordres secrets à leurs amiraux. Aussi nous sûmes bientôt que, sans aucune déclaration de guerre de leur part et sans aucune hostilité de la nôtre, ils s'étaient emparés sur mer de plusieurs vaisseaux marchands qui nous appartenaient, et qu'ils avaient attaqué dans l'Inde nos possessions.

Le traité définitif avec l'Amérique fut bientôt conclu. Notre ambassadeur quitta Londres. Chacun courut aux armes. Les désirs de notre ardente jeunesse furent comblés, et la guerre ne tarda pas à éclater dans les deux hémisphères.

Il n'était plus question alors de tenter individuellement des aventures et de partir comme volontaires pour l'Amérique, puisque la guerre retenait chacun de nous sous ses étendards, et nous faisait espérer des occasions prochaines de nous distinguer en servant notre patrie.

Cependant, comme nous étions trop pressés d'agir pour attendre ces occasions, et que, la guerre contre les Anglais étant essentiellement maritime, on pouvait prévoir facilement qu'il y aurait peu d'expéditions pour les troupes de terre, et que celles qu'on y emploierait seraient peu nombreuses, je renouvelai mes démarches pour obtenir la permission d'aller rejoindre La Fayette au camp de Washington.

Tout ce qu'il m'écrivait sur les mœurs, l'enthousiasme, la constance et le courage héroïque des Américains, redoublait mon ardeur pour servir leur cause.

Je suppliai la reine d'appuyer et de favoriser ma demande, en lui faisant observer que j'étais colonel de dragons, que probablement dans cette guerre on embarquerait peu de cavalerie, et qu'ainsi je pouvais m'absenter de mon régiment sans nuire au service.

Comme tout sentiment élevé plaisait à cette princesse, elle m'approuva; mais, peu de jours après, elle me dit que mon exemple, si on cédait à mes instances, attirerait d'autres demandes pareilles, aurait par là beaucoup d'inconvéniens, et que le roi ne voulait point que les chefs des corps les quittassent.

Je n'avais fondé aucun espoir sur l'assistance de mon père, partisan sévère d'une marche méthodique et d'une stricte discipline; il se serait opposé à mon dessein plutôt qu'il ne l'aurait favorisé. Il fallut donc me résigner à tout attendre de la fortune, et, dans cette circonstance, elle ne me fut pas favorable.

Bientôt cependant on put croire, par des symptômes très marquans, qu'une guerre générale allait embraser toute l'Europe, et étendre ses ravages dans le monde entier. Les vues ambitieuses de l'impératrice Catherine, et son refus de rendre la Crimée, armaient les Turcs contre elle. L'électeur palatin mourut; son testament et les prétentions de l'Autriche sur son héritage excitèrent, entre la cour de Vienne et celle de Berlin, des contestations promptement suivies d'une rupture.

L'Espagne cherchait encore, il est vrai, à nous réconcilier avec les Anglais, par sa médiation; mais le succès était impossible. On pouvait facilement prévoir déjà que cette puissance serait promptement entraînée à faire cause commune avec nous, pour enlever la domination des mers à notre ancienne rivale.

Enfin la Hollande même, malgré le penchant du stathouder pour l'Angleterre, laissa réveiller chez elle quelque dernier sentiment de liberté, et un parti nombreux s'y montra décidé à forcer son gouvernement de se déclarer pour la cause américaine.

Dans cet état de choses si alarmant pour les amis de la paix et de l'humanité, notre jeunesse, impatiente de guerre, trouvait de quoi flatter tous ses désirs et nourrir toutes ses espérances.

Il arriva pourtant tout le contraire de ce

qu'on prévoyait : l'Océan, l'Amérique et les Indes furent seuls le théâtre d'une guerre vive et réelle. L'incendie qui menaçait le continent européen s'éteignit tout à coup. Ls Turcs se résignèrent à leur sort. La Prusse et l'Autriche ne firent qu'une campagne sans résultat. La médiation pacifique de la France et la médiation armée de la Russie apaisèrent les différends survenus entre les cabinets de Vienne et de Berlin, que termina une prompte paix conclue à Teschen.

Ainsi, avant l'espace d'une année révolue, l'Angleterre seule, avec la faible assistance du Portugal, resta en guerre contre les Américains, les Français, les Espagnols et les Hollandais.

De cette manière une grande partie de nos fumées de gloire s'évanouit. Nos marins seuls, une douzaine de généraux et une vingtaine de régimens obtinrent la faveur enviée de combattre sur le continent américain dans les Antilles, et en Asie dans les Indes orientales.

Nous ne gardâmes qu'un seul espoir, celui d'une descente en Angleterre : vaste dessein dont notre ardeur sollicitait et pressait à grands cris l'exécution, mais que la circonspection de nos ministres n'adopta qu'avec timidité, et ne forma qu'avec cette hésitation et cette lenteur qui rendent tout succès impossible.

Nos armées navales étaient nombreuses ; nos marins avaient autant d'instruction que d'intrépidité ; nos troupes de terre étaient animées du meilleur esprit, et enflammées de cet amour de gloire qui annonce et promet de grands exploits.

L'habileté de M. Necker fournissait au trésor tous les moyens nécessaires à de hautes entreprises. La France trouvait enfin l'occasion d'abattre la puissance de son éternelle rivale. Pour y parvenir nos forces suffisaient ; nos ministres n'étaient pas sans talent, mais le génie leur manqua.

Cependant, par la force des choses, par la constance des Américains, par la bravoure de nos troupes, et par quelques heureuses combinaisons de nouveaux ministres qui dirigèrent nos dernières opérations, le résultat de cette guerre fut glorieux pour nous et désastreux pour les Anglais, puisqu'ils perdirent dans l'autre hémisphère treize grandes provinces.

Notre traité avec les Américains contenait des stipulations offensives, dont l'exécution ne devait avoir lieu qu'en cas de rupture avec l'Angleterre. La probité du roi le déterminait, malgré les conseils de ses ministres, à ne point le premier prononcer le mot terrible de *guerre*. Il ne se croyait pas autorisé, par les fréquens exemples des Anglais, à enfreindre sans scrupule le droit des gens; et, loin de profiter du moment où la Grande-Bretagne n'avait pas encore réuni tous ses moyens pour la défense de ses côtes et pour la protection de son vaste commerce, il attendit qu'elle commît les premières hostilités, se croyant par là moins responsable de toutes les calamités qu'une semblable guerre devait entraîner.

Ce furent en effet les Anglais qui les premiers rompirent ouvertement la paix : un de leurs bâtimens de guerre, *l'Aréthuse*, attaqua une frégate française, *la Belle-Poule*. M. de la Clocheterie, qui commandait celle-ci, soutint avec éclat l'honneur de notre pavillon. Le combat fut long, opiniâtre et sanglant. *L'Aréthuse* vaincue prit la fuite, et le commandant français ramena dans nos ports sa frégate criblée de boulets, un équipage dont le feu avait moissonné la moitié. Il fut reçu en triomphe par une population immense qui jouissait avec transport de ce premier et brillant succès, le regardant comme un présage assuré de fortune et de gloire.

Alors Louis XVI consentit à faire agir toutes les forces que son ministère avait armées. Le comte d'Estaing, commandant une escadre française, se dirigea sur les côtes de l'Amérique. Son apparition sur ces côtes intimida le général Clinton, qui investissait alors Philadelphie. Ce général se retira du côté de New-Yorck. Les Américains reprirent l'offensive, suivirent l'ennemi dans sa retraite, et lui livrèrent à Monmouth un combat où leurs armes eurent l'avantage, sans cependant obtenir un succès décisif.

Un plénipotentiaire français, M. Gérard de Rayneval, embarqué sur la flotte du comte d'Estaing, avait été envoyé au congrès américain pour reconnaître formellement son indépendance, et former avec lui les nœuds d'une alliance offensive et défensive. Les généraux Washington, La Fayette et Sulivan, avaient concerté un plan habilement conçu; leur but était la conquête de Rhode-Island.

Notre amiral dirigea sa flotte vers cette île; mais, au lieu d'y faire débarquer ses troupes, comme les Américains l'en pressaient, le désir et l'espoir de combattre, et de détruire une escadre anglaise qui s'approchait, le firent renoncer à tout autre dessein. Il courut au devant de la flotte ennemie.

Le combat s'engagea ; mais un coup de vent terrible sépara les deux armées ; les vents et les flots déchaînés dispersèrent tous leurs vaisseaux, dont une grande partie fut excessivement maltraitée ; deux des nôtres, entièrement dégréés et démâtés, se virent, par un étrange caprice du sort, au moment d'être pris par des bâtimens de force inférieure qui les rencontrèrent. Heureusement le comte d'Estaing arriva assez à temps pour les délivrer. De son côté l'escadre anglaise reçut des renforts, et, l'exécution du plan concerté étant ainsi manquée, le comte d'Estaing changea de direction et forma d'autres desseins, pour couvrir par quelque action d'éclat le peu de succès de cette première expédition.

Il était résulté de ce malheur, ou de cette faute, quelques germes de mésintelligence entre les Américains et les Français. Mais d'un autre côté Washington en tira habilement un avantage, celui de persuader aux milices américaines que c'était principalement sur leur propre courage, leur constance et leur force qu'elles devaient compter, sans trop se reposer sur l'assistance, sans doute très utile, mais parfois incertaine, d'alliés éloignés, et qu'il fallait se mettre en état de vaincre sans secours, pour être plus certain d'en recevoir.

A l'autre extrémité du monde, dans les Indes, notre lenteur et la timide circonspection du gouvernement français nous causèrent d'immenses préjudices. Une armée navale, envoyée à temps dans ces parages, aurait pu y changer facilement la face des affaires, et y porter un coup fatal à la puissance anglaise; mais nos ministres, sans prévoyance, n'avaient rien préparé de ce côté ni pour l'attaque ni pour la défense.

Nous avions donné secrètement, dans l'Inde, des officiers, des secours et des conseils au fameux Hyder-Ali-Khan, prince indien, qui s'efforçait alors de secouer le joug de l'Angleterre. En encourageant ainsi un ennemi redoutable pour les Anglais, nous devions prévoir qu'ils s'en vengeraient sur notre commerce et sur nos possessions.

Nous fûmes punis de cette négligence. Les Anglais attaquèrent Pondichéry, Chandernagor, et bientôt nous perdîmes ces riches comptoirs, sans autre dédommagement que l'honneur dont le courage héroïque et l'habileté de l'amiral comte de Suffren couvrirent nos armes trois ans après.

Tandis que tous ces grands événemens, précurseurs de tant d'orages, occupaient les ministres de tous les cabinets et les nouvellistes de toutes les classes, depuis les personnages les plus importans de la cour jusqu'aux oisifs les plus bavards de la terrasse des Tuileries, de la grande allée du Palais-Royal et des cafés de Paris, un nouveau spectacle vint s'emparer de la curiosité des Parisiens et la fixer.

Voltaire, le prince des poëtes, le patriarche des philosophes, la gloire de son siècle et de la France, se trouvait depuis un grand nombre d'années exilé de sa patrie. Tous les Français lisaient avec délices ses ouvrages, et presque aucun d'eux ne l'avait vu. Ses contemporains étaient pour lui, si on ose le dire ainsi, comme une sorte de postérité.

L'admiration pour son génie universel était dans beaucoup d'esprits une espèce de culte et d'adoration; ses écrits ornaient toutes les bibliothèques, son nom était présent à toutes les pensées, et ses traits absens de tous les regards. Son esprit dominait, dirigeait, modifiait tous les esprits de son temps; mais, excepté un petit nombre d'hommes qui avaient été admis à Ferney dans son sanctuaire philosophique, il régnait pour le reste de ses concitoyens comme une puissance invisible.

Jamais peut-être aucun mortel n'opéra d'aussi grands changemens que lui dans les opinions et dans les mœurs de son siècle. Jamais aucun chef de secte ne combattit et ne vainquit à la fois, sans paraître dans la mêlée, plus d'ennemis qui se croyaient invincibles, plus d'erreurs consacrées par le temps, plus de préjugés enracinés par de vieilles coutumes.

Cependant, sans rang, sans naissance, sans autorité, ses forces ne se composaient que de la clarté de sa raison, de l'éloquence variée de son style, et du charme entraînant de sa grâce; enfin, pour terrasser les vieux et redoutables colosses contre lesquels il luttait, il ne se servit la plupart du temps, au lieu de massue, que de l'arme légère du ridicule et de l'ironie. Il est vrai que jamais personne ne la mania plus adroitement que lui, et ne fit avec elle des blessures plus profondes et plus incurables.

Profitant de quelques imprudences inexcusables, de quelques écrits contraires aux mœurs, de quelques taches enfin qui ternissaient légèrement le disque de cet astre brillant de notre littérature, le clergé par son influence, quelques vieux parlementaires enclins à la sévérité, un petit nombre d'anciens courtisans, partisans des antiques abus du pouvoir, avaient obtenu contre lui non une condamnation ou même un ordre officiel de bannissement, mais des insinuations assez efficaces pour l'obliger à chercher son repos et sa sûreté dans l'exil.

Son retour fut, comme sa disgrâce, une preuve de la faiblesse de l'autorité. L'opinion philosophique l'emportait tellement alors dans les esprits, et intimidait à tel point le pouvoir, qu'on le laissa revenir dans son pays sans le lui permettre. La cour refusa de le recevoir, et la ville entière sembla voler au devant de lui. On ne voulut point lui accorder une légère grâce, et on le laissa jouir d'un triomphe éclatant.

La reine, entraînée par le tourbillon, fit de vaines tentatives pour obtenir du roi la permission d'admettre chez elle cet homme célèbre, objet d'une si universelle admiration. Louis XVI, par scrupule de conscience, crut qu'il ne devait point laisser approcher de lui un écrivain dont les coups téméraires, ne s'arrêtant point aux abus, avaient souvent porté atteinte à des croyances antiques, à des doctrines vénérées. L'enceinte du trône resta donc fermée à celui auquel, dans les transports de son admiration, la nation rendait une sorte de culte.

Les rivaux de ce grand homme furent consternés; le clergé s'indigna, mais se tut; les parlemens gardèrent le silence, et la puissance des philosophes s'accrut par la présence et par le triomphe de leur chef.

Il faut avoir vu à cette époque la joie publique, l'impatiente curiosité et l'empressement tumultueux d'une foule admiratrice pour entendre, pour envisager et même pour apercevoir ce vieillard célèbre, contemporain de deux siècles, qui avait hérité de l'éclat de l'un et fait la gloire de l'autre; il faut, dis-je, en avoir été témoin pour s'en faire une juste idée.

C'était l'apothéose d'un demi-dieu encore vivant; il disait au peuple, avec autant de raison que d'attendrissement : « Vous voulez donc me » faire mourir de plaisir? » En effet, la jouissance de si nombreux et de si touchans hommages était au-dessus de ses forces; il y succomba, et l'autel qu'on lui dressait se changea promptement en tombeau.

Aussi avide d'admirer de près cet homme illustre, mais plus heureux que les autres, sans avoir besoin de percer la foule de tous ceux qui cherchaient à s'approcher de lui, j'eus le bonheur de le voir à mon aise deux ou trois fois chez mes parens, avec lesquels, dans sa jeunesse, il avait eu des liaisons assez intimes.

Ma mère était alors attaquée d'une maladie cruelle qui, depuis deux ans, consumait, dans des douleurs insupportables, ses forces et sa vie. Elle ne pouvait plus sortir de son lit. On peut juger de son extrême faiblesse, puisqu'un mois après l'époque dont je parle, elle rendit le dernier soupir.

Elle avait toujours été considérée comme une des femmes de Paris les plus distinguées par la finesse, par la justesse de son goût et de son esprit, par la rectitude de sa raison, par l'élégance de son langage et de ses manières; remarquable dans sa jeunesse par les agrémens de sa figure, elle passait pour un modèle du meilleur ton et de la plus attrayante urbanité.

Voltaire ne l'avait point oubliée; il demanda instamment à la voir, et, quoiqu'elle fût à peine en état de le regarder, de l'entendre et de lui répondre, elle le reçut.

Souvent il nous arrive de nous faire des hommes, des lieux et des choses qu'on n'a pas vus, et dont notre imagination n'a été frappée que de loin, une idée toute différente de la réalité. Je l'avais éprouvé maintes fois; mais, lorsque je vis Voltaire, il me parut absolument tel que je me l'étais représenté.

Sa maigreur me retraçait ses longs travaux; son costume antique et singulier me rappelait le dernier témoin du siècle de Louis XIV, l'historien de ce siècle et le peintre immortel de Henri IV. Son œil perçant étincelait de génie et de malice; on y voyait à la fois le poëte tragique, l'auteur d'*OEdipe* et de *Mahomet*, le philosophe profond, le conteur malin et ingénieux, l'esprit observateur et satirique du genre humain; son corps mince et voûté n'était plus qu'une enveloppe légère, presque transparente, et au travers de laquelle il semblait qu'on vît apparaître son âme et son génie.

J'étais saisi de plaisir et d'admiration, comme quelqu'un à qui il serait permis tout à coup de se transporter dans les temps reculés, et de voir face à face Homère, Platon, Virgile ou

Cicéron. Peut-être comprendrait-on difficilement aujourd'hui une telle impression : nous avons vu tant d'événemens, d'hommes et de choses, que nous sommes blasés sur tout; et, pour concevoir ce que j'éprouvais alors, il faudrait être dans l'atmosphère où je vivais : c'était celle de l'exaltation.

Nous ne connaissions pas ces tristes fruits des longs orages et des discordes politiques, l'envie, l'égoïsme, le besoin du repos, l'insouciance produite par la lassitude, la froideur qui suit le triste réveil des illusions déçues. Nous étions éblouis par le prisme des idées et des doctrines nouvelles, rayonnans d'espérance, brûlans d'ardeur pour toutes les gloires, d'enthousiasme pour tous les talens, et bercés par les rêves séduisans d'une philosophie qui voulait assurer le bonheur du genre humain, en chassant avec son flambeau les tristes et longues ténèbres qui, depuis tant de siècles, l'avaient retenu dans les chaînes de la superstition et du despotisme. Loin de prévoir des malheurs, des excès, des crimes, des renversemens de trônes et de principes, nous ne voyions dans l'avenir que tous les biens qui pouvaient être assurés à l'humanité par le règne de la raison.

Jugez, d'après ces dispositions, quel devait être sur notre esprit l'effet de la vue de l'homme illustre que nos plus grands écrivains et nos plus célèbres philosophes regardaient alors comme leur modèle et comme leur maître.

J'étais tout yeux, tout oreilles en m'approchant de Voltaire, comme si j'attendais à chaque instant qu'il sortît de sa bouche quelque oracle. Cependant ce n'était ni le temps ni le lieu d'en prononcer, quand il eût été Apollon lui-même; car il se trouvait près du lit d'une mourante, dont l'aspect ne pouvait inspirer que des idées tristes. Elle ne semblait plus susceptible ni d'admiration ni même de consolation. Néanmoins elle fit un grand effort pour vaincre la nature; ses yeux reprirent quelque éclat, sa voix quelque force.

Voltaire, cherchant avec délicatesse à la distraire du présent par le souvenir du passé, lui fit peu de questions sur son état; il lui dit seulement, en peu de mots, qu'ayant été plusieurs fois aussi souffrant, aussi épuisé, il avait cependant, par le même courage qu'elle montrait, triomphé de ses maux et recouvré la santé. « Les médecins, disait-il, font peu de miracles; » mais la nature fait beaucoup de prodiges,

» surtout pour ceux à qui elle a donné ce prin-
» cipe vital qui brille encore dans vos regards. »

Il lui rappela ensuite beaucoup d'anecdotes de la société dans laquelle ils vivaient ensemble autrefois, et il le fit avec une vivacité d'esprit, une fraîcheur de mémoire, une variété de tournures et une abondance de saillies qui auraient fait oublier son âge, si ses traits et sa voix ne nous avaient pas rappelé qu'il était octogénaire.

Il ne pouvait guérir une malade telle que celle qui l'écoutait; mais il la ranima. Elle parut quelques instans ne plus sentir ni sa faiblesse ni ses souffrances ; elle soutint assez vivement la conversation, me fit illusion à moi-même, et me donna ainsi un faible et dernier rayon d'espoir.

Peu de jours après, Voltaire revint encore la voir : comme elle se trouvait par hasard, ce jour-là, un peu plus de force qu'à l'ordinaire, elle prit une part plus active à l'entretien, et reprocha même avec douceur, mais avec assez d'énergie, au vieux philosophe, l'opiniâtreté avec laquelle il s'acharnait, dans ses nombreux écrits, à foudroyer, à ridiculiser l'Église et tous ses membres, enfin la religion même, sous le prétexte de combattre de vieilles erreurs, d'absurdes superstitions et de dangereux fanatiques.

« Soyez donc, lui disait-elle, généreux et
» modéré après la victoire. Que pouvez-vous
» craindre à présent de tels adversaires? Les
» fanatiques sont à terre; ils ne peuvent plus
» nuire, leur règne est passé. » « Vous êtes
» dans l'erreur, répondit avec fougue Voltaire:
» c'est un feu couvert et non éteint. Ces fana-
» tiques, ces tartufes sont des chiens enragés;
» on les a muselés, mais ils conservent leurs
» dents; ils ne mordent plus, il est vrai; mais,
» à la première occasion, si on ne leur arrache
» pas ces dents, vous verrez s'ils sauront mor-
» dre. »

Le feu de la colère éclatait dans ses yeux, et
la passion qui l'animait lui faisait perdre alors
cette décence, cette mesure dans les expressions, que prescrivent la raison comme le bon
goût, et dont il se montrait si habituellement
le plus inimitable modèle.

Le désir de voir cet homme extraordinaire
avait attiré chez ma mère cinquante ou soixante
personnes qui faisaient foule dans son salon,
s'entassaient sur plusieurs rangs près de son lit,
alongeant le cou, se levant sur la pointe de
leurs pieds, et qui, sans faire le moindre bruit,

prêtaient une oreille attentive à tout ce qui sortait de la bouche de Voltaire, tant ils étaient avides de saisir la moindre de ses paroles et le plus léger mouvement de sa physionomie.

Là, je vis à quel point la prévention et l'enthousiasme, même parmi la classe la plus éclairée, ressemblent à la superstition et s'approchent du ridicule. Ma mère, questionnée par Voltaire sur les détails de l'état de sa santé, lui dit que sa souffrance la plus douloureuse était la destruction de son estomac et la difficulté de trouver un aliment quelconque qu'il pût supporter.

Voltaire la plaignit, et, cherchant à la consoler, il lui raconta qu'il s'était vu, pendant près d'une année, dans la même langueur qu'on croyait incurable, et que cependant un moyen bien simple l'avait guéri; il consistait à ne prendre pour toute nourriture que des jaunes d'œuf délayés avec de la farine de pomme de terre et de l'eau.

Certes il ne pouvait être question de saillies ingénieuses ni d'éclairs d'esprit dans un tel sujet d'entretien, et pourtant à peine avait-il prononcé ces derniers mots de *jaunes d'œuf* et de *farine de pomme de terre*, qu'un de mes voisins, très connu il est vrai par son excessive disposition à l'engouement et par la médiocrité de son esprit, fixa sur moi son œil ardent, et, me pressant vivement le bras, me dit avec un cri d'admiration : *Quel homme! quel homme! pas un mot sans un trait!*

Vous rirez de cette absurdité qui semble passer la vraisemblance, et cependant, pour vous convaincre qu'elle n'est pas rare, observez, dans tout pays, dans tout temps, la multitude empressée qui vient entourer non-seulement le siége d'un homme de génie, ou le trône d'un grand roi, mais la chaire d'un prédicateur énergumène, le fauteuil même où joue un prince à peine sorti du berceau, et vous verrez que, parmi les nombreux et serviles hommages dictés par la flatterie, il en est beaucoup, et ce sont les plus absurdes, qui sont de bonne foi et qui naissent d'une sorte d'idolâtrie qu'inspire à une foule de gens toute élévation; car ce n'est pas toujours par crainte, mais par sottise, qu'on a fait en tout genre, au propre comme au figuré, tant de demi-dieux.

Jusque-là je m'étais tenu modestement, comme je le devais, au dernier rang de ceux qui contemplaient Voltaire; mais, à la fin de sa seconde visite, lorsqu'il sortit de la chambre de ma mère et passa dans une autre pièce, je lui fus présenté. Plusieurs de ses amis, le comte d'Argental, le chevalier de Chastellux, le duc de Nivernais, le comte de Guibert, le chevalier de Boufflers, Marmontel et D'Alembert, qui me jugeaient tous sans doute trop favorablement, lui avaient parlé de moi avec beaucoup d'éloges.

Je ne les devais certainement qu'à une très grande bienveillance, puisque je n'étais alors connu que par quelques productions légères, quelques contes, quelques fables, quelques romances, dont le succès dans la société dépend des caprices de la mode, et n'a souvent pas plus de durée qu'elle.

Dans le fond je ne m'étais rendu digne de leur affection que par l'empressement avec lequel je cherchais assidument à former mon goût et mon esprit dans leurs entretiens, et à m'éclairer par leurs lumières : ainsi c'était plutôt le zèle d'un disciple que le talent naissant d'un écrivain qu'ils louaient en moi.

Quoi qu'il en soit, Voltaire charma mon amour-propre, en me parlant avec grâce et finesse de ma passion pour les lettres et de mes

premiers essais; il m'encouragea par quelques conseils : « N'oubliez pas, me dit-il, que vous
» avez mérité le bien qu'on dit de vous, en
» mêlant avec soin, dans les plus légers mor-
» ceaux de poésie, quelques réalités aux ima-
» ges, un peu de morale aux sentimens, quel-
» ques grains de philosophie à la gaîté. Méfiez-
» vous cependant de votre penchant pour la
» poésie; vous pouvez le suivre, mais non vous
» y laisser entraîner. D'après ce qu'on m'a dit,
» et dans votre position, vous êtes destiné à de
» plus graves occupations. Vous avez bien fait
» de commencer à vous exercer en écrivant des
» vers; car il est bien difficile que celui qui ne
» les a point aimés, et qui n'en connaît ni l'art
» ni le charme, puisse jamais parfaitement
» écrire en prose. Allez, jeune homme; rece-
» vez les vœux d'un vieillard qui vous prédit
» d'heureux destins; mais souvenez-vous que
» la poésie, toute divine qu'elle est, est une
» sirène. »

Je le remerciai de la bénédiction littéraire qu'il me donnait, « me ressouvenant, lui dis-
» je, en cette occasion, avec un vif plaisir,
» qu'autrefois les mots de grand poëte et de
» prophète (*vates*) étaient synonymes. »

Depuis ce moment je ne revis plus Voltaire qu'au Théâtre-Français, le jour de la représentation d'*Irène*, jour de triomphe qui prouva, par les nombreux applaudissemens donnés à la plus médiocre tragédie, l'excès de l'enthousiasme que son auteur inspirait au public.

On pouvait dire qu'alors il y avait, pendant quelques semaines, deux cours en France, celle du roi à Versailles et celle de Voltaire à Paris : la première où le bon roi Louis XVI, sans faste, vivait avec simplicité, ne rêvant qu'à la réforme des abus et au bonheur d'un peuple trop sensible à l'éclat pour bien apprécier ses modestes vertus, la première, dis-je, paraissait l'asile paisible d'un sage, en comparaison de cet hôtel situé sur le quai des Théatins, où toute la journée l'on entendait les cris et les acclamations d'une foule immense et idolâtre, qui venait rendre avec empressement ses hommages au plus grand génie de l'Europe.

Jusque-là on avait vu des triomphes décernés avec justice aux grands hommes par le gouvernement de leur pays : le triomphe de Voltaire était d'un nouveau genre; il était décerné par l'opinion publique, qui bravait en cette occasion, pour ainsi dire, le pouvoir des magistrats, les foudres de l'Église et l'autorité du monarque.

Le vengeur de Calas, l'apôtre de la liberté, le constant ennemi et l'heureux vainqueur des préjugés et du fanatisme, après soixante ans de guerre, rentrait triomphant dans Paris.

L'académie française, dans le sein de laquelle il se rendit, alla au devant de lui, et, après cet hommage public qu'aucun prince n'avait jamais reçu, ce prince des lettres présida le sénat littéraire de la France, et la réunion de tous ces talens divers dans chacun desquels son génie avait éclaté par des chefs-d'œuvre.

Revenu dans sa maison qu'on eût dit alors transformée en palais par sa présence, assis au milieu d'une sorte de conseil composé des philosophes, des écrivains les plus hardis et les plus célèbres de ce siècle, ses courtisans étaient les hommes les plus marquans de toutes les classes, les étrangers les plus distingués de tous les pays.

Il ne manquait à cette sorte de royauté que des gardes, et réellement il lui en aurait fallu pour le mettre en sûreté contre l'empressement de cette multitude qui, de toutes parts, accourait pour le voir, assiégeait sa porte, l'entourait dès qu'il sortait, et laissait à peine à ses chevaux la possibilité de s'ouvrir un passage.

Son couronnement eut lieu au palais des Tuileries, dans la salle du Théâtre-Français : on ne peut peindre l'ivresse avec laquelle cet illustre vieillard fut accueilli par un public qui remplissait à flots pressés tous les bancs, toutes les loges, tous les corridors, toutes les issues de cette enceinte. En aucun temps la reconnaissance d'une nation n'éclata avec de plus vifs transports.

Je n'oublierai jamais cette scène, et je ne conçois pas comment Voltaire put encore trouver en lui assez de forces pour la soutenir. Dès qu'il parut, l'acteur Brizard vint poser sur sa tête une couronne de lauriers qu'il voulut promptement ôter, et que les cris du peuple l'invitaient à garder. Au milieu des plus vives acclamations, on répétait de toutes parts les titres, les noms de tous ses ouvrages.

Long-temps après qu'on eut levé la toile, il fut impossible de commencer la représentation : tout le monde, dans la salle, était trop occupé à voir, à contempler Voltaire, à lui adresser de bruyans hommages ; chacun enfin était en ce moment trop acteur pour écouter ceux du théâtre.

Dès que la lassitude générale eut permis à ceux-ci d'entrer en scène, ils se virent à tout moment interrompus par la tumultueuse agitation des spectateurs. « Jamais, disait avec raison » M. Grimm, en parlant de cette représentation » d'*Irène*, jamais pièce ne fut plus mal jouée, » plus applaudie et moins écoutée. »

Lorsqu'elle fut finie, on plaça sur l'avant-scène le buste de Voltaire; il était entouré par tous les acteurs de la tragédie, portant encore l'habit de leurs rôles, par les gardes qui figuraient dans la pièce, par la foule de tous ceux des spectateurs qui avaient pu s'introduire sur le théâtre; et ce qu'il y eut d'assez singulier, c'est que l'acteur qui vint poser une couronne sur le buste de cet opiniâtre ennemi de la superstition, était encore avec le costume d'un moine, celui de Léonce, personnage de la tragédie.

Ce buste resta sur le théâtre pendant tout le temps qu'on joua la petite pièce : c'était *Nanine;* on ne l'écouta pas plus et on ne l'applaudit pas moins qu'*Irène*. Pour compléter cette glorieuse journée, Voltaire vit entrer dans sa loge un capitaine des gardes d'un de nos princes; il vint lui dire avec quelle joie ce prince s'associait aux justes hommages rendus à son génie par la France.

Il s'en était peu fallu, quelques jours auparavant, qu'une mort imprévue ne privât Voltaire de cet éclatant triomphe : une hémorragie violente l'avait mis en grand danger.

Le clergé, qui n'osait plus le combattre, avait espéré le convertir. D'abord Voltaire céda, reçut l'abbé Gauthier, se confessa et écrivit une profession de foi qui ne satisfit pas pleinement les prêtres, et qui mécontenta beaucoup les philosophes.

Échappé au péril, il oublia ses craintes et sa prudence : quelques semaines après, retombé plus gravement malade, il refusa de voir aucun prêtre, et termina, avec une apparente insensibilité, une si longue vie, agitée par tant de travaux, par tant d'orages, et rayonnante de tant de gloire.

Ceux qui n'avaient pas eu le pouvoir de s'opposer à son triomphe, lui refusèrent une place au milieu des tombeaux du peuple parisien. L'un de ses parens, conseiller au parlement, enleva son corps et le porta rapidement dans l'abbaye de Scellières, où il fut inhumé avant que le curé du lieu eût reçu la défense de lui donner la sépulture, défense qui lui arriva trois heures trop tard. Sans le zèle de cet ami, les restes mortels de l'un de nos plus grands hommes, et de celui dont la gloire remplissait le monde, n'auraient pas obtenu quelques pieds de terre pour les couvrir.

Malgré tous les efforts du clergé, des magistrats et de l'autorité, qui défendirent pour quelque temps au théâtre de jouer les pièces de Voltaire, et aux journaux de parler de sa mort, Paris fut inondé d'un déluge de vers, de pamphlets et d'épigrammes, seules armes dont l'opinion pût se servir pour venger cet outrage fait à la mémoire d'un homme qui avait illustré sa patrie et son siècle.

De tous ces écrits, celui qui me frappa le plus alors, fut une pièce de vers composée par la marquise de Boufflers, mère de ce chevalier de Boufflers, le Chaulieu et l'Anacréon de notre temps.

Dieu fait bien ce qu'il fait, La Fontaine l'a dit :
Si j'étais cependant l'auteur d'un si grand œuvre,
Voltaire eût conservé ses sens et son esprit;
Je me serais gardé de briser mon chef-d'œuvre.

Celui que dans Athène eût adoré la Grèce,
Que dans Rome à sa table Auguste eût fait asseoir,

Nos Césars d'aujourd'hui n'ont pas voulu le voir,
Et monsieur de Beaumont lui refuse une messe.

Oui, vous avez raison, monsieur de Saint-Sulpice ;
Eh ! pourquoi l'enterrer ? n'est-il pas immortel ?
A ce divin génie on peut, sans injustice,
Refuser un tombeau, mais non pas un autel.

Madame de Boufflers par un de ces vers, en parlant des Césars, faisait allusion à l'empereur Joseph II.

Ce monarque était venu l'année précédente en France, sous le nom de comte de Falkenstein ; il avait étonné la cour par la simplicité de ses manières, les philosophes et les savans par son instruction, le peuple par son affabilité ; moins il montrait de morgue, plus on lui trouvait de grandeur et de vraie dignité. Sa popularité faisait, avec l'étiquette un peu orientale de notre cour, un contraste qui n'échappait pas à l'opinion publique ; il se montrait favorable aux opinions nouvelles, autant qu'ennemi des vieilles routines et de la superstition.

En lui le prince disparaissait tellement sous l'apparence d'un sage qui voyage pour recueillir des lumières, que les amis ardens de la révolution américaine furent tentés de le croire démocrate comme eux. Une femme, passionnée pour cette cause, le pressa un jour étourdiment de dire son avis sur la lutte établie entre le roi d'Angleterre et les provinces en insurrection. « Madame, répondit-il un peu sèchement, mon » rôle est d'être aristocrate. »

Ce monarque, dont je pus alors très rarement m'approcher, mais que depuis j'eus l'occasion de voir en Russie fréquemment, offrait en sa personne un mélange assez bizarre d'ambition belliqueuse, de prétentions à la philosophie, de penchant pour les innovations et de jalousie pour son autorité. Si nos princes, mal conseillés, risquèrent leur trône en voulant trop résister au torrent de l'esprit du siècle, Joseph, pour avoir voulu le devancer, perdit momentanément une partie de ses États.

Au reste l'empereur, qui s'était fait admirer et chérir à Paris, ne porta pas le même esprit et ne fit pas la même impression dans nos provinces. La beauté de nos ports, la force de notre marine, la richesse de nos villes de commerce et l'activité de nos manufactures excitèrent sa jalousie; il ne sut pas la dissimuler. Enfin, passant près de Ferney, il dédaigna de voir Voltaire. On blâma également, avec raison, et l'indifférence de la puissance pour le génie, et la faiblesse du grand poëte et du philosophe, dont l'amour-propre parut trop sensible à cette légère blessure.

La même année qui nous enleva Voltaire vit aussi périr Rousseau. Ces deux flambeaux s'éteignirent presqu'à la fois, et ils disparurent de la terre au moment où leurs doctrines, mal interprétées par les passions de leurs disciples et de leurs ennemis, allaient ébranler l'Europe jusque dans ses fondemens.

Voltaire avait vu à Paris le célèbre Franklin jouir de son triomphe. Le vieillard français bénit le fils du vieillard américain. Les vœux de tous deux pour leur patrie étaient semblables, mais le résultat dans les deux contrées fut fort différent. Le vaste Océan, l'immense étendue du continent des États-Unis, l'absence des plus redoutables écueils de tous gouvernemens, c'est-à-dire des classes privilégiées et des prolétaires, protégèrent en Amérique les semences de la liberté, tandis qu'en France elle ne put planter ses faibles racines que sur un terrain inondé de sang, et tourmenté par tous les élémens de la haine et de la discorde.

La mort de Voltaire eut le même éclat que sa vie. La fin de Rousseau fut triste, silencieuse. Cet ami de la nature fuyait les hommes, qu'il croyait ses ennemis, et l'homme qui avait répandu tant de lumières dans le monde, disparut dans l'ombre des bois, où il se plaisait à terminer paisiblement une existence douloureuse.

La mort de ces deux chefs de la philosophie moderne excita une joie bien trompeuse parmi leurs adversaires. Ceux-ci crurent un moment avoir triomphé, oubliant sans doute que, si les hommes de génie meurent, leurs pensées sont immortelles.

Au reste, on fut promptement distrait en France de ces événemens si importans pour la république des lettres; et les événemens de la guerre qui venait d'éclater, occupèrent tous les esprits, parce qu'ils mettaient en jeu tous les intérêts.

A la grande surprise de l'Europe, qui ne croyait pas que notre marine, détruite dans la dernière guerre, pût ressusciter si promptement, on vit, indépendamment de la flotte de M. d'Estaing envoyée en Amérique, une armée navale de trente-deux vaisseaux et de quinze frégates sortir du port de Brest, sous les ordres du comte d'Orvilliers. Ces trois divisions étaient commandées par les amiraux de Guichen, Duchafaut et Lamotte-Piquet. Celui-ci dirigeait par ses conseils l'ardeur de M. le duc de Chartres, premier prince du sang, embarqué sur son vaisseau.

L'amiral Keppel, à la tête d'une armée non moins forte, vint au devant des Français. Il connaissait leur bravoure; mais il vit avec étonnement la régularité de notre ordre de bataille, l'habileté de nos manœuvres et les progrès rapides de notre instruction.

La bataille fut vive et sanglante; beaucoup de vaisseaux éprouvèrent, dans leurs équipages, dans leurs mâtures, dans leurs agrès, des pertes considérables; mais, comme de part et d'autre aucun bâtiment ne fut pris, on se sépara sans résultat définitif. L'Angleterre, trop accoutumée aux triomphes maritimes, se crut défaite, parce que nous n'avions pas été vaincus, et la France s'attribua la victoire, parce qu'elle n'avait pas reçu d'échec.

M. le duc de Chartres, rentré avec la flotte dans le port, revint trop promptement à Paris. Dans les premiers momens, il fut entouré d'éloges; au spectacle on lui jetait des couronnes de lauriers. Partout retentissaient des chants de victoire. La cour et la ville semblaient dans l'ivresse.

Mais bientôt les nouvelles détaillées arrivèrent : l'enthousiasme s'évanouit ; les éloges firent place aux épigrammes. On accusa le comte d'Orvilliers de trop de circonspection ; on reprocha au duc de Chartres l'inexécution d'un ordre qui aurait pu lui faire couper la ligne ennemie. On l'irrita, en lui retirant son commandement pour le nommer colonel général des hussards, et ce désagrément, qui lui sembla un affront, fut peut-être le germe qui produisit plus tard tant de fautes et de malheurs.

De son côté l'Angleterre mit en jugement les généraux Keppel et Palisser; mais ce procès fut sans résultat, comme le combat qui y avait donné lieu.

Le comte d'Orvilliers et son ennemi reparurent encore sur la mer; mais, soit par la faute des vents, soit par celle des chefs, les deux armées semblèrent plutôt s'éviter que se chercher.

Pendant ce temps notre commerce souffrait, et, comme nos ministres avaient négligé les précautions nécessaires pour le protéger, les Anglais firent beaucoup de prises. De là naquirent des plaintes bruyantes, vives et universelles, de la marine marchande contre la marine royale, prélude des violens débats qui devaient bientôt s'élever, sur terre comme sur l'Océan, entre la démocratie et l'aristocratie.

Notre amour-propre reçut pourtant quelque dédommagement. Plusieurs de nos frégates se signalèrent dans des combats particuliers, et un officier de marine, M. de Fabry, s'empara de plusieurs convois anglais.

A la même époque on faisait filer sur nos côtes un grand nombre de régimens. Ces mouvemens alimentaient nos ardentes espérances; cependant; en approchant de l'Océan, nous frémissions d'impatience à la vue de cette barrière redoutable qui arrêtait nos pas. Nous avions cru que nos armées navales nous en ouvriraient le passage, mais leur rentrée dans nos ports nous jetait dans le découragement.

C'était un assez singulier contraste alors que de voir, d'un côté, la gravité de notre jeunesse, discutant avec des sages les hautes questions de la philosophie, la sérieuse importance que nous attachions aux moindres événemens de la guerre, la force de nos passions pour tout ce qui nous offrait l'image de la gloire ou de la liberté, et, d'une autre part, l'insouciance et la frivolité du premier ministre octogénaire qui gouvernait alors l'État.

Au moment où chacun, à la ville comme à la cour, accusait ou défendait, avec le plus de chaleur, la conduite des chefs de nos armées navales, et tandis qu'on s'affligeait profondément du peu de résultat de leurs efforts, M. de Maurepas, plus jeune que nous, plaisantait sur ces graves matières, sujet inépuisable pour lui de jeux de mots et de quolibets.

« Savez-vous, disait-il, ce que c'est qu'un » combat naval ? Je vais vous le dire : deux es- » cadres sortent de deux ports opposés ; on ma- » nœuvre, on se rencontre, on se tire des » coups de canon, on abat quelques mâts, on » déchire quelques voiles, on tue quelques » hommes ; on use beaucoup de poudre et de » boulets ; puis chacune des deux armées se » retire, prétendant être restée maîtresse du » champ de bataille ; elles s'attribuent toutes » deux la victoire ; on chante de part et d'autre » le *Te Deum*, et la mer n'en reste pas moins » salée. » Heureusement les autres ministres traitaient les grandes affaires un peu plus sérieusement.

Toutes mes tentatives pour être employé dans

quelque expédition demeuraient toujours sans succès, et je me dépitais contre le sort, qui m'obligeait à rester colonel de dragons, dans une guerre où l'infanterie seule embarquée pouvait trouver des occasions de combattre.

Quelques-uns de mes amis, les uns plus âgés que moi, les autres de mon âge, furent plus heureux et excitèrent mon envie : le duc de Lauzun, embarqué avec le marquis de Vaudreuil, descendit en Afrique et conquit le Sénégal. Arthur et Édouard Dillon, le marquis de Coigny, le vicomte de Noailles, servirent sous les ordres de MM. de Bouillé et d'Estaing. Le premier s'empara de la Dominique et ensuite de l'île de Sainte-Lucie par surprise.

L'amiral Byron, que le comte d'Estaing s'était vainement efforcé de combattre près de Rhode-Island, étant arrivé dans les Antilles, changea momentanément la fortune, et nous enleva cette même île de Sainte-Lucie dont nous venions de nous rendre maîtres. Mais, quelque temps après, le comte d'Estaing, qui s'était éloigné alors des États-Unis, malgré les instances de Washington, de La Fayette, et les reproches amers du général Sulivan, arriva dans le port de la Martinique.

De là, fortifié par une escadre et par des troupes qu'on lui avait envoyées de France, il attaqua Sainte-Lucie, mais sans pouvoir en forcer le port. Débarqué dans l'île, ses vaillans efforts n'eurent pas plus de succès. Il perdit beaucoup de monde, et fut repoussé.

Enfin la fortune, qui jusque-là lui avait été si défavorable, offrit à son courage les moyens de réparer ses revers : il reprit l'offensive, s'empara de Saint-Vincent, et descendit dans l'île de la Grenade avec trois mille hommes. Le général Macartney la défendait avec mille hommes d'élite et de nombreuses milices.

La ville de la Grenade était située sur un morne escarpé. M. d'Estaing, marchant sur trois colonnes, ordonna l'assaut, et, malgré la plus vigoureuse résistance, emporta de vive force les retranchemens, le morne et la ville.

Le vicomte de Noailles et Arthur Dillon, à la tête de deux de nos colonnes, se distinguèrent brillamment. Dillon fut blessé et ne s'arrêta qu'après la victoire. M. d'Estaing y reçut aussi une blessure.

L'amiral Byron était accouru pour s'opposer à ce triomphe; mais il arriva trop tard, la Grenade était conquise. M. d'Estaing, remonté sur sa flotte, combattit celle des Anglais, dégréa trois de leurs vaisseaux, et poursuivit l'escadre ennemie, sans pouvoir l'atteindre, jusqu'au port de l'île de Saint-Christophe où elle s'était réfugiée.

Nous restâmes ainsi maîtres des Antilles. Le comte Théodore de Lameth, qui s'était distingué dans cette attaque, apporta en France la nouvelle de la prise de la Grenade, et ce premier exploit, grossi par la renommée, causa autant d'enthousiasme à Paris qu'autrefois les plus éclatantes victoires y avaient excité.

Pendant ce temps les Anglais, portant leurs armes dans les provinces méridionales des États-Unis, s'étaient emparés de Savannah, dans la Géorgie. Le comte d'Estaing conçut l'espoir de leur enlever cette importante conquête.

Favorisé dans son débarquement par les troupes américaines, il composa de ses forces réunies aux leurs un corps de huit mille hommes, marcha avec célérité contre Savannah, et somma la garnison de se rendre.

Le gouverneur anglais, dont les moyens de défense n'étaient pas prêts, feignit de capituler, gagna du temps, reçut des secours, et acheva de fortifier ses retranchemens.

D'Estaing, furieux de se voir dupe de cette ruse, résolut d'emporter la place d'assaut. Les assaillans et les assiégés déployèrent dans ce combat sanglant une vaillance opiniâtre. Deux fois quelques braves Français et Américains franchirent les retranchemens; mais la mitraille les moissonna. Là, périt Pulawski, cet intrépide Polonais qui défendait dans un autre monde cette même liberté qu'on avait arrachée à sa patrie.

Après plusieurs attaques réitérées sans succès, où les Américains et les Français perdirent près de douze cents hommes, le comte d'Estaing, étant blessé, ordonna la retraite, se rembarqua, revint aux Antilles et retourna promptement en France avec un vaisseau, laissant les autres sous les ordres du comte de Grasse, et des généraux Vaudreuil et Lamotte-Piquet.

M. d'Estaing fut honorablement accueilli en France ; l'opinion publique s'y montra juste pour lui, et l'éclat de son courage fit fermer les yeux sur les fautes commises par son impétuosité, de sorte que, malgré les rigueurs de la fortune, il conserva sa gloire.

M. le comte de Vergennes, ministre des affaires étrangères, obtint cette année d'assez grands succès par la sagesse et par l'habileté de sa politique. L'Espagne et la Hollande se lièrent étroitement à notre cause, et l'impératrice de Russie, par une déclaration de neutralité armée à laquelle accédèrent les rois de Suède et de Danemarck, fit sentir aux Anglais qu'ils étaient en danger de perdre la domination ou plutôt la tyrannie des mers.

Tous ces événemens militaires et politiques maintenaient dans un grand mouvement l'esprit public; car cet esprit se manifestait alors peut-être avec plus de chaleur et d'indépendance qu'il n'en a montré depuis sous des institutions libérales de nom, mais que la passion de chaque parti, dominant à son tour, n'a jusqu'à présent rendues que trop illusoires.

Nous n'avions, il est vrai, ni élections ni parlement national : par de vieilles coutumes le prince était seul législateur; mais l'autorité trouvait, dans les cours souveraines, dans les ordres privilégiés eux-mêmes, et dans toutes les classes de la société, un point d'honneur et une franchise d'opinion qui résistaient plus efficacement que des lois au joug de l'arbitraire : on était sujet de droit, mais citoyen de fait.

Chacun s'occupait de la chose publique, et, en voyant à quel point, sous des formes monarchiques, les mœurs étaient devenues républicaines, il ne fut pas difficile à Rousseau de prédire l'approche de l'époque des grandes révolutions. Ce célèbre écrivain se montrait par cette prédiction plus clairvoyant que l'impératrice de Russie, que les rois d'Espagne et de France, qui ne voyaient dans cette guerre des Américains insurgés que l'abaissement de l'Angleterre, sans s'apercevoir que ce jeune aigle de la liberté, planant sur un autre hémisphère, ne tarderait pas à étendre ses ailes sur l'Europe.

Frédéric lui-même blâmait dans ses écrits la conduite arbitraire du gouvernement anglais, et approuvait hautement les principes par lesquels le congrès des États-Unis proclamait le droit qu'un peuple avait de se séparer de son gouvernement, lorsque celui-ci, au lieu de protéger son bonheur et ses libertés, les lui enlevait.

L'année 1779 ranima, dès sa naissance, notre espoir de ne plus rester spectateurs oisifs de la guerre. Le roi rassembla des troupes nombreuses sur les côtes de l'Océan. On forma deux camps, l'un à Vaussieux en Normandie, l'autre à Paramé en Bretagne : le premier était sous les ordres du maréchal de Broglie, le second sous ceux de M. de Castries. Les bureaux du ministère étaient assiégés par toute notre jeunesse, qui désirait ardemment être comprise au nombre des troupes destinées à servir dans ces camps.

On regardait comme le plus grand malheur de rester inactif dans les garnisons, tandis qu'on se préparait à faire une descente en Angleterre. Ce n'était plus pour solliciter des grâces que les appartemens de Versailles se trouvaient remplis de courtisans empressés; on y rencontrait en foule des solliciteurs, mais c'étaient des solliciteurs de périls et de gloire.

J'étais du nombre des malheureux qui voyaient leurs régimens condamnés à l'inaction. Il ne restait qu'une espérance, celle d'entrer dans l'état-major des armées des côtes; mais cette voie était étroite, et il fallait beaucoup de faveur pour en profiter.

Le ministre ne savait comment refuser tant de demandes appuyées si vivement par les personnages les plus puissans et même par la famille royale. On ne pouvait cependant contenter tout le monde. Bientôt le nombre des emplois disponibles fut complet, à la réserve d'un ou deux, et chacun se les disputait avec acharnement.

Enfin, ce qui prouve quelle était alors la faiblesse de l'autorité contre les plaintes et contre l'ardeur des jeunes et belliqueux courtisans qui l'entouraient, c'est qu'ayant, à force de sollicitations et avec l'appui de la reine, obtenu de servir au camp de Paramé, en qualité d'aide maréchal général des logis, M. de Maurepas exigea ma parole d'honneur de n'en rien dire, de partir sans bruit et de cacher cette faveur jusqu'au moment où je serais arrivé au quartier-général de M. de Castries.

Je gardai fidèlement ce secret; mais, en arrivant au camp de Paramé, je trouvai que M. de Castries n'était pas lui-même informé de ma nomination; et, comme je n'avais pas les lettres de service qu'on m'avait promises, mon embarras fut grand. M. de Castries m'en tira; il me permit de prendre l'habit d'aide de camp, et d'en faire le service auprès de lui. Enfin, au bout de quelques jours, je reçus la lettre du ministre, et pris l'habit ainsi que les fonctions d'officier de l'état-major.

Nos journées se passaient en exercices, en évolutions, en simulacres d'attaque, de défense, de débarquement, de reconnaissances militaires. Ces ombres, ces images de la guerre nous faisaient attendre avec plus d'impatience ses réalités. Au reste, nos jeux guerriers étaient de véritables fêtes; on accourait de toutes les villes pour y assister; plusieurs belles dames de Paris y vinrent même jouir de ce spectacle.

Notre brillante jeunesse avait alors beaucoup de vivacité et peu de subordination; on en pourra juger par un seul trait : pendant une de nos grandes manœuvres, on avait réservé sur une colline un certain nombre de places distinguées pour les femmes. Deux colonels de notre armée, donnant le bras à deux dames de la cour récemment arrivées, traversèrent un peu légèrement la foule, et, pour placer les dames qu'ils conduisaient, s'emparèrent de quelques siéges que prétendaient avoir plusieurs dames bretonnes : une altercation s'ensuivit.

Le lendemain le bruit de cette querelle se répandit dans tout le camp. Or, on avait laissé exister depuis très long-temps un étrange abus dans tous nos corps militaires : c'était une association de jeunes lieutenans et sous-lieutenans, nommée *la calotte;* elle avait ses assemblées, ses officiers, son général, une police bizarre, mais sévère; elle prétendait ne connaître aucune supériorité, aucune distinction de grades. Cette puissance turbulente et ridicule, mais redoutable, ne voulait obéir que sous les armes, et punissait sans pitié par des châtimens comiques, tels que la bascule ou les sauts sur la couverte, tous ceux qu'il lui plaisait de reconnaître coupables d'un délit contre les convenances, contre la politesse et contre sa capricieuse législation.

Dans l'intervalle des exercices, tous les jeunes gens de l'armée se rassemblaient souvent pour jouer aux barres, et attiraient une foule immense de spectateurs. Un jour, comme on s'était déjà réuni pour commencer ces jeux, deux officiers de mes amis vinrent m'avertir qu'une exécution scandaleuse allait avoir lieu, la calotte ayant solennellement décidé que les deux colonels dont j'ai parlé plus haut seraient publiquement bernés, pour venger l'offense faite aux dames bretonnes.

Il n'y avait pas une minute à perdre. Les jeux commençaient, et l'arrêt devait être à l'instant exécuté. N'ayant alors la possibilité ni le temps de consulter personne, j'ordonnai à des tambours de battre la générale. Aussitôt les jeux cessèrent; le bruit fit place au silence, le désordre à la règle. Chacun courut à son drapeau, et, en un clin d'œil, on se mit en bataille.

Pendant ce temps, je courus chercher M. de Castries, que je trouvai, comme on le croit bien, fort surpris de cette alerte imprévue. Je lui en expliquai la cause; il m'approuva, commanda des manœuvres, et, quand la retraite fut sonnée, chacun resta persuadé que c'était le général qui avait voulu s'assurer de la promptitude avec laquelle les troupes pouvaient reprendre leurs armes, leurs rangs et leur ordre.

Le lendemain, les hommes sages négocièrent; les têtes effervescentes se calmèrent, et des ordres sévères arrêtèrent la licence des tribunaux de la calotte.

Au milieu de nos exercices, de nos fêtes et de nos jeux, distractions impuissantes pour calmer notre impatience, nos esprits n'étaient sérieusement occupés que d'une seule pensée, d'une seule volonté, celle de voir arriver le moment de notre embarquement pour nous élancer sur la côte d'Angleterre; toutes les apparences semblaient se réunir pour fortifier nos espérances.

Le général La Fayette, persuadé que cette descente devait avoir lieu, avait quitté les drapeaux de Washington pour venir se ranger sous ceux de sa patrie. On lui avait donné l'emploi de major-général de l'armée du maréchal de Broglie.

Au moment d'agir, les cabinets de France et d'Espagne se ressouvinrent, comme par hasard, qu'ils faisaient depuis long-temps la guerre sans l'avoir déclarée, et ce fut cette année que leur manifeste parut.

Le 3 juin 1779, trente-deux vaisseaux français sortirent de Brest, et trente-quatre bâtimens espagnols de Cadix.

L'amiral anglais Charles Hardy, commandant une escadre de trente-huit vaisseaux, se hâta inutilement de mettre à la voile pour s'opposer à la jonction des flottes alliées. Cette réunion eut lieu le 25 juin. Leurs forces combinées composaient une armée de soixante-six vaisseaux de guerre, et d'un grand nombre de frégates, sous les ordres de l'amiral d'Orvilliers et du général espagnol don Gaston. En même temps nos côtes étaient couvertes de bâtimens de transport, dont la vue nous remplissait d'ardeur et d'espoir.

Jamais on ne dut se croire plus près d'un noble but, et jamais attente ne fut mieux trompée : l'armée alliée poursuivit l'amiral Hardy sans l'atteindre, et se présenta ensuite devant Plymouth dans le dessein de s'en emparer. Un vaisseau anglais de soixante-quatre canons, qui sortait de ce port, fut pris par les nôtres.

Les ordres étaient donnés; l'attaque allait commencer, lorsqu'un vent furieux s'éleva et dispersa nos bâtimens. L'amiral Hardy, qui jusque-là n'avait osé tenter aucun effort pour secourir la rade de Plymouth, parvint à y rentrer à la faveur de cette tempête. Lorsque le vent se fut apaisé, nos amiraux s'efforcèrent inutilement d'attirer Hardy au combat; il se tint constamment à l'abri de nos atteintes.

Bientôt les maladies contagieuses se répandirent sur nos flottes, et le découragement parmi leurs équipages. Les amiraux d'Orvilliers, Guichen, Gaston et Cordova, s'avouant vaincus non par les ennemis, mais par les élémens, regagnèrent leurs ports respectifs, et firent ainsi, par leur retraite, évanouir toutes nos chimères de combats et de gloire.

Nous étions indignés; les deux camps retentissaient de déclamations, de plaintes et de reproches contre les ministres et surtout contre celui de la marine. Les troupes d'embarquement reçurent ordre de se séparer et de retourner dans leurs garnisons. Je revins à Paris avec les généraux et les états-majors, et bientôt nous inspirâmes dans toute la capitale le mécontentement qu'excitait en nous, avec raison, le triste dénouement d'une scène ouverte avec tant d'éclat.

Depuis long-temps les étrangers nous accusaient d'une excessive légèreté, parce que, dans les circonstances les plus graves, notre opposition et nos reproches contre le gouvernement se manifestaient plutôt par des satires, par des bons mots, par des épigrammes et même par des chansons, que par une courageuse résistance. Mais on aurait dû penser que cette apparente légèreté était l'effet inévitable de la destruction graduelle de nos libertés. Le pouvoir, étant devenu absolu, ne nous laissait plus d'autre arme que celle du ridicule, dont la puissance est plus grande qu'on ne le croit.

En d'autres pays, on ne se borne pas à

ployer sous le joug du despotisme ministériel; non-seulement on y rampe avec servilité, mais on y garde un honteux silence. En France, au contraire, si l'on était parvenu par la force à nous empêcher d'agir, jamais au moins il ne fut possible d'enchaîner nos esprits et de leur imposer silence, de sorte que, si le gouvernement jouissait pleinement de l'autorité d'action, nous savions nous emparer de l'autorité d'opinion, autorité si grande et tellement fortifiée par le point d'honneur, qu'elle fut souvent un contre-poids suffisant pour arrêter l'arbitraire dans sa marche.

Il est vrai que ceux qui osaient ainsi se permettre contre l'autorité de piquantes saillies, en étaient parfois punis par quelques disgrâces, et, comme l'abeille qui laisse son aiguillon dans la plaie, ils souffraient eux-mêmes quelque temps de la blessure qu'ils avaient faite.

M. de Maurepas avait été vingt-cinq ans exilé pour une chanson. La même cause empêcha long-temps le chevalier de Boufflers d'obtenir l'avancement qu'il méritait.

Cependant tous ces inconvéniens disparaissaient à nos yeux, et nous les bravions pour céder au plaisir d'attaquer l'injustice, la déraison ou l'ineptie du pouvoir, par les seuls moyens dont nous pouvions disposer. Faute de tribune, les salons étaient nos champs de bataille, et, ne pouvant livrer de combats réguliers, c'était par des escarmouches légères que notre liberté comprimée montrait encore que son feu était plutôt couvert qu'éteint.

Au moment où l'opinion générale venait d'exhaler son mécontentement contre la conduite du ministère dans cette campagne si majestueuse à son début, si ridicule à son dénouement, il avait plu de toutes parts des pamphlets et des épigrammes; je me permis moi-même, au camp de Paramé, contre le ministre de la marine, quelques couplets qui eurent beaucoup de succès, non parce qu'ils étaient bons, mais parce qu'ils étaient gais, malins et conformes à l'esprit du moment. On citait alors un mot de M. le duc de Choiseul : il avait dit *que les montres de nos ministres retardaient toujours de six mois*, et je pris ce mot pour refrain de mes couplets.

Quelques jours après mon retour à Paris, me trouvant à la chasse du roi, ce prince m'appela près de lui. On sait que la bonté, et, on peut même le dire, la bonhomie du caractère

de ce monarque, se cachait assez ordinairement sous une enveloppe un peu rude, un regard assez dur et un ton très brusque. « On m'a ap-
» pris, me dit-il d'un air qui me parut fort
» sévère, que vous vous êtes permis de faire des
» couplets très malins, très gais, mais un peu
» scandaleux, et qu'on ne peut trop avouer. »

M'efforçant de surmonter mon embarras, je lui répondis que le dépit de rester oisif au milieu d'un camp d'où j'espérais sortir pour porter ses armes en Angleterre, m'avait mis dans la nécessité de chercher quelques distractions à mes ennuis. « Eh bien, reprit-il, voyons cette
» chanson; dites-la-moi. »

J'étais au moment de lui obéir, et de me jeter précisément par là sur l'écueil que je voulais éviter; heureusement une réflexion soudaine m'arrêta fort à propos. « Sire, lui dis-je, j'ai
» fait malheureusement beaucoup de chansons;
» aussi je ne sais pas trop quelle est celle dont
» votre majesté veut me parler. » « Ce sont,
» répliqua le roi, des couplets un peu licen-
» cieux sur les jaloux trompés. »

Alors mon trouble se dissipa; je lui chantai tout bas ces couplets, qui ne contenaient assurément rien de politique. Il en rit beaucoup, et me laissa fort content de m'être ainsi tiré, par hasard, d'un pas un peu glissant dans lequel j'avais failli m'engager, et qui m'aurait probablement attiré le désagrément d'un séjour forcé de deux ou trois mois dans une garnison.

L'année 1780 parut, dès son début, nous annoncer des événemens plus importans et plus décisifs : le stathouder chercha en vain à calmer le mécontentement qu'inspirait au gouvernement britannique le parti républicain. Les Anglais, menaçant les possessions hollandaises dans l'Inde, dont ils convoitaient la conquête, forcèrent bientôt la Hollande à grossir le nombre de leurs ennemis. Les Espagnols et les Français formèrent le siége de Gibraltar; mais l'amiral Rodney parvint à ravitailler cette place, malgré les efforts de l'amiral espagnol don Juan de Langara.

Aux Antilles, le comte de Guichen, qui avait remplacé le comte d'Estaing, soutint avec éclat l'honneur de nos armes; il y commandait vingt-deux vaisseaux. L'amiral Rodney, son adversaire, en amena vingt contre lui. Ils se livrèrent bataille à trois reprises différentes. Jamais Rodney ne put couper notre ligne. Les pertes éprouvées de part et d'autre furent à peu près égales. Cependant, dans ces trois combats, les Anglais se virent obligés de se retirer, et perdirent un vaisseau de guerre qui avait été criblé de boulets.

Une escadre espagnole vint alors rejoindre la nôtre et lui donner une supériorité incontestable; leur jonction eut lieu entre la Martinique et la Guadeloupe, malgré tous les mouvemens de Rodney.

Le comte de Guichen se croyait déjà certain de conquérir la Jamaïque et d'autres îles; mais jamais lui et don Solano ne purent s'accorder sur leur plan d'attaque.

Les Anglais connaissaient seuls alors ces salutaires précautions qu'enseigne la science de l'hygiène pour conserver la santé des équipages. Nos ministres étaient à cet égard dans la plus fatale incurie. Une maladie contagieuse infecta nos flottes, et les mit dans l'impossibilité de former aucune entreprise importante.

Pendant ce temps les Américains nous adressaient de justes reproches sur l'oubli de nos promesses et sur l'abandon où nous les laissions, dans une crise qui devenait pour eux de plus en plus imminente.

Les suites de notre échec près de Savannah

avaient été funestes : lord Cornwallis s'était emparé de la Georgie et des deux Carolines; bientôt il se rendit maître de Charlestown. Le parti des royalistes, qu'on appelait les torys, se relevait.

Les patriotes semblaient consternés. Les levées ne fournissaient plus d'hommes. On crut même un instant que les provinces méridionales allaient tomber sans ressource et sans résistance sous le pouvoir de l'Angleterre.

Heureusement le courage héroïque des femmes de ces contrées releva celui de leurs époux, de leurs pères et de leurs fils; elles réveillèrent leur patriotisme par leurs prières, par leurs reproches et même par leur exemple.

Bientôt, de toutes parts, on courut aux armes, et les républicains, par un redoublement d'ardeur et de fermeté, se montrèrent si dignes des secours qu'ils demandaient à la France, que notre ministère, sortant de son indolence, se détermina enfin à leur en envoyer.

Dans le nord, Washington, inébranlable au milieu des revers, toujours ferme lorsque tout semblait autour de lui découragé, rassurait le congrès, maintenait la discipline dans son armée, contenait, sans se compromettre, les forces redoutables de Clinton. La patrie repuisait sans cesse dans sa grande âme le courage et l'ardeur nécessaires pour surmonter tant d'obstacles et pour résister à de si puissans ennemis.

Enfin la fortune vint seconder son génie ; il vit arriver sur ces côtes M. de La Luzerne, nommé ministre de France, et M. de La Fayette, qui revenaient chargés par notre gouvernement d'annoncer au congrès l'arrivée prochaine d'une armée française, commandée par le comte de Rochambeau.

Cette nouvelle, qui ne se vérifia que quelques mois après, changea la face des affaires, et lord Cornwallis, qui en fut instruit par Clinton, se vit tout à coup arrêté dans le cours de ses vastes projets.

M. le chevalier de Ternay, commandant une escadre de sept vaisseaux et un grand nombre de bâtimens marchands destinés à porter l'armée française en Amérique, mit à la voile de Brest au mois de mai.

La marine, qui avait épuisé tous ses moyens pour envoyer avec M. de Guichen des forces considérables aux Antilles, ne put embarquer les douze mille hommes que commandait M. le comte de Rochambeau. Ainsi ce général ne partit qu'avec une première division composée de six mille hommes. On lui promit que la seconde ne tarderait pas à le suivre; mais cette promesse ne fut jamais remplie.

L'escadre de M. de Ternay fut retardée dans sa marche par un coup de vent qui dispersa pendant quatre jours son convoi; il le rallia promptement, et continua sa route.

Au sud des Bermudes, il rencontra six vaisseaux anglais : on se canonna de part et d'autre jusqu'au soir, et M. de Ternay, préférant l'exécution de ses ordres à la médiocre gloire de prendre un vaisseau anglais qui s'était compromis, continua sa marche, et arriva sur les côtes de la Virginie.

Là, il sut que Charlestown était pris par les Anglais, que Cornwallis avait reçu cinq mille hommes de renfort, que l'amiral Arbuthnot croisait dans ces parages, et attendait l'escadre de l'amiral Graves qui devait le rejoindre. M. de Ternay s'éloigna de la baie de Chesapeak, et entra le 17 juillet dans le port de Rhode-Island, après soixante-dix jours de navigation.

Depuis l'expédition de M. d'Estaing, les Anglais avaient évacué cette île. L'armée française y débarqua et campa près de New-Port, sa capitale. M. de Rochambeau fit promptement fortifier tous les points sur lesquels les Anglais pouvaient débarquer.

Le général Clinton, renfermé dans New-Yorck, ayant appris l'arrivée de l'armée française, en informa par un prompt avis lord Cornwallis, et cette nouvelle l'arrêta au moment où ce général se croyait sûr de conquérir toute la Virginie.

Le débarquement de l'armée française releva les espérances de Washington et du congrès. Le moment était critique : le papier-monnaie américain tombait rapidement; les levées se faisaient avec lenteur; l'esprit de révolte se manifestait dans l'armée, et Washington, qui avait envoyé une partie de ses troupes dans le midi, se trouvait réduit à la défensive dans les Jersey.

Bientôt vingt vaisseaux anglais se présentèrent pour attaquer l'escadre française dans son mouillage; mais ils la trouvèrent en si bonne position qu'ils renoncèrent à leur attaque. Clinton s'était embarqué avec dix mille hommes pour descendre à Rhode-Island. Mais l'armée française, renforcée par trois mille Américains que La Fayette et le général Heats lui amenèrent, s'était mise en telle mesure de se défendre, que Clinton ne persista pas dans un projet dont il fut d'ailleurs détourné en apprenant la marche du général Washington, qui se rapprochait de New-Yorck.

Quelques contestations s'élevèrent entre M. de Rochambeau et les généraux américains : ceux-ci voulaient que l'armée sortît de Rhode-Island pour se réunir à l'armée de Washington, dans le but de faire le siége de New-Yorck.

M. de Rochambeau parvint avec peine à dissuader Washington d'une entreprise si téméraire, qui assurait la perte de Rhode-Island, sans espoir de succès contre une ville aussi bien fortifiée que New-Yorck, et défendue par quatorze mille hommes.

Ce fut à cette époque qu'on apprit la défaite du général Gates, qui avait été complétement battu à Campden, dans le sud, par lord Cornwallis.

L'amiral Rodney vint bientôt avec toutes ses forces à New-Yorck, tripler celles de Graves. Ainsi notre armée resta totalement bloquée à Rhode-Island.

Dans le même temps la trahison d'Arnold éclata : ce général américain, qui s'était précédemment couvert de gloire, vendant alors sa conscience et sa patrie aux Anglais, voulait leur livrer la forteresse de West-Point sur la rivière d'Hudson. Cette place était le dépôt des munitions américaines, et on la regardait comme la clef des États-Unis.

L'imprudence d'un jeune officier anglais, le major André, découvrit cette intrigue; il fut arrêté et condamné à mort comme espion. Malheureusement, le traître Arnold, instruit à temps, trouva le moyen de s'échapper et de se rendre à New-Yorck, où il offrit aux Anglais son coupable courage et sa perfide épée.

L'amiral Rodney repartit au mois de novembre pour les îles. Arbuthnot, avec douze vaisseaux, continua le blocus de Rhode-Island pendant tout l'hiver.

Washington envoya le général Green dans la Virginie, afin d'y rassembler les débris de l'armée de Gates.

Le chevalier de Ternay mourut à New-Port, et le chevalier Destouches, le plus ancien après lui, prit le commandement de l'escadre française.

Notre stagnation forcée et les revers des Américains dans le midi découragèrent une grande partie de l'armée de Washington; elle se mutina ouvertement, et le héros de l'Amérique, pour ramener les rebelles à l'ordre, déploya un rare mélange de douceur et de fermeté, qui contribua autant à sa gloire que ses plus brillans succès militaires.

Cependant le traître Arnold, à la tête de quelques troupes anglaises, s'embarqua à New-Yorck, descendit en Virginie dans la baie de Chesapeak, et commit dans cette contrée les plus affreux excès. Ses talens militaires, éprouvés plus noblement ailleurs, ne rencontrèrent dans la Virginie que des milices mal organisées qui ne pouvaient lui résister.

Dans cette détresse, le congrès envoya en France le colonel Lawrens, aide de camp de Washington. Le père de cet officier, après avoir présidé le congrès, avait été pris et renfermé dans la tour de Londres. L'objet de la mission du colonel était d'apprendre à la cour de Versailles l'état critique de sa patrie, et de solliciter pour elle de prompts secours.

Malgré tous les désavantages de la position de l'armée française, le chevalier Destouches, dans l'espoir d'arrêter les funestes opérations d'Arnold en Virginie, forma une petite escadre, composée d'un vaisseau de ligne et de trois frégates, sous les ordres de M. de Tilly.

Celui-ci remplit en partie sa mission : ayant appareillé la nuit secrètement, il arriva à l'embouchure de la rivière Élisabeth, la remonta, fit plusieurs prises et s'empara du vaisseau le *Romulus*, de quarante canons. Un terrible coup de vent, qui survint à cette époque, démâta deux vaisseaux anglais et en jeta deux autres à la côte.

MM. de Rochambeau et Destouches, informés de ce désastre, en profitèrent; et, tandis que le général Washington envoyait La Fayette avec mille hommes pour se réunir contre Arnold aux milices de Virginie, M. de Rochambeau chargea M. Destouches de conduire un détachement de la même force, afin de le réunir à celui de La Fayette pour attaquer Arnold dans Portsmouth. M. de Vioménil commandait cette expédition. M. Destouches partit avec huit vaisseaux, et rencontra près de la baie de Chesapeak l'escadre anglaise de l'amiral Graves.

Les deux armées étaient d'égales forces : le combat s'engagea; il fut vif et meurtrier. MM. de Marigny et de La Clocheterie s'y distinguèrent. Trois vaisseaux anglais et deux français furent totalement dégréés. Le marquis de Laval fut blessé dans cette action. L'escadre anglaise s'éloigna la première du champ de bataille. M. Destouches et M. de Vioménil revinrent à New-Port.

On apprit, quelque temps après, que le général Green, qui se battait vaillamment en Virginie contre lord Rawdon et lord Cornwallis, les contenait toujours par d'habiles mouvemens, quoiqu'il eût été trois fois forcé à la retraite dans trois combats où la gloire du vaincu avait égalé celle du vainqueur.

M. de Rochambeau ne tarda pas à recevoir des nouvelles de France. Le ministère était changé : M. de Castries avait le département de la marine, et, peu de temps après, mon père remplaça M. de Montbarrey dans celui de la guerre.

M. de La Peyrouse apporta sur une frégate, à M. de Rochambeau, quinze cent mille francs et l'espérance de nouveaux secours.

Dans le midi, La Fayette, réuni en Virginie au baron de Stuben et aux milices virginiennes, harcela continuellement l'ennemi, l'attaquant à l'improviste, évitant son atteinte par des retraites habiles, et trouvant moyen de l'arrêter en occupant de fortes positions.

Ce fut alors que les généraux Washington et Rochambeau conçurent le projet de se réunir près de la rivière d'Hudson, de menacer New-Yorck, afin de pouvoir ensuite, si les circonstances le permettaient, marcher au secours de la Virginie.

Washington, en attendant le moment propice à l'exécution de ce dessein, envoya le général Vaine, avec la ligne de Pensylvanie, pour renforcer l'armée du général La Fayette.

Au début de cette campagne difficile, l'armée de La Fayette manquait de tout, argent, habits, linge et tentes. Le patriotisme mémorable des dames de Baltimore pourvut à tous ces besoins.

Bientôt on vit arriver à Boston le chef d'escadre Barras, destiné à remplacer le chevalier de Ternay. Il apprit à M. de Rochambeau que M. de Suffren était parti de France pour aller aux Indes, et que M. le comte de Grasse, avec une forte armée, devait se rendre d'abord aux Antilles, et venir ensuite, sur les côtes des États-Unis, dégager notre escadre que les Anglais bloquaient presque constamment.

Le ministère français laissait au comte de

Rochambeau la liberté de combiner avec Washington et le comte de Grasse les expéditions qu'il jugerait convenable de tenter, soit dans le nord, soit dans le sud de l'Amérique. Ainsi, conformément aux dépêches de M. de Castries et de mon père, il se tint une conférence à Wether-Field, entre les généraux Rochambeau, Washington, Knox et Chastellux. Une apparition de l'escadre anglaise empêcha le chef d'escadre Barras de se trouver à cette conférence.

Washington, soit dans le dessein de tromper Clinton, soit que ce fût réellement son opinion, fit résoudre qu'on se disposerait à attaquer New-Yorck, quoique M. de Rochambeau eût d'abord proposé de diriger les armées alliées sur la Chésapeak.

On expédia un *aviso* à M. de Grasse, afin de lui apprendre le plan qu'on venait de former, et pour le prier de coopérer par ses forces à son succès. On verra bientôt que le projet relatif à l'expédition de la Virginie prévalut.

Au moment où M. de Rochambeau et son armée avaient reçu l'ordre de partir pour l'Amérique, le vicomte de Noailles, mon neveu, avait trouvé, par son crédit et par celui de sa famille, le moyen de parvenir à son but; et, nommé à l'emploi de colonel en second du régiment de Soissonnais, il s'était embarqué à la tête de ce corps pour les États-Unis.

Ainsi, des trois amis qui, les premiers en France, avaient formé le dessein de combattre pour la cause américaine, je restais le seul que la fortune s'obstinait à enchaîner dans nos garnisons. J'en étais désolé; mais le soudain changement qui s'opéra dans notre gouvernement, vint soutenir mon courage et ressusciter mon espoir.

L'opinion générale s'était si clairement manifestée contre deux de nos ministres, que la cour sentit la nécessité de choisir des hommes assez habiles pour diriger la guerre avec l'activité qu'elle exigeait. Ce fut dans cette circonstance que le roi confia à mon père le ministère de la guerre et donna celui de la marine au marquis de Castries.

La nomination de M. de Castries précéda cependant de quelques mois celle de mon père. On était généralement alors très mécontent de la conduite du prince de Montbarrey et de celle de M. de Sartines.

Celui-ci s'était à la vérité distingué par une

grande habileté dans l'administration de la police; mais ce n'était pas une raison pour qu'il devint un bon ministre de la marine, et, certes, la légèreté seule de M. de Maurepas pouvait expliquer un pareil choix.

Cependant, comme il l'avait fait nommer, il le soutint quelque temps contre l'opinion publique. Mais, M. Necker ayant déclaré que l'administration de ce département se trouvait grevée d'une dette de vingt millions, le roi se décida à renvoyer M. de Sartines.

Je ne sais trop par quel motif nos rois n'ont presque jamais voulu confier le gouvernement de la marine à un marin ; mais les faits prouvent que chez eux ce préjugé ou ce principe a toujours été constant.

Dans ce temps la reine exerçait une grande influence sur son époux, et cherchait de bonne foi à n'user de son crédit que pour le bien général : aussi elle consultait, autant qu'elle le pouvait, l'opinion publique ; et, malgré toutes les calomnies inventées par une basse envie, madame de Polignac, son amie, lui disait la vérité, et lui conseillait de ne porter son intérêt que sur des personnes universellement estimées.

La cause en était toute naturelle : madame de Polignac ne ressemblait à aucune des favorites dont l'histoire a tracé les portraits. Elle était sans ambition pour sa famille, sans avidité pour elle-même; les honneurs, qu'elle avait fuis, étaient venus la chercher. Il fallait la forcer à recevoir quelques bienfaits. Amie sincère, c'était Marie-Antoinette et non la reine qu'elle aimait; et, dans tous les conseils qu'elle lui donnait, elle n'avait pour but que sa considération et sa gloire.

Les hommes de sa société intime n'étaient exempts ni d'intrigue ni d'ambition ; mais ils n'auraient pas été liés avec elle s'ils n'eussent été distingués par un honneur délicat et par des sentimens élevés. Ainsi, par leurs qualités, ils secondaient les vues honnêtes et utiles de madame de Polignac, tandis que de son côté elle parvenait, par sa douceur et par sa raison, à modérer leur caractère et à retenir dans de justes limites leur ambition personnelle.

Le but de la reine était de lutter contre le crédit de M. de Maurepas, trop disposé, par son esprit léger et par de vieilles habitudes, à se laisser plutôt diriger dans ses choix par l'intrigue que par le mérite.

M. de Castries avait mérité et obtenu l'estime générale par sa probité, par son instruction, par son activité, par son courage; on le regardait comme un de nos meilleurs officiers généraux : il ne brillait point par un génie vaste et éclatant, mais par une raison ferme, froide, éclairée, qualité bien préférable pour un administrateur à celle d'un esprit plus brillant et moins réglé.

La reine, excitée par son amie, proposa au roi la nomination de M. de Castries. M. Necker seconda puissamment ses vues, et M. de Maurepas, cette fois, leur opposa peu de résistance.

Il n'en fut pas de même à l'égard de la nomination de mon père. Le premier ministre, non par force, mais plutôt par faiblesse, soutenait avec ténacité M. le prince de Montbarrey, qui n'avait dû son élévation au ministère de la guerre qu'à l'amitié, aux instances et au crédit de madame de Maurepas.

M. de Montbarrey, officier général très brave et spirituel, n'aimait point le travail, ne savait point résister aux sollicitations des femmes, et se laissait gouverner par ses bureaux; partout on se plaignait avec raison du relâchement que sa faiblesse souffrait dans la discipline.

Il voulait le bien, mais il n'avait pas la fermeté de le faire. Cédant aux importunités, aux sollicitations des courtisans, il échouait contre un écueil où se brisèrent et se briseront tant de ministres qui oublient que la justice, l'ordre et la règle sont les meilleurs remparts pour défendre leur considération et leur place. Ils ignorent que ceux-là mêmes qui les engagent et les forcent à sacrifier l'intérêt général à l'intérêt privé, les en puniront promptement et se rallieront avec ingratitude à l'opinion publique qui les renversera.

Le poids de cette opinion amena la chute de M. de Montbarrey, malgré tous les efforts de M. de Maurepas. Mais, si l'on était d'accord à la cour pour l'éloigner, on fut pendant quelques mois loin de s'entendre pour lui donner un successeur.

La reine avait su, par les personnes qu'elle consultait, que mon père jouissait dans toute l'armée d'une considération méritée par ses longs services, par ses nombreuses blessures, par son application à étudier, à connaître toutes les parties de l'art de la guerre et de l'administration militaire. On vantait sa justice inflexible, sa modération, son zèle pour la discipline et son désintéressement.

Il lui manquait, à la vérité, deux qualités bien nécessaires pour arriver à une haute fortune : il n'était ni adroit comme courtisan, ni mobile dans ses principes. Tout intérêt disparaissait à ses yeux, dès qu'il lui semblait opposé à son devoir; sa franchise était un peu rude; il savait servir et non plaire; c'était en un mot un parfait homme de bien, mais un assez malhabile homme de cour.

Aussi, quoiqu'il fût appelé aux armes dans toutes les occasions périlleuses, et consulté par tous les ministres dans toutes les affaires qui exigeaient de la sagesse et des lumières, on ne pensait plus à lui dès qu'il était question de faveur, et jamais sa modestie ne l'aurait fait arriver ni même songer au ministère.

Il n'y parvint que par le zèle ardent de ses amis, qui se trouvaient précisément être ceux de madame de Polignac. L'opinion de M. Necker et de M. de Castries les seconda; tous agirent même long-temps à son insu.

Comme la reine n'avait jamais entendu aucune voix contrarier le bien qu'on lui dit de mon père, assurée qu'elle allait conseiller un bon choix, elle en parla vivement au roi, qui ne cherchait et ne voulait que des hommes capables de réaliser ses sages et vertueuses intentions pour le bonheur de la France.

Dans le premier moment M. de Maurepas fut assez embarrassé sur la conduite qu'il devait tenir : ami intime de ma grand'mère, sa contemporaine, il connaissait mieux que personne mon père, et ne pouvait en conscience rien objecter contre lui.

Cependant plus cette nomination lui paraissait faite pour être approuvée, plus elle rendait certain à ses yeux le renvoi de M. de Montbarrey, que jusque-là il avait espéré maintenir dans son poste.

Le hasard le servit mieux que ses réflexions : mon père, à peine convalescent d'une longue et violente attaque de goutte, se hâta trop de venir remercier la reine des bontés qu'elle lui témoignait. Il se montra donc à la cour, pâle, faible et pouvant à peine marcher.

M. de Maurepas profita malignement de cet incident pour persuader au roi qu'on lui avait donné un conseil ridicule, en l'engageant à confier le ministère qui exigeait le plus de travail et d'activité, à un homme épuisé par de graves blessures et de perpétuelles infirmités.

Le roi le crut et en parla à la reine avec assez d'humeur. Cette princesse reprocha vivement à madame de Polignac de l'avoir ainsi compromise.

Madame de Polignac était douce, mais fière; blessée des reproches et du ton de la reine, elle lui offrit sa démission. La reine, qui l'aimait beaucoup, effrayée à la seule idée d'une telle séparation, l'apaisa par les assurances de la plus tendre amitié, écouta ses explications, en fut satisfaite, et persista dans ses démarches pour mon père.

Cependant le roi était irrésolu, et les espérances de M. de Maurepas se relevaient par cette irrésolution. Ce fut M. de Montbarrey qui mit lui-même un terme à cette incertitude : justement mécontent du rôle peu convenable que l'inopportune protection de madame de Maurepas lui faisait jouer, il prit un très noble parti pour sortir d'une position aussi désagréable, et, au moment où l'on s'y attendait le moins, il supplia le roi d'accepter sa démission.

Comme on ignorait cette démarche, on n'eut point le temps d'agir pour en profiter; mais

M. de Maurepas, qui ne pouvait revenir sur ce qu'il avait dit au roi de mon père, lui indiqua, je ne sais d'après quel avis, M. le comte de Puységur pour remplacer M. de Montbarrey.

Ce choix assurément n'avait rien que d'honorable : M. de Puységur était un officier général distingué, sage, expérimenté; il était depuis très long-temps lié d'amitié avec mon père. Je me souviens même qu'à cette occasion il vint le trouver, et que tous deux, peu désireux des places, mais très dignes de les occuper, se promirent de laisser faire la fortune, et de n'agir en aucune sorte l'un contre l'autre.

Cependant madame de Polignac, ayant appris par la reine que le roi était disposé à se décider en faveur de M. de Puységur, dit à cette princesse qu'il était de son intérêt et de sa dignité de ne point laisser, sans motif, le crédit de M. de Maurepas triompher du sien.

La reine, dont l'amour-propre se sentait blessé, alla chez le roi, y fit venir en sa présence M. de Maurepas, reprocha à ce ministre de s'être laissé tromper ou d'avoir trompé lui-même le roi, en représentant mon père comme infirme et comme incapable par là de soutenir le fardeau du ministère.

Elle lui demanda en même temps s'il avait quelque autre motif raisonnable pour s'opposer au conseil qu'elle avait donné. M. de Maurepas embarrassé ne put rien répondre ; il fit même l'éloge de mon père, et le roi lui donna l'ordre de l'informer qu'il était nommé ministre de la guerre.

Tout devait faire présager de grands événemens et d'heureux succès, puisque les affaires étaient confiées à des hommes fermes, actifs, habiles, expérimentés, et animés d'un zèle ardent et sincère pour la patrie comme pour le roi.

D'ailleurs le concert le plus intime existait entre MM. Necker, de Castries, de Vergennes et mon père. Un seul obstacle pouvait ralentir leur marche et affaiblir leurs efforts : c'était l'indolence et la légèreté de M. de Maurepas, que toute résolution hardie effrayait.

Le seul but de ce vieillard insouciant était de passer paisiblement le peu de temps qui lui restait à vivre ; il voulait, pour ainsi dire, afin de n'être agité par aucune inquiétude, que le roi ne régnât qu'au jour le jour. Supportant avec peine toute idée de réforme qui aurait excité des plaintes et des cabales, tout vaste plan de campagne où l'on n'achète de grands succès que par de grands risques, il aurait désiré qu'on jouât le terrible jeu de la guerre sans y mettre de gros enjeux; il voulait enfin parader et non combattre.

Son indécision entravait les délibérations; les petites intrigues l'occupaient plus que les grands intérêts de l'État. Il ne traitait les matières les plus graves qu'en plaisantant, et le sceptre qu'on lui confiait ne semblait qu'un hochet fait pour amuser sa vieille enfance.

Au reste son vœu fut accompli : ses derniers jours ne virent point d'orages. Vers la fin de l'année 1781, il mourut ou plutôt s'endormit tranquillement, laissant ainsi Louis XVI hors de tutelle, libre de suivre des conseils plus fermes et plus utiles.

Le roi ne nomma point de premier ministre, et voulut tenir lui-même les rênes du gouvernement.

Quelques mois auparavant, M. Necker, qui administrait avec habileté les finances, prit une résolution qui fut jugée grande et utile par les uns, dangereuse et préjudiciable par les autres : il fit imprimer et publier le compte des finances tel qu'il l'avait rendu au roi.

Cette innovation, sans exemple en France, y fit une espèce de révolution dans les esprits. Jusque-là la nation, étrangère à ses propres affaires, était restée dans la plus complète ignorance sur ses recettes, sur ses dépenses, sur ses dettes, sur l'étendue de ses besoins et sur celle de ses ressources. C'était pour tous les Français, et même pour les classes les plus éclairées, le véritable *arcanum imperii*.

Cet appel à l'opinion était un appel à la liberté : dès que le public eut satisfait sa curiosité sur ces grands objets qu'on avait toujours dérobés à ses yeux, il discuta, loua, fronda et jugea.

La nation, réveillée ainsi sur ce point capital de ses intérêts, ne tarda pas à croire ou à se rappeler qu'en fait de comptes et d'impôts, elle ne devait pas être réduite au seul devoir de solder, de payer, et qu'elle avait le droit d'examiner, d'accorder ou de refuser les charges qu'on lui imposait.

Cette opinion, rapidement formée, se manifesta graduellement jusqu'à l'instant où, quelques années après, elle éclata avec une violence imprévue.

Le roi, M. Necker et les autres ministres ne

prévirent point ce résultat d'une démarche que leur probité et leur amour pour le bien public leur dictaient. Comme il n'entrait dans leur esprit que des idées d'utilité générale, ils ne croyaient rien avoir à cacher : la vertu est comme la vérité, elle aime à se montrer sans voile. Que craindre en effet de la part d'un peuple, quand on ne s'occupe qu'à le rendre heureux !

Guidé par les mêmes motifs et par les mêmes conseils, le roi abolit la corvée et cette servitude de la glèbe qui nous offrait encore les tristes vestiges des siècles de barbarie.

Enfin M. Necker, qui espérait fonder un système de crédit, source inépuisable de richesses, mais qui ne peut s'établir que par la confiance, conçut le projet de former dans tout le royaume des administrations provinciales.

C'était le vrai moyen d'accoutumer les propriétaires à connaître la chose publique, et à s'y intéresser. C'était nous délivrer des inconvéniens d'une concentration administrative, injuste quand elle est excessive, et d'autant plus funeste qu'elle paralyse la volonté nationale, qu'elle isole le gouvernement en le séparant des peuples, qu'elle fait dépendre les intérêts des communes des caprices des bureaux, et qu'elle n'opère presque nulle part le bien, parce qu'elle veut tout étreindre et tout diriger.

Certes, si ce plan qu'on a tant attaqué, et qui était si conforme aux paternelles intentions du roi, eût triomphé des obstacles que l'intrigue lui opposa, au lieu de courir imprudemment à une liberté chimérique par les secousses violentes d'une orageuse révolution, l'éducation nationale se serait faite graduellement; les réformes salutaires seraient arrivées peu à peu; les délibérations municipales et provinciales auraient offert au trône des lumières et des appuis; l'autorité se serait accoutumée à écouter un vœu national bien éclairé, qui aurait centuplé sa force, et la vraie liberté se serait naturalisée chez nous sans efforts, au lieu d'y apparaître comme une puissance hostile qui envahit, qui renverse, qui nivelle, et devant laquelle les anciens pouvoirs, les anciennes supériorités, les antiques lois et les vieilles coutumes sont forcés, après un combat court mais acharné, de céder ou de périr.

Mais, puisque le sort ne voulait pas qu'on suivît avec fermeté ce sage plan proposé par le ministère et adopté par le roi, il aurait peut-être été à désirer qu'on n'en eût pas conçu et émis l'idée; car plus un tel dessein, qui ne pouvait rester ignoré, était grand, juste, utile, populaire, plus l'opinion publique s'irrita contre les intérêts privés qui en empêchèrent le succès, et ce fut peut-être là un des principaux germes des discordes fatales qui s'élevèrent depuis entre la classe plébéienne et les premiers ordres de l'État.

M. Necker avait, par des moyens simples, donné d'immenses ressources au gouvernement pour soutenir les dépenses de la guerre sans augmenter les impôts, et même, au contraire, en en allégeant le poids; il avait rempli le trésor par des emprunts viagers dont l'intérêt devait être acquitté au moyen de réformes et d'économies dans les dépenses de luxe et de cour.

C'était bien conduire les affaires, mais mal connaître les hommes. Il ignorait la puissance et le nombre des personnages, tant grands que subalternes, intéressés aux abus. Il l'apprit trop tôt à ses dépens : les intérêts privés remportèrent la victoire sur l'intérêt général. L'État fut sacrifié à la cour, l'économie au luxe, la sagesse à la vanité.

De toutes parts l'orage éclata. Les ennemis de M. Necker profitèrent d'une faute de son amour-propre : peu satisfait du titre de directeur général des finances, il voulut être ministre pour mieux défendre ses projets dans le conseil du roi.

Les dévots parurent scandalisés de voir un protestant tenir le gouvernail de l'État ; les grands s'offensèrent des prétentions d'un simple banquier de Genève. Tous l'accusèrent d'orgueil et d'ambition.

La confiance du roi fut ébranlée ; et, comme son principal défaut était de se trop méfier de ses propres lumières, il crut entendre l'opinion publique en écoutant la voix de la plus grande partie des courtisans qui entouraient son trône. Surmontant ses propres affections, il céda ; et M. Necker se vit éloigné des affaires par les mêmes adversaires qui avaient obtenu le sacrifice de M. Turgot, et décidé la retraite de M. de Malesherbes.

Cette disgrâce, dont j'anticipe un peu la date, parce que le cours de mes réflexions m'y entraîne, n'arriva qu'après le succès militaire que l'habileté de ce ministre avait facilité. Sa retraite laissa de longs souvenirs et de longues traces; toutes les branches de l'administration en souffrirent.

Cependant, si l'on perdit ainsi tous les bons résultats qu'on pouvait attendre de l'habileté de M. Necker, on profita quelque temps du bien qu'il avait fait, des ressources qu'il avait créées; et les autres ministres, qui prirent vainement sa défense, surent tirer un grand parti des moyens pécuniaires qu'il laissait en leur pouvoir.

La campagne de 1781, qui vit tant de mers couvertes de nos vaisseaux, tant d'îles tombées en notre puissance, et tant de triomphes éclatans remportés par nos armes dans l'Amérique et dans l'Inde, sera toujours pour la monarchie une époque mémorable et glorieuse.

Le roi, grâce à l'adresse de M. de Vergennes, était parvenu à former contre l'Angleterre une ligue maritime redoutable. La violence des Anglais qui avaient insulté la Hollande dans les Antilles, envahi et dévasté les îles de Saint-Eustache, de Saint-Martin et de Saba, réveilla l'esprit public dans les Provinces-Unies, et cette république prit les armes pour joindre ses forces aux nôtres et venger ses affronts.

L'Espagne nous secourut puissamment dès

que nous lui fîmes entrevoir l'espérance de reconquérir les îles Baléares, Gibraltar, la Floride et la Jamaïque. La neutralité du reste de l'Europe, difficile à obtenir dans tous les temps, était assurée, et même le projet formé par les puissances du Nord de contraindre l'orgueil britannique à respecter les pavillons neutres, et à laisser les mers libres, nous donnait quelque espoir d'engager ces puissances, si la guerre se prolongeait, à y prendre dans la suite avec nous une part active.

Tout obstacle politique et financier étant ainsi aplani par M. de Vergennes et par M. Necker, il ne restait plus aux ministres de la guerre et de la marine qu'à triompher, par leurs combinaisons et par leur activité, des autres difficultés que nous opposaient les fautes déjà commises par leurs prédécesseurs, et les immenses ressources de la puissance que nous avions à combattre.

Partout la situation de nos affaires présentait un aspect alarmant : nous avons déjà parlé de la détresse des armées américaines dans le nord, dans le midi, et de la situation pénible où se trouvait M. de Rochambeau, à la tête de troupes trop peu nombreuses et continuellement bloquées à New-Port.

Le retour inopiné du comte de Guichen en France laissait les Antilles à la merci des Anglais. Déjà on les voyait maîtres des îles hollandaises, ainsi que des colonies de Surinam, de Ticonderago et de Demerari.

L'amiral Rodney parcourait sans rivaux la mer. L'intrépide Lamotte-Piquet, commandant une escadre peu nombreuse, lui prouva seul alors que le pavillon français existait encore. Ce brave général, par une attaque heureuse et vive, s'empara d'un convoi qui portait une partie des trésors arrachés aux Hollandais par l'avidité britannique.

L'Espagne consumait inutilement trop de forces de terre et de mer au siége de Gibraltar, forteresse imprenable, et dont elle aurait pu obtenir la restitution, en s'occupant avec nous de moyens plus efficaces pour attaquer les côtes de l'Angleterre, et pour détruire sa puissance maritime.

L'Inde, abandonnée par nous, tombait tout entière au pouvoir des Anglais, qui suivaient avec habileté, dans cette partie du monde, les plans que nous avaient inutilement tracés le génie à la fois sage et hardi de Dupleix et celui de La Bourdonnaye. Hyder-Ali, sans secours, défendait avec opiniâtreté, mais sans succès, son indépendance.

Tel était alors le triste tableau de notre situation militaire dans les deux mondes. Mais l'activité des efforts, la justesse des combinaisons, l'habileté des plans, la précision des instructions des nouveaux ministres, l'union intime qui existait entr'eux, l'intrépidité des chefs et le courage des troupes chargées d'exécuter leurs ordres, changèrent, en peu de mois, nos craintes en espérances et nos revers en triomphes.

Des côtes de l'Amérique jusqu'à celles de l'Afrique et aux rivages de l'Inde, la gloire accompagna nos armes. L'Amérique fut délivrée, les colonies hollandaises restituées, plusieurs colonies anglaises conquises, ainsi que la Floride et les îles Baléares qui furent rendues à l'Espagne; enfin Hyder-Ali fut secouru; nos possessions dans l'Inde rentrèrent en notre pouvoir; Suffren immortalisa son nom et nos armes.

Le ministère britannique, découragé, laissa tomber de ses mains les rênes du gouvernement, que lui enleva une victorieuse opposition. Les chefs des armées anglaises, réduits à la défensive, se renfermèrent dans les forteresses de Charlestown et de New-Yorck, et deux ans après, malgré une grande victoire navale remportée sur nous par la fortune de Rodney, le gouvernement britannique, perdant tout espoir d'enchaîner de nouveau l'Amérique, et voyant nos armées prêtes à enlever le reste de ses possessions dans les Antilles, fut contraint de reconnaître, en 1783, l'indépendance des États-Unis, et à signer avec ses ennemis la paix la plus glorieuse que depuis long-temps les rois de France eussent conclue.

Tels furent les heureux résultats d'une guerre si malheureusement commencée, résultats dont l'éclat illustra le règne de Louis XVI, et qui doivent justement consacrer la mémoire des ministres que ce vertueux prince avait honorés de sa confiance.

Il ne suffit point de retracer ici en peu de lignes le tableau de ces brillans succès, et je crois nécessaire de dire quelques mots sur les moyens qu'on prit pour atteindre ce but glorieux. L'objet principal des ministres du roi était d'assurer l'indépendance des États-Unis et d'enlever ces treize riches provinces à l'Angleterre.

Nous avons déjà dit que M. le comte de Grasse était muni d'instructions qui lui ordonnaient de coopérer, avec ses forces navales et des troupes prises dans les Antilles, aux expéditions que les armées combinées de Washington et de Rochambeau voudraient entreprendre, soit dans le nord soit dans le sud de l'Amérique. Ces instructions, le concert intime des deux généraux, l'habileté du plan définitif qu'ils arrêtèrent, et leur rapide exécution, décidèrent et fixèrent la fortune.

C'était une belle et vaste idée que de débloquer Rhode-Island, de tromper Clinton, de le renfermer ainsi dans New-Yorck, de retenir par la même erreur Cornwallis en Virginie, et d'envoyer assez à temps du port de Brest, et ensuite des Antilles, dans la baie de Chesapeak, une grande armée navale, dans le dessein d'ôter à ce même Cornwallis tout espoir de retraite et d'embarquement, à l'instant précis où Washington, Rochambeau et La Fayette réunis viendraient l'attaquer et le forcer dans ses derniers retranchemens; mais ce vaste plan demandait pour son succès un concours admirable de combinaisons, de rapidité et même de fortune; car, dans une pareille opération, combinée de si loin et dont l'exécution partait de tant de points différens, les caprices du sort et l'inconstance des vents pouvaient facilement déjouer tous les calculs de la sagesse et tous les efforts du courage.

Enfin, si ce grand projet, qui décida du sort de la guerre, ne put être conçu que par des hommes d'un talent supérieur, il fallut, pour le faire réussir, toute l'audace du comte de Grasse, toute l'habileté de Washington soutenue par l'activité de Barras, par la vaillance de La Fayette, par la sagesse, par l'expérience du comte de Rochambeau, par l'héroïque intrépidité de nos marins et de nos troupes, ainsi que par la valeur des milices américaines, qui combattirent alors comme de vieux soldats.

Tandis que quarante mille hommes cantonnés sur nos côtes, et que les flottes espagnole et française, parcourant la Manche, répandaient en Angleterre de vives inquiétudes, et obligeaient le gouvernement britannique à concentrer ses forces navales pour défendre son propre territoire, le comte de Grasse, parti de Brest avec vingt-un vaisseaux, des troupes de débarquement, des munitions abondantes et d'habiles instructions, arriva bientôt à la vue de la Martinique.

L'amiral Hood l'attendait au passage, et, quoique cet amiral n'eût pu réunir sous ses ordres que dix-sept bâtimens de guerre, il attaqua vaillamment l'armée française, dans l'espoir de s'emparer du convoi qui la suivait : ses efforts furent vains. Il se vit repoussé avec perte, et notre convoi entra tout entier dans le port.

MM. de Bouillé et de Blanchelande s'emparèrent rapidement de l'île de Tabago. Rodney tenta inutilement de la défendre; il fut forcé à la retraite, et ramena en Angleterre ses vaisseaux, dont un grand nombre étaient grièvement maltraités.

M. de Grasse s'était ainsi rendu maître de la mer ; ayant fait embarquer sur sa flotte un corps de trois mille hommes commandés par M. le marquis de Saint-Simon, il fit voile pour les États-Unis et entra sans obstacle dans la baie de Chesapeak.

L'armée française du nord, conformément aux résolutions prises dans la conférence de Wether-Field, avait quitté New-Port, s'était portée sur les bords de la rivière d'Hudson, et avait ainsi rejoint l'armée américaine. On avait laissé dans Rhode-Island un fort détachement sous les ordres de M. de Choisy. La flotte française y était restée.

Le chef d'escadre qui la commandait, M. de Barras, prouva, dans cette circonstance, qu'il écoutait plus l'intérêt de sa patrie que celui de son ambition. Dans un conseil de guerre tenu à New-Port, il déclara que, bien qu'il fût l'ancien de M. le comte de Grasse, nommé récemment lieutenant général, dès que celui-ci paraîtrait avec son armée sur ses côtes, il mettrait à la voile pour servir sous ses ordres ; mais qu'après cette campagne, il n'en ferait pas une seconde, ne voulant plus supporter un pareil désagrément.

Washington et Rochambeau, réunis, apprirent que le général Green avait remporté quelques succès sur le lord Rawdon, mais que lord Cornwallis, à la tête de huit mille hommes, serrait de près le général La Fayette, qui n'avait d'autre ressource que de se retirer de rivière en rivière, pour aller au devant du général Vaine, qui lui amenait la ligne de Pensylvanie. Ces nouvelles confirmaient dans son opinion le comte de Rochambeau, qui préférait toujours une expédition dans le sud, à l'opération commencée contre New-Yorck.

Cependant les deux armées combinées établirent leur camp à Philippsbourg, à trois lieues de Kingsbridge, premier poste des Anglais dans l'île de New-Yorck. Ce mouvement eut un résultat très avantageux ; car Clinton avait reçu de

Londres l'ordre de s'embarquer pour descendre sur les côtes de la Pensylvanie, et l'approche des armées américaine et française, l'empêchant de suivre ce projet, le retint dans New-Yorck.

En même temps lord Cornwallis, dans le midi, inquiet de ces nouvelles et n'ayant pu parvenir à empêcher la jonction de La Fayette avec la ligne de Pensylvanie, se replia par la rivière de James sur Richmond, et de là à Williamsbourg, à quatre lieues de Yorcktown.

Cependant le général Washington continuait ses démonstrations d'attaque contre New-Yorck. Le général Lincoln et le chevalier de Chastellux, à la tête de cinq mille hommes, dispersèrent plusieurs corps de torys, et protégèrent une reconnaissance que Washington et Rochambeau firent de tous les ouvrages de New-Yorck. Il y eut de la part des Anglais une vive et longue canonnade qui produisit peu d'effet. Dans le cours de cette reconnaissance, quelques postes se fusillèrent, et le comte Charles de Damas, aujourd'hui premier gentilhomme de la chambre, eut un cheval tué sous lui.

Après cette opération, les généraux américains et français reçurent d'importantes nouvelles. La Fayette mandait à Washington que lord Cornwallis continuait sa retraite, toujours inquiété par l'avant-garde américaine, et qu'après s'être arrêté peu de temps à Portsmouth, le général anglais s'était établi à Yorck et à Glocester, avec le dessein apparent de s'y embarquer, dès qu'une escadre anglaise lui en donnerait les moyens.

A la même époque on vit arriver trois mille recrues anglaises à New-Yorck. Enfin, le 5 août, M. de Rochambeau reçut une lettre du comte de Grasse, qui lui mandait de la Martinique, qu'à la fin du mois il arriverait dans la baie de Chesapeak, mais qu'il n'y pourrait rester que jusqu'au 15 octobre. Le concours de ces circonstances décida irrévocablement l'expédition du sud.

M. de Barras, qui devait faire sa jonction avec M. de Grasse, eut ordre d'embarquer pour la Chesapeak l'artillerie de siége et le détachement de M. de Choisy. Le 19 août, les armées française et américaine rétrogradèrent, remontèrent la rivière d'Hudson et la passèrent à Kings-Ferry.

Washington laissa sur la rive gauche trois mille hommes, sous les ordres du général Heats, pour défendre West-Point et les États du nord.

Néanmoins, pour continuer à tromper Clinton, on feignit de faire dans Staten-Island des approvisionnemens, comme si l'on voulait attaquer New-Yorck de ce côté. Les deux armées, continuant leur marche, passèrent la Delaware, traversèrent Philadelphie et défilèrent sous les yeux du congrès.

Là, on apprit que l'amiral Hood, arrivé devant New-Yorck, s'était réuni à l'amiral Graves, et faisait voile vers la baie de Chesapeak. Heureusement on sut au même instant que le comte de Grasse l'avait prévenu, et était entré dans cette baie avec vingt-six vaisseaux de guerre.

Les généraux Washington et Rochambeau, accélérant la marche de leurs troupes, prirent les devans et arrivèrent le 14 septembre à Williamsbourg, où ils trouvèrent les divisions de La Fayette et de Saint-Simon qui avaient pris une forte position pour les attendre.

Lord Cornwallis s'était retranché à Glocester et à Yorck. Il avait barré la rivière d'Yorck avec des vaisseaux embossés et quelques bâtimens coulés ; le sort venait de lui enlever tout espoir de s'embarquer et d'échapper aux forces redoutables qui venaient l'assaillir.

Le 14, l'armée navale anglaise, forte de vingt

vaisseaux, s'étant montrée au cap Charles, M. de Grasse était sorti avec vingt-quatre voiles pour l'attaquer ; son avant-garde, commandée par M. de Bougainville, engagea le combat vivement. Après quelques heures de résistance, la victoire des Français fut complète. L'amiral ennemi prit la fuite et se vit obligé de brûler un de ses vaisseaux ; quatre autres furent démâtés.

Pendant cette action, M. de Barras avec son escadre était entré dans la baie, y avait débarqué l'artillerie de siége, le détachement de Choisy, et s'était emparé de deux frégates anglaises. M. de Grasse envoya plusieurs bâtimens à Annapolis, d'où ils transportèrent à Jamestown des troupes françaises commandées par M. de Vioménil.

Toutes les forces combinées étant ainsi réunies, l'investissement d'Yorck fut exécuté par les Français sans perdre un seul homme. Le 29, l'armée américaine, ayant traversé des marais, y appuya sa gauche, étendit sa droite jusqu'à la rivière d'Yorck, et compléta ainsi l'investissement.

Le corps de Lauzun et des milices américaines se placèrent sur le chemin de Glocester.

Cornwallis, quittant son camp de Pigeons-Isle, se renferma dans l'enceinte des retranchemens de la ville d'Yorck.

M. de Lauzun, appuyé par quelques milices, attaqua vivement les dragons de Tarleton qui furent obligés de se retirer dans la ville, et M. de Choisy poussa ses postes avancés jusqu'à un mille de Glocester.

Sur ces entrefaites on apprit qu'Arnold, forcé d'abandonner le sud, avait été envoyé dans le Connecticut, et que là, livrant avec furie cette province, où il était né, aux plus affreux ravages, il avait incendié New-London, percé de son épée le brave colonel Lidger qui lui présentait la sienne pour se rendre, massacré la garnison d'un fort dont il s'empara, et brûlé tous les bâtimens de commerce qui se trouvaient dans le port.

Ce traître méritait, par ces atrocités, la haine et le mépris qu'il inspirait à ses compatriotes. On raconte qu'étant en Virginie, poursuivi assez vivement, il demanda à un soldat américain prisonnier ce que ses concitoyens auraient fait de lui s'ils l'avaient pris. « Nous au- » rions, lui dit le soldat, séparé de ton corps » ta jambe blessée au service de la patrie, et » pendu le reste. »

Clinton avait inutilement espéré que le bruit de cette diversion arrêterait les armées alliées dans leur marche. Ce général vit arriver dans le même temps à New-Yorck l'amiral Digby, trois vaisseaux, des troupes de terre, et le prince Guillaume-Henri, fils du roi d'Angleterre, nommé gouverneur de Virginie par son père; faisant alors les préparatifs de son embarquement, il conçut le dessein de venir avec son armée et vingt-six vaisseaux secourir Cornwallis; mais on verra qu'il n'était plus temps.

Yorcktown, couverte presque totalement par un marais, était de plus défendue par des retranchemens palissadés que couvraient un ouvrage à cornes et deux redoutes, en avant desquelles se trouvaient de nombreux abattis.

Les premiers jours d'octobre, ce siége mémorable commença; les forces des Américains étaient d'environ neuf mille hommes, et celles des Français de sept mille. Dans la nuit du 6 au 7 d'octobre, la tranchée fut ouverte au-dessus et au-dessous de la rivière d'Yorck.

Les ingénieurs du Portail et de Querenet conduisaient les travaux de ce siége. M. d'Aboville et le général Knox dirigeaient les artilleries française et américaine. L'armée de Washington défendait la droite de la tranchée, celle de Rochambeau la gauche et le centre. Leurs batteries incendièrent un vaisseau de guerre anglais et trois bâtimens de transport qui avaient mouillé, dans le dessein de prendre les tranchées à revers.

Quelques jours après, l'attaque des redoutes fut ordonnée; jamais on ne vit une plus noble émulation, plus d'ardeur et de vaillance, plus de discipline, plus de concert et moins de jalousie que n'en montrèrent alors les deux armées alliées.

Les Américains marchèrent à cet assaut sous le commandement des généraux La Fayette, Lincoln, Lawrens et Hamilton. Les Français s'avancèrent sous les ordres du baron de Vioménil et du marquis de Saint-Simon.

Là, de nouvelles palmes furent cueillies par le duc de Lauzun qui venait de conquérir le Sénégal, par le vicomte de Noailles et par Dillon, déjà cité dans la conquête de la Grenade, par le comte Charles de Lameth qui reçut, dans cette brillante journée, deux graves et glorieuses blessures au moment où il franchissait le premier les remparts de la redoute anglaise. Revenu en France, on le vit, peu d'années après, se distinguer à la tribune par ses talens, et dans la guerre d'Espagne par sa belle défense de Sant-Ogna.

Les colonels comte de Deux-Ponts, du Muy, de Custines, méritèrent de justes éloges. Le marquis de Saint-Simon, déjà malade, oublia ses souffrances, ne consulta que son courage et se fit porter à la tête des colonnes. Le comte Guillaume de Deux-Ponts fut blessé.

On ne doit pas oublier les noms d'autres braves qui depuis éprouvèrent des fortunes si diverses : le duc de Castries, aujourd'hui pair de France, Mathieu Dumas, dont la tribune, l'histoire et les camps conserveront la mémoire, Alexandre Berthier, qui devint plus tard l'Éphestion d'un nouvel Alexandre, et le fils du général français, le vicomte de Rochambeau, que la mort moissonna sur un autre champ de bataille.

On voyait aussi dans leurs rangs le comte Charles de Damas, aujourd'hui pair et premier gentilhomme de la chambre, le lieutenant-colonel Anselme, qui fit depuis la conquête de Nice, et Miollis, qui, devenu général, sut, dans nos dernières guerres, se concilier l'affection des peuples conquis.

Les deux redoutes furent emportées presqu'au même instant par les colonnes de M. de Vioménil et de M. de La Fayette. La plupart de ceux qui les défendaient furent tués ou pris.

Les généraux établirent le logement en joignant ces redoutes conquises par une communication à la droite de la seconde parallèle. On y plaça de nouvelles batteries qui battaient à ricochet tout l'intérieur de la place.

Dans la nuit du 15 au 16, l'ennemi fit une sortie avec six cents hommes d'élite. N'ayant pu vaincre la résistance des troupes qui gardaient les redoutes, les Anglais se jetèrent sur une batterie de la seconde parallèle, dont ils enclouèrent quatre pièces.

Mais le chevalier de Chastellux, arrivant alors à la tête d'une réserve, repoussa les assaillans et les força de se retirer en désordre. Le lendemain, le marquis de Saint-Simon fut blessé dans la tranchée et ne voulut point quitter son poste.

Cornwallis tenta un nouvel effort pour passer la rivière et s'échapper; un orage dispersa une partie de ses bateaux, et le général Choisy força les Anglais à rentrer dans la ville.

Le 17, ils commencèrent à parlementer. Le vicomte de Noailles, le colonel Lawrens et M. de

Granchain ayant été nommés pour dresser les articles de la capitulation, de concert avec des officiers supérieurs de l'armée anglaise, cette capitulation fut signée le 19 octobre par le général Washington, le comte de Rochambeau et M. de Barras, chargé des pouvoirs du comte de Grasse.

Les prisonniers anglais s'élevèrent au nombre de huit mille hommes. On prit deux cent quatorze pièces de canon et vingt-deux drapeaux. Les troupes anglaises défilèrent entre les deux armées alliées, tambour battant et portant leurs armes, qu'elles déposèrent ensuite en faisceaux avec leurs drapeaux.

Comme lord Cornwallis était malade, le général O'Hara défila à la tête des Anglais et présenta son épée au comte de Rochambeau. Celui-ci lui dit, en montrant le général Washington à la tête de l'armée américaine, que, l'armée française n'étant qu'auxiliaire dans ce pays, c'était au général américain à recevoir son épée et à lui donner des ordres.

Le duc de Lauzun et le comte Guillaume de Deux-Ponts furent chargés par M. de Rochambeau de porter la capitulation en France. Le 27 octobre, l'escadre anglaise, forte de vingt-sept vaisseaux, parut à l'entrée de la baie. Le général Clinton s'y était embarqué avec ses troupes; mais, apprenant que son secours devenait inutile, cette armée gagna le large.

Le 4 novembre, M. le comte de Grasse partit avec la flotte française pour les Antilles, emmenant avec lui M. de Saint-Simon et les troupes qu'il commandait. Le général Washington regagna la rivière d'Hudson, et les Français restèrent quelque temps en quartier d'hiver à Yorck, Glocester et Williamsbourg.

L'absence de notre armée navale n'avait point ralenti l'activité de M. de Bouillé. Ce général, favorisé par l'éloignement des forces anglaises, sut tirer un grand parti du peu de bâtimens légers qui étaient restés à sa disposition.

Ayant conçu le projet de reconquérir les îles hollandaises, il l'exécuta avec autant de bonheur que de rapidité. Après avoir descendu ses troupes dans l'île de Saint-Eustache, pendant la nuit, il s'avança, au point du jour, pour attaquer la forteresse principale de cette île, dont la garnison était alors, en plaine, occupée à manœuvrer.

L'avant-garde de M. de Bouillé était composée d'un régiment irlandais au service de France.

A la vue des habits rouges de ce régiment, les Anglais trompés crurent que c'était une troupe de leurs compatriotes, et la laissèrent s'approcher sans méfiance.

Revenus trop tard de leur surprise, ils combattirent vainement avec courage; de toutes parts ils furent enfoncés, et poursuivis avec tant d'ardeur, que les Français entrèrent pêle-mêle avec eux dans la forteresse dont ils se rendirent maîtres. Cette conquête fut promptement suivie de celle des petites îles de Saint-Martin et de Saba. Dans le même temps, le comte de Kersaint s'empara des importantes colonies de Surinam, Demerari et Essequebo.

Dès que M. de Grasse reparut dans les Antilles, il prit avec M. de Bouillé la résolution d'attaquer l'île de Saint-Christophe; en conséquence, il fit voile pour cette île et y débarqua ce général, qui investit avec toutes ses troupes la forteresse de Brimstown-Hill. Mais, dans ce moment, l'infatigable amiral Hood, qu'aucun revers ne pouvait abattre, parut avec vingt-deux vaisseaux de ligne, et provoqua M. de Grasse au combat.

Notre amiral, sortant alors de la rade avec célérité, s'avança dans l'espoir de remporter un nouveau triomphe. Mais l'habile Anglais, se retirant devant lui comme effrayé, sut tout à coup, par une manœuvre adroite, tourner la flotte française, et entrer sans obstacle dans la rade que celle-ci venait de quitter. Là, défendue par deux forts, et embossée, l'escadre anglaise brava tranquillement nos efforts. Inutilement M. de Grasse l'attaqua deux fois avec opiniâtreté ; il ne put forcer la ligne anglaise, et, comme il n'avait point de brûlots avec lui, il lui fut impossible de l'incendier.

Après ce mauvais succès, M. de Grasse se vit contraint de s'éloigner. Cependant M. de Bouillé, livré à ses propres forces, et sans aucun secours de nos vaisseaux, ne perdit point courage ; laissant une partie de ses troupes près de la forteresse, il marcha avec l'autre au devant de quinze cents Anglais que l'amiral Hood avait débarqués.

Au premier choc, il les culbuta et les tailla en pièces ; revenant ensuite dans ses lignes, il continua le siége, força la garnison à capituler, resta maître de l'île et enleva ainsi à l'amiral Hood tout espoir de reprendre cette colonie. Par là cet amiral se vit obligé de s'éloigner d'une rade qu'il avait défendue avec tant de courage.

La fortune semblait s'être décidée en notre faveur, et cependant nous éprouvâmes dans la suite, par un grand désastre, les tristes conséquences de la faute commise par M. de Grasse, en perdant l'occasion de détruire cette escadre anglaise, sans laquelle Rodney n'aurait jamais pu remporter la fatale victoire que le sort lui réservait.

Cette année se termina glorieusement pour nous et pour nos alliés. Barras s'empara de l'île de Montferrat. L'amiral don Solano et le général don Galvez firent la conquête de la Floride, et se rendirent maîtres de Pensacola. Les Français et les Espagnols réunis attaquèrent les îles Baléares. Le général anglais Murrey défendit vaillamment Minorque et le fort Saint-Philippe; Guichen, Beausset, Lamotte-Piquet commandaient notre escadre, et don Louis de Cordova l'escadre espagnole.

Le duc de Crillon, digne de son nom, était le général en chef de cette expédition, et, lorsqu'il somma Murrey de se rendre, celui-ci rejeta sa demande, en lui annonçant qu'il était résolu à imiter le brave Crillon, aïeul de son adversaire, lorsqu'on lui commanda une démarche contraire à l'honneur.

La vaillance des assiégeans et celle des assiégés rendirent ce siége mémorable. Murrey ne céda qu'après avoir épuisé toutes ses munitions, et obtint une capitulation honorable.

Ce fut aussi à cette époque que les Hollandais livrèrent aux Anglais, dans la mer du Nord, le fameux combat de Doggersbank, et disputèrent si vaillamment aux Anglais la victoire, qu'elle resta indécise.

Ce fut le dernier succès de la marine hollandaise expirante, et de la vigueur de cette république qui, jadis pauvre et opprimée, avait su, d'abord conquérir son indépendance, depuis combattre avec égalité l'Angleterre et la France, et qui, parvenue à l'opulence, tomba, par inertie, au rang des puissances du troisième ordre. Autrefois vaisseau amiral de l'Europe, elle ne se montra plus que comme une faible chaloupe, obéissant servilement, et tour à tour, aux signaux des deux grandes puissances maritimes.

Ce tableau rapide des événemens glorieux de cette campagne de 1781 suffit sans doute pour justifier les éloges que reçurent alors, de tous côtés, les ministres de Louis XVI ; et, malgré le revers que, l'année suivante, nous firent éprouver les caprices des vents ou les fautes de M. de Grasse, l'abattement des Anglais, le peu de fruit qu'ils retirèrent de leur victoire, ainsi que la paix glorieuse à laquelle nous les forçâmes, prouvent assez combien sont peu fondés les reproches qu'un historien moderne adresse à ce sujet au ministère. Il prétend que ce ministère, depuis la disgrâce récente de M. Necker, s'était totalement désuni, que les conseils devenaient plus rares, l'action plus lente, les plans moins bien concertés, et que la nation, lasse de la guerre, ne montra aucune joie pour la naissance d'un dauphin, et reçut avec indifférence la nouvelle de la capitulation de Cornwallis.

Il est constant au contraire que la France entière montra, à l'époque de la naissance du dauphin, une affection pour le roi et pour la reine, qui jamais n'éclata avec des démonstrations à la fois plus vives et plus sincères.

Tous les généraux qui arrivèrent en France après la prise d'Yorck, ne peuvent avoir oublié les hommages universels dont ils furent l'objet, et le noble orgueil que leurs triomphes inspiraient à la France.

Tous ceux qui ont vécu dans ce temps, se

rappellent encore l'enthousiasme qu'excita le retour de M. de La Fayette, enthousiasme que la reine elle-même partagea. On célébrait alors à l'hôtel de ville une grande fête, à l'occasion de la naissance de l'héritier du trône. On y apprit l'arrivée du jeune vainqueur de Cornwallis, et madame de La Fayette, qui y assistait, y reçut une marque bien signalée de la faveur royale; car la reine voulut la conduire elle-même, dans sa propre voiture, à l'hôtel de Noailles où venait de descendre son époux.

Il est cependant vrai de dire qu'au milieu de cette joie publique, on ne cachait pas les regrets profonds inspirés par le renvoi de M. Necker; sa disgrâce à la cour redoublait pour lui la faveur populaire.

M. de Castries et mon père, amis de ce ministre, partageaient la douleur générale; ils déploraient la perte d'un collègue vertueux, habile et fécond en ressources; mais ils restèrent constamment unis avec M. de Vergennes. Le même concert, la même activité régnèrent dans leurs opérations; leurs plans furent aussi vastes, combinés avec autant de sagesse et de grandeur que ceux de la dernière campagne : s'ils n'eurent pas le même succès, il serait souverainement injuste, comme on le verra bientôt, d'attribuer ce peu de réussite à d'autres qu'a l'amiral chargé de leur exécution.

Son armée, égale à celle des Anglais, devait se joindre à Saint-Domingue à l'armée navale de don Solano. Nos troupes déjà nombreuses devaient y trouver un renfort de seize mille Espagnols. Par là, notre supériorité sur mer était incontestable ; la conquête de la Jamaïque et la ruine totale des Anglais dans les Antilles en auraient été les résultats infaillibles.

Cette combinaison, aussi grande que celle qui avait récemment réuni, près de la baie de Chesapeak, notre escadre et nos troupes de débarquement aux armées de Rochambeau, de Washington et de La Fayette, offrait évidemment des chances de succès moins douteuses. Rien ne manqua de la part des ministres ; la fortune seule fut inconstante pour un général qui jusque-là s'était montré assez habile pour la fixer. Le simple récit des faits prouvera, mieux que toutes les réflexions, la vérité de ce que je viens d'avancer.

M. de Grasse réunissait sous son pavillon trente-trois vaisseaux de ligne et des troupes nombreuses de débarquement : il reçut des ministres l'ordre de se rendre à Saint-Domingue, où il trouverait l'armée navale d'Espagne et seize mille soldats espagnols. Ces forces combinées devaient opérer sans délai une descente à la Jamaïque.

L'amiral Rodney, avec trente-cinq vaisseaux, s'efforça d'empêcher cette jonction, et rencontra l'armée française, le 9 avril 1782, près de la Dominique; elle était suivie d'un nombreux convoi. L'amiral anglais s'avança rapidement pour s'en emparer; mais, après un vif combat, son avant-garde fut repoussée avec perte par l'avant-garde française.

M. de Grasse, ayant ainsi sauvé son convoi, continua sa route sans que Rodney, qui le suivait, pût le forcer à s'arrêter. Déjà il était près de la Guadeloupe et hors d'atteinte; la jonction devenait certaine, une grave faute perdit tout. Le 12 avril, un vaisseau français, *le Zélé*, ayant par une fausse manœuvre abordé notre vaisseau amiral, *la Ville-de-Paris*, fut dégréé, et, ne pouvant plus tenir le vent, tomba dans les eaux de l'armée anglaise.

Un courage trop bouillant, et la crainte de perdre un vaisseau, firent oublier à M. de Grasse que rien ne devait le détourner de son but principal, sa jonction avec l'armée espagnole. Il courut sur les Anglais et parvint à dégager *le Zélé.*

Mais dès-lors la bataille, devenue inévitable, commença. M. de Grasse se tenait au centre de la ligne; M. de Vaudreuil commandait notre avant-garde, et Bougainville notre arrière-garde. Jamais la mer n'avait été le théâtre d'un combat plus important entre deux armées navales plus nombreuses. Le sceptre de l'Océan, disputé par l'Angleterre et par la France, était le prix offert au vainqueur.

La lutte fut longue et terrible. Des deux côtés un égal courage était dirigé par une égale habileté ; pendant la plus grande partie de la journée, toutes les tentatives de Rodney pour forcer notre ligne furent inutiles : déjà la fortune semblait se déclarer pour nous, lorsque tout à coup le vent changea. L'avant-garde française se trouvait alors près des côtes d'une île dont les mornes la mettaient à l'abri de ce vent nouveau. Le calme l'empêcha de continuer ses manœuvres et d'obéir aux signaux que lui faisait l'amiral.

Rodney profite promptement de cet accident; il coupe notre ligne et y jette le désordre. Alors chacun de nos vaisseaux se trouve à la fois engagé avec plusieurs vaisseaux ennemis ; vainement la vaillance opiniâtre de nos marins lutte contre le nombre et contre le sort ; deux de nos vaisseaux s'enfoncent dans la mer ; d'autres, totalement démâtés et inutilement remorqués par des frégates, tombent au pouvoir de l'ennemi ; *la Ville-de-Paris*, foudroyée durant plusieurs heures par trois vaisseaux anglais, était rasée comme un ponton ; de tout son équipage, l'amiral seul et deux officiers restaient encore debout sans blessure ; enfin, ne pouvant plus opposer aucune résistance, M. de Grasse se rendit.

Cette défaite livra huit de nos vaisseaux aux Anglais : ils y perdirent mille hommes ; trois mille Français périrent. La flotte anglaise, quoique victorieuse, avait été si maltraitée qu'elle ne put, après le combat, ni tenter aucune conquête, ni faire aucune opération importante, ni même s'opposer à la retraite du comte de Vaudreuil, qui ramena dans nos ports une armée navale encore composée de vingt-cinq vaisseaux.

Nous et nos alliés nous n'en continuâmes pas moins à garder l'offensive. L'illustre La Peyrouse se porta dans la baie d'Hudson, et leva sur ces côtes de fortes contributions ; les Anglais se virent forcés, dans le sud des États-Unis, d'évacuer Savannah; ils restèrent timidement renfermés dans les murs de Charlestown et de New-Yorck. Nous restituâmes généreusement aux Hollandais toutes les richesses que leur avait ravies la cupidité de Rodney, et dont nous venions de nous emparer.

Nos ministres, loin d'être découragés, pressèrent leurs armemens, formèrent d'autres combinaisons pour assurer la conquête de la Jamaïque, et résolurent d'envoyer des renforts à l'armée de Rochambeau, qui devait ou prendre New-Yorck ou s'embarquer pour aller rejoindre l'armée espagnole, afin de forcer l'Angleterre, par la crainte de perdre ses dernières possessions dans les Antilles, à conclure la paix et à reconnaître l'indépendance de l'Amérique.

Mais, si la défaite de M. de Grasse ne fut suivie d'aucune autre perte pour nous, son funeste résultat fut cependant de nous enlever cette supériorité maritime que nous avions été au moment d'arracher à notre éternelle rivale.

Le peuple anglais se montra, dans cette circonstance, plus juste appréciateur des faits que la nation française: à Paris, on accabla l'amiral vaincu d'épigrammes, de satires et d'outrages;

à Londres, on plaignit son malheur, on admira son héroïque courage, et, soit justice, soit orgueil, on lui rendit des hommages peut-être exagérés.

Au reste, toute la France, loin d'accuser les ministres de ce revers, s'empressa de seconder leurs efforts. La capitale offrit au roi un vaisseau à trois ponts; plusieurs villes imitèrent cet exemple, et d'innombrables souscriptions facilitèrent les moyens de réparer promptement nos pertes et de presser vivement la guerre.

Tandis que la France jouissait avec fierté de la gloire acquise par ses armes, du spectacle d'une armée anglaise passant sous les fourches caudines, des conquêtes aussi importantes que nombreuses faites dans les Antilles, de celles du Sénégal et de Minorque, enfin lorsque tant de succès la maintenaient au premier rang des puissances européennes, l'opinion publique, agitée au dedans et irritée par de grandes fautes d'administration intérieure, annonçait déjà, par des murmures, par des libelles et par des chansons, une grande et prochaine explosion, et un combat opiniâtre entre l'antique état social et un état nouveau, entre les préjugés et les principes, entre le pouvoir et la liberté.

Telle est l'étrange inconséquence de l'esprit humain : ceux qui gouvernaient la monarchie, s'armaient contre un roi pour deux républiques; ils soutenaient, par les plus pénibles efforts, la cause d'un peuple en insurrection. Toute la jeunesse était excitée par eux à regarder comme des objets dignes de son admiration les républicains tels que Franklin, Washington, John Adams, Gates et Green; nos drapeaux conduisaient à la victoire les drapeaux de l'indépendance, et tous nos jeunes courtisans, colonnes futures de la vieille aristocratie, couraient, sur les côtes de l'Amérique, puiser les principes de l'égalité, le mépris des priviléges et la haine contre tout despotisme, soit ministériel, soit sacerdotal.

En même temps, par une singulière contradiction, la cour, inquiète de l'esprit d'opposition qui se manifestait, défendait aux journaux de prononcer le nom de M. Necker, dont le peuple insultait publiquement les adversaires, et portait aux nues les partisans. Le bailli Durollet, auteur de l'opéra d'*Iphigénie*, reçut, au foyer de la comédie, des affronts sanglans, pour avoir parlé avec mépris du ministre disgracié. A tous les théâtres on saisissait avidement, et avec une sorte de fureur, toutes les paroles qui pouvaient faire allusion à une autorité arbitraire et à un exil injuste.

L'*Histoire philosophique* de l'abbé Raynal était alors l'objet d'un enthousiasme général; ce n'était pas seulement le mérite réel de cet important ouvrage qu'on admirait, c'étaient les déclamations les plus violentes qu'on y trouvait contre les prêtres, contre le pouvoir monarchique, et contre l'esclavage des nègres. L'auteur ne s'y bornait pas à parler avec éloquence contre une oppression si injuste, contre un trafic si contraire à la religion et à l'humanité; il provoquait, en quelque sorte, ces nègres infortunés à une vengeance qui depuis ne fut que trop générale et trop cruelle.

On aurait dû profiter de ses conseils et réfuter ses erreurs; mais il ne fallait pas proscrire un livre qui était dans toutes les bibliothèques, et auquel la proscription ne faisait que donner dans l'opinion un nouveau prix. Cependant M. l'avocat général Séguier fit contre ce livre un réquisitoire fulminant; l'auteur fut décrété de prise de corps, l'ouvrage condamné à être brûlé, et cette condamnation devint pour l'abbé Raynal une espèce d'apothéose.

A la même époque, un membre de l'académie française, un de nos meilleurs historiens, l'abbé Millot, vit son *Histoire* condamnée en Espagne par l'inquisition ; le célèbre Olavidès, qui venait de défricher et de civiliser la Sierra Morena, fut jeté dans les prisons de ce farouche tribunal, parce qu'il avait traduit en espagnol l'ouvrage de l'abbé Raynal. Je me souviens de lui avoir entendu dire, lorsqu'il se fut échappé de son cachot, qu'un des chagrins les plus insupportables de sa captivité avait été de se voir condamné, pour pénitence, à lire matin et soir les œuvres de frère Louis de Grenade, et celles d'un autre moine aussi stupide : « Eh » bien, lui répondis-je, voilà le supplice des » anciens renouvelé ; vous avez été *damnatus* » *ad bestias.* »

Aucun service rendu, aucun rang, aucune autorité ne mettait à l'abri de cette tyrannie monacale. Le conquérant de la Floride, l'amiral Solano, l'éprouva lui-même : on avait trouvé chez lui un exemplaire de l'*Histoire* de l'abbé Raynal ; l'aumônier de son vaisseau jeta avec emportement le livre dans la mer, menaça l'amiral des arrêts de l'inquisition, et le contraignit, pour expier sa faute, à faire une pénitence publique. Il était, comme on le voit, difficile de tomber dans des contradictions plus frappantes en faisant sentir au peuple, avec amertume, les coups du pouvoir arbitraire, au moment où on l'appelait aux armes pour la défense d'un autre peuple qui venait de s'en affranchir.

Quoique jeune encore, et par conséquent entraîné par l'esprit de mon temps, ce tourbillon ne fermait pas totalement mes yeux sur les bizarreries de nos inconséquences; je me souviens toujours de l'étonnement avec lequel j'entendis toute la cour, dans la salle de spectacle du château de Versailles, applaudir avec enthousiasme *Brutus*, tragédie de Voltaire, et particulièrement ces deux vers :

<blockquote>
Je suis fils de Brutus, et je porte en mon cœur
La liberté gravée et les rois en horreur.
</blockquote>

Quand les premières classes d'une monarchie se fanatisent à ce point pour les maximes les plus outrées des républicains, une révolution ne doit être ni éloignée ni imprévue; mais aujourd'hui cependant les plus ardens ennemis de toute liberté, et les plus zélés défenseurs de l'antique état social, ont oublié complétement à quel point ils avaient eux-mêmes poussé le peuple sur la pente rapide où il ne fut bientôt plus possible de l'arrêter.

Tout le conseil du roi n'était pas unanime à l'égard de ces mesures inconséquentes : le garde des sceaux et le ministre de Paris étaient les seuls qui conseillaient ces rigueurs intempestives; ils luttaient maladroitement contre l'esprit public, combattaient par des ordonnances et par des arrêts la cause de la liberté que le gouvernement soutenait par ses armes, et se montraient semblables à ces *torreadors* qui, dans les jeux sanglans de l'Espagne, aiguillonnent long-temps par des blessures légères le taureau dont ils changent ainsi la colère en furie. Ils irritaient par là imprudemment l'opinion publique, au lieu de l'adoucir et de l'éclairer.

Les ministres de la guerre et de la marine gémissaient de ces erreurs, sans y prendre part, et s'occupaient, avec autant de sagesse que d'activité, à remplir dignement les devoirs que leurs places leur imposaient. Notre marine, vaincue et détruite dans la déplorable guerre de sept ans, reparaissait soudainement, aux yeux du monde étonné, forte, nombreuse, instruite, disciplinée. Le géant d'Albion, surpris et ébranlé, voyait inopinément en elle une rivale puissante qui lui disputait avec fierté l'empire des mers.

M. de Castries, habile dans ses plans, actif dans ses travaux, ferme dans ses résolutions, éclairé dans ses choix et inaccessible aux manœuvres de l'intrigue, combattait, avec un égal courage, les ennemis de la France et les intrigans de la cour. On doit lui attribuer en grande partie les succès de la campagne de 1781, et l'éclat de ce dernier rayon de gloire qu'elle jeta sur le règne de l'infortuné Louis XVI. Il fut parfaitement secondé par mon père. Tous deux, unis par l'amitié la plus intime, étaient animés du même esprit d'ordre, de justice et de bien public. Le devoir était tout pour eux; ils comptaient pour rien la faveur: tous deux voulaient servir dignement le monarque, et se souciaient peu de plaire à ceux qui préféraient leurs intérêts aux siens.

Comme alors toute la noblesse de France, par coutume et par préjugé, n'avait d'autre carrière que celle des armes, le ministère de la guerre, plus que tout autre, était sans cesse en butte aux manœuvres, aux intrigues, aux sollicitations, aux importunités des grands et aux caprices de la faveur. Chaque prince voulait hâter l'avancement de ceux qui lui étaient attachés; chacun des grands personnages de l'État poussait vivement la fortune de ses parens et de ses protégés.

La reine elle-même, dont la bonté naturelle savait rarement résister au plaisir d'accorder des grâces, attaquait sans cesse la fermeté du ministre qui voulait maintenir les réglemens, et reprochait quelquefois à mon père de manquer pour elle de complaisance et de gratitude. Une ou deux fois, irritée de ses refus, elle employa, pour lui forcer la main, le crédit que la tendresse du roi lui donnait.

Le frère d'un homme revêtu d'une des grandes charges de la cour, s'était attiré beaucoup de détracteurs par sa conduite incertaine et faible; l'opinion publique l'avait même plus sévèrement inculpé, lorsqu'il était employé à la tête d'un corps dans la guerre de Corse. Il sollicitait la place d'inspecteur général, fonction alors réputée très importante.

Mon père voulait avec raison la donner à un des officiers généraux plus anciens et plus estimés; mais la reine, qui le protégeait, décida le roi à donner l'ordre à mon père de faire cette injuste nomination. Il obéit, mais en même temps il offrit sa démission au roi qui la refusa, et, lorsque

le nouvel inspecteur vint, suivant l'usage, remercier le ministre, celui-ci lui répondit « qu'il
» ne lui devait aucune reconnaissance, qu'il
» s'était au contraire opposé de toutes ses forces
» à une faveur peu méritée, et que c'était à la
» reine seule qu'il devait cette préférence. »

L'humeur de cette princesse fut extrême; elle me fit dire de venir chez elle, me détailla longuement et avec vivacité tous les sujets de mécontentement que mon père lui donnait. Je lui représentai alors avec force combien il était malheureux pour les princes de se laisser ainsi tromper et irriter par les personnes qui les entouraient et qui cherchaient assidument à leur faire sacrifier l'intérêt général aux intérêts privés. « Mon père, ajoutai-je, n'oubliera jamais, madame, que c'est à votre majesté
» qu'il doit son élévation; mais il ne croit pou-
» voir mieux vous marquer sa reconnaissance
» qu'en servant le roi avec conscience et fidélité.
» Vous avez une armée pour vous servir et non
» pour vous plaire. Cette armée perdra toute
» émulation si on continue, comme par le pas-
» sé, à préférer le crédit au mérite et la nais-
» sance aux services. Votre majesté a vu dans quel
» état déplorable était réduite cette armée, il y

» a peu de temps, par les complaisances et les
» faiblesses d'un ministre contre lequel l'opinion
» générale s'est si hautement manifestée. Tous
» les grands de votre cour voulaient des com-
» mandemens; il n'y avait pas d'évêque qui
» ne prétendît faire nommer quelque colonel,
» point de jolie femme ou d'abbé qui ne voulût
» faire quelque capitaine. Ces abus ont cessé;
» l'ordre renaît; l'espérance se ranime, et vous
» en voyez les heureux fruits par l'ardeur et les
» succès de nos troupes dans les deux mondes.
» Pourquoi souffririez-vous qu'un si grand bien
» ne fût qu'illusoire et de peu de durée ? »

« Mais, reprit la reine, je ne demande pas
» d'injustice; je crois seulement pouvoir faire
» accorder des préférences à des militaires qui
» ont bien servi, et dont le nom et l'attache-
» ment méritent des égards. Votre père n'en a
» point pour moi; il veut m'ôter tout moyen
» d'obliger; ses règles minutieuses, qu'il m'op-
» pose toujours, le font accuser de dureté et de
» pédanterie; c'est une vraie barre de fer : il ne
» regarde pas comme un titre suffisant l'attache-
» ment au roi et à la reine. Je n'ai point cru,
» en le faisant nommer ministre, qu'il me con-
» trarierait sans cesse et me priverait du plaisir

» le plus doux pour moi, celui de faire du bien
» et de rendre des services aux personnes qui
» le méritent par leur attachement pour nous. »

« Mais, madame, répliquai-je, votre ma-
» jesté a trop d'esprit pour ne pas sentir que,
» toutes les fois que mon père se trouve forcé de
» contrarier vos désirs, il éprouve un chagrin
» extrême; d'ailleurs, permettez-moi de vous
» le dire, les détails arides de l'administration
» militaire vous sont étrangers; vous seriez fort
» ennuyée s'il vous fallait connaître toutes les
» ordonnances et tous les réglemens faits pour
» le bien du service, pour établir dans l'armée
» un ordre raisonnable et même nécessaire. Les
» réglemens une fois signés par le roi, le devoir
» d'un ministre est de les exécuter strictement;
» s'il s'en écartait, il serait coupable, et il n'y
» aurait plus de règles; la faveur ferait tout,
» les bons et anciens services perdraient leur
» prix, l'émulation cesserait d'exister dans l'ar-
» mée, et le mécontentement deviendrait gé-
» néral. »

« Mais, qui vous parle, dit vivement la reine,
» de violer toutes les ordonnances et de ne sui-
» vre aucune règle ? » Je me tus, et je souris.
« Allons, parlez, poursuivit-elle; voulez-vous

» me donner à entendre que je fais à votre père
» des recommandations déraisonnables ? »

« Oui, madame, mais sans vous en douter;
» vous êtes trompée par ceux qui sollicitent vo-
» tre protection; ils se gardent bien de vous
» dire, les uns, qu'ils n'ont pas le temps de
» service nécessaire; d'autres, que leurs négli-
» gences ne méritent pas d'avancement; enfin,
» la plupart vous laissent ignorer que leurs
» concurrens ont des droits meilleurs et plus
» anciens. »

« Fort bien, répondit la reine, cela peut ar-
» river quelquefois; mais pourquoi votre père,
» au lieu d'un refus sec et inconvenant, ne
» vient-il pas m'en expliquer les motifs? » « Il
» le voudrait certainement, madame; mais vos
» occupations et les siennes lui en laissent ra-
» rement la possibilité. »

« Écoutez, me dit-elle enfin avec la grâce
» qui lui était familière, je veux croire qu'il n'a
» nulle intention de me désobliger; je compte
» sur sa reconnaissance, j'estime même sa sé-
» vérité un peu trop rude; je conviens que par
» facilité je me laisse aller souvent à des re-
» commandations pour des personnes dont je ne
» connais pas bien les droits; *j'aime qu'on ne*

» *me quitte jamais mécontent ;* mais, pour éviter
» dorénavant toutes ces tracasseries, il faut,
» toutes les fois que j'attacherai quelque impor-
» tance et que je mettrai de l'insistance à une
» demande, que votre père vienne me parler,
» ou vous charge de m'expliquer les raisons qui
» l'empêchent de me satisfaire; dites-lui que
» nous sommes raccommodés, que je lui en veux
» seulement de l'humeur avec laquelle il a of-
» fert sa démission : ni le roi ni moi nous ne
» voulons l'accepter; car nous sommes persua-
» dés qu'il ne veut que le bien de notre service,
» et qu'il est plus capable que tout autre de le
» faire. »

Je fus très content de porter à mon père ces paroles obligeantes. Il suivit la conduite que la reine avait prescrite; et je dois assurer avec vérité que depuis, lorsque de semblables contestations survinrent à propos de quelques nominations importantes, la reine accueillit sans humeur et approuva sans difficulté tous les refus que mon père opposait à l'intrigue, et dont je fus plusieurs fois chargé de lui expliquer les raisons. Ce fut ainsi qu'une circonstance, qui d'abord avait paru si contraire à nos intérêts, augmenta l'estime que cette princesse avait pour mon père, et la faveur dont elle daignait m'honorer.

Je me souviens encore d'un autre fait qui peut prouver la nécessité où l'on se trouvait de soutenir une lutte continuelle contre la faveur et la puissance. On avait récemment recréé, pour M. le prince de Condé, la charge de colonel général de l'infanterie. Rien de plus naturel que d'en revêtir un prince du sang qui avait su, à la tête de nos armées, soutenir brillamment un nom cher à la France et familier avec la victoire; mais en même temps il était très politique de ne la rendre qu'honorifique et de la dépouiller du pouvoir réel qu'elle avait eu dans les mains d'hommes tels que le duc d'Épernon, à une époque où subsistaient encore trop de vestiges de l'ancienne anarchie féodale.

Cependant, comme on n'est jamais juste et impartial dans sa propre cause, M. le prince de Condé réclamait vivement une partie des anciens priviléges de sa charge, et se plaignait amèrement de la résistance du ministre qui contrariait ses vues. Ce prince, m'ayant invité à venir chez lui, me dit qu'il savait que j'avais un grand crédit sur l'esprit de mon père, et que je ferais une chose qui lui serait très agréable, si j'employais ce crédit à lui faire rendre des prérogatives qu'on ne pouvait lui refuser sans injustice.

Je l'assurai vainement qu'on l'avait induit en erreur, que j'étais trop jeune et beaucoup trop inexpérimenté pour avoir quelque ascendant sur un caractère aussi ferme, sur un esprit aussi éclairé que celui de mon père. « D'ailleurs,
» ajoutai-je, il faut qu'il ait de bien puissans
» motifs pour s'opposer au désir de votre altesse;
» mais je le connais trop pour ne pas devoir vous
» dire que, si, après une mûre réflexion, il
» trouve de graves inconvéniens au rétablisse-
» ment des privilèges que vous réclamez, rien
» au monde, si ce n'est un ordre spécial du roi,
» ne fera changer sa détermination. »

« Je vous prie cependant de l'essayer, répon-
» dit le prince; vous avez beau dire, je sais fort
» bien que votre père a en vous une entière
» confiance; je vous offre une occasion de m'o-
» bliger, ne la négligez pas; vous êtes colonel;
» je suis appelé par mon nom et par mes ser-
» vices au commandement de nos armées, dès
» qu'une guerre sérieuse aura lieu en Europe.
» Je vous saurai gré du service que vous me
» rendrez, et vous devez sentir de quelle utilité

» doit être alors, pour un jeune colonel, la
» bienveillance d'un chef qui peut à son gré
» donner des occasions de se distinguer, et par
» là faire acquérir des droits à un avancement
» rapide. »

J'avoue que je me sentis vivement blessé en voyant que le prince me supposait capable de chercher, par des vues d'intérêt personnel, à obtenir de mon père une chose contraire à son opinion et à ses principes; aussi je me bornai à répondre au prince que je rendrais un compte fidèle à mon père de l'entretien dont son altesse venait de m'honorer. Il me salua sèchement, assez surpris probablement d'une candeur et d'une fierté qu'il n'attendait pas d'un jeune courtisan.

Je me retirai et j'allai retrouver mon père qui m'approuva pleinement. Le prince n'obtint point ce qu'il demandait; le roi résista comme son ministre, et je rends trop de justice aux qualités nobles et éminentes de M. le prince de Condé pour croire, malgré la froideur qu'il me témoigna depuis, qu'il conservât un vrai ressentiment d'une conduite qu'il devait intérieurement estimer.

Je ne citerai plus ici qu'une dernière anecdote relative à l'administration de mon père. Celle-ci est plus importante par ses résultats, puisqu'elle a donné lieu à une fausse opinion aujourd'hui si répandue qu'il est peut-être impossible de la changer. Il est ainsi des erreurs accréditées qui deviennent historiques. Au surplus, ce n'est pas dans l'espoir de détruire complétement celle dont je parle que j'écris ceci; mais, en racontant les faits exactement tels qu'ils se sont passés, je crois remplir mon devoir.

Tout le monde en France a cru et dit que mon père avait, par une ordonnance, exclu tout le tiers-état du service militaire, en exigeant de ceux qui voulaient obtenir le grade d'officier, des preuves de noblesse vérifiées et certifiées par le généalogiste de la cour, M. Chérin.

Cette ordonnance a été constamment l'objet, d'abord de vives plaintes, et plus tard de violentes déclamations contre l'orgueil injuste et aristocratique du ministre. Elle fut même généralement considérée par les hommes les plus sages de toutes les classes, comme une mesure intempestive, inconvenante, totalement opposée à l'esprit du siècle, enfin comme une des causes les plus efficaces de ce mécontentement universel qui disposait les esprits à une révolution.

S'il était question, les faits fussent-ils aussi vrais qu'ils sont inexacts, de justifier à cet égard la mémoire de mon père, rien ne serait plus facile. Je prouverais d'abord qu'il est souverainement injuste de juger les lois et les ordonnances d'un ancien gouvernement monarchique et aristocratique, d'après les principes d'un gouvernement représentatif et populaire. Les lois doivent être faites selon la nature des institutions ; leur but est de les soutenir, de les défendre, de les fortifier, et, dans un pays où depuis dix siècles l'aristocratie, c'est-à-dire la noblesse, avait joui d'une grande partie des droits de la souveraineté, il était très naturel, après avoir perdu successivement ses plus importans priviléges de féodalité, de seigneurie, qu'elle voulût au moins conserver le dernier de tous, celui des armes, qui jamais ne lui avait été contesté.

Mais il ne s'agit point ici d'avoir recours à ce moyen de défense ; il toucherait peu de personnes, et je le soutiendrais mal, parce qu'il est contraire à mon opinion personnelle, qui dès ce temps me faisait désirer, dans le but même le plus salutaire à la monarchie, toutes les réformes exigées par les progrès des lumières et de la civilisation : j'étais fermement convaincu que, sans cette sagesse, de grands malheurs et de grandes secousses devenaient inévitables.

La justice que je veux et que je dois rendre à mon père, n'a besoin, pour être évidente, que du récit fidèle des faits; ils démontreront d'abord que la fameuse ordonnance qu'on lui reproche, n'a point produit dans les droits des individus les grands changemens qu'on lui attribue, et qu'elle n'a fait que modifier les moyens d'exécution d'un ordre de choses établi précédemment.

De plus, on verra clairement, par le même récit, que cette ordonnance, après de longs débats, a été rendue par la volonté de la majorité du conseil, contre l'opinion de mon père, qui s'y est opposé avec force, et qui, en cédant, ainsi que le prescrivait son devoir, a su y insérer, par la rédaction, plusieurs modifications pour en adoucir la rigueur.

J'aurais exposé beaucoup plus tôt ces faits au jour; mais, tant que la tourmente révolutionnaire a duré, j'ai dû me conformer à la défense expresse de mon père; il ne voulait pas d'une apologie qu'on aurait pu attribuer à la crainte des passions de la multitude. Aujourd'hui, comme on ne peut plus raisonnablement me soupçonner de vouloir flatter la démocratie en justifiant mon père d'une mesure si conforme à l'esprit de l'aristocratie qui reprend actuellement une partie de son ancienne prééminence, je crois pouvoir dire tout ce qui est vrai.

On se rappelle qu'à l'époque où mon père était ministre, l'esprit d'innovation se manifestait partout; et, au moment où nos citadins se passionnaient pour les institutions anglaises, nos militaires, indignés des échecs reçus dans la guerre de sept ans, s'efforçaient de devenir Prussiens, et d'imiter, autant qu'ils le pouvaient, les troupes du grand Frédéric, leur vainqueur.

On ne parlait généralement que de réformes, que de tactique nouvelle et de suppression d'abus. Le roi, ne voulant ni résister sans prudence, ni céder sans motifs à cette fermentation des esprits, avait chargé un comité composé des vingt-quatre inspecteurs d'infanterie et de cavalerie, d'examiner à fond toutes les parties de l'administration militaire, et de rendre compte de leur travail au ministre par un rapport que celui-ci devait soumettre, avec son avis, au roi, dans son conseil.

Ce rapport, discuté pendant plusieurs mois, fut remis à mon père. Il contenait l'analyse des nombreuses réclamations qui affluaient de toutes parts sur l'organisation de notre armée, sur la tactique, et principalement sur les abus introduits dans le mode de nomination aux emplois.

Les inspecteurs avaient accueilli les plaintes d'une foule de nobles qui prétendaient que, ne pouvant, sans déroger, entrer dans d'autres carrières que celle des armes, ils la voyaient désormais presque fermée pour eux, tant par les effets d'une paix de dix années qui rendait plus rares les vacances des emplois, que par la facilité abusive avec laquelle on laissait éluder les ordonnances qui exigeaient, pour être nommé officier, des certificats de noblesse signés par quatre gentilshommes.

« Ces certificats, disaient-ils, se donnent fré-
» quemment à des roturiers par de jeunes gen-
» tilshommes obérés, et qui trouvent ainsi le
» moyen de se libérer de leurs dettes. Cette
» fraude insupportable, ajoutaient-ils, prive la
» noblesse pauvre de tout moyen d'obtenir des
» emplois que leur enlèvent journellement les
» jeunes gens riches du tiers-état. »

Lorsque mon père porta ce rapport au con-

seil, il combattit avec chaleur l'opinion des inspecteurs et leurs conclusions favorables aux réclamations de la noblesse. « La fraude dont
» on se plaint, disait-il, fût-elle aussi fréquente
» qu'on le suppose, ne ferait que prouver l'im-
» possibilité de conserver un ordre de choses
» que tout le monde veut éluder, parce qu'il
» n'est plus en harmonie avec nos mœurs, avec
» les progrès en instruction et en richesses d'un
» tiers-état qui s'offense de cette humiliation.
» Comment voulez-vous qu'on supporte l'idée
» de voir que le fils d'un magistrat respectable,
» d'un négociant estimé, d'un intendant de
» province, chargé d'une des plus importantes
» branches de l'administration, soit condamné
» à ne pouvoir servir l'État que comme soldat,
» ou à ne parvenir au grade d'officier qu'à un
» âge avancé, après avoir vieilli dans les rangs
» les plus subalternes ? Il vaudrait bien mieux
» attaquer le préjugé déraisonnable qui ruine
» toute la noblesse en ne lui permettant d'autre
» activité que celle des armes ; la loi dont elle
» réclame l'exécution tombe en désuétude, parce
» qu'elle est contraire aux mœurs du temps ; et
» vainement voudrait-on la ressusciter, il ne
» serait ni raisonnable ni juste de vouloir lui

» rendre de nouvelles forces : au fond elle est
» inutile; car, quoi qu'on en dise, la noblesse
» sera toujours sûre par sa position, par son
» crédit, d'obtenir la préférence pour le plus
» grand nombre des nominations; et de plus
» cette loi ressuscitée, sans satisfaire toutes les
» prétentions des classes privilégiées, exciterait
» le mécontentement général de toutes les
» autres. »

Certes la raison la plus mûre, l'esprit le plus équitable avaient dicté cet avis; cependant l'opinion contraire prévalut, et il fut décidé que dorénavant ce serait M. Chérin, généalogiste de la cour, qui délivrerait les certificats de noblesse, précédemment donnés et signés par quatre gentilshommes.

Mon père reçut l'ordre de faire une ordonnance conforme à cette décision. Il obéit; mais, en la rédigeant, il excepta de l'obligation des preuves prescrites, les fils de chevaliers de Saint-Louis et les emplois d'officiers dans plusieurs corps de troupes légères, de sorte que, indépendamment des moyens d'avancement assurés aux longs services et offerts par les chances de la guerre, le tiers-état eut peut-être, depuis cette ordonnance, plus de facilité qu'auparavant pour entrer dans la carrière militaire.

Cependant on fit peu d'attention à ces adoucissemens; on parut même oublier l'ancien état de choses, et les preuves de noblesse précédemment exigées. Enfin il passa pour constant que c'était mon père qui avait infligé au tiers-état une exclusion humiliante, et son ordonnance devint le but principal vers lequel se dirigèrent tous les traits de la malveillance et d'une haine déjà trop vive de l'ordre plébéien contre celui de la noblesse : voilà les faits dans toute leur vérité; l'opinion publique, jusqu'ici trompée, les jugera.

Personne, je crois, n'aurait dû être plus à l'abri de pareils reproches que mon père. Sous des formes sévères, il était humain, généreux; il cherchait partout le mérite, l'encourageait, le défendait contre l'intrigue et le récompensait : jamais sa justice ne rejetait une réclamation fondée; jamais son activité ne laissait de lettres convenables sans réponse; jamais il ne fermait l'oreille aux bons conseils, ni même aux avis qui pouvaient l'éclairer sur ses fautes.

L'habileté, l'intelligence, l'assiduité à remplir ses devoirs, l'ancienneté des services, les nombreuses blessures, les actions brillantes étaient les seuls titres valables à ses yeux. Aussi les vieux officiers, les vieux soldats le chérissaient et vantaient sa bonté; les guerriers couverts de cicatrices aimaient à compter les siennes : les jeunes courtisans seuls se plaignaient de sa sévérité et de son attachement rigoureux aux règles et à la discipline.

L'ordre et l'économie lui donnaient les moyens de multiplier, plus qu'aucun de ses prédécesseurs, les récompenses dues à des services réels. Il trouva même, dans de sages épargnes, la facilité de recréer une caisse de pensions en faveur des plus anciens chevaliers de Saint-Louis.

Jusqu'alors nos soldats couchaient trois dans un même lit; ce fut lui qui ordonna que désormais ils n'y seraient plus que deux. Le désordre régnait dans les hôpitaux; les dépenses de cette partie si importante de l'administration étaient excessives et mal dirigées : d'après les mesures qu'il prit, ces hôpitaux coûtèrent moins, et continrent plus de malades mieux soignés.

Son ordonnance sur cette matière reçut dans le temps des éloges universels; par ses soins, l'instruction des officiers fit de grands progrès. On venait de toutes parts admirer la belle tenue de nos troupes, leur exacte discipline et la ré-

gularité de leurs manœuvres. Les commande-
mens les plus importans furent toujours donnés
par lui à des chefs désignés à sa confiance par
l'estime publique, et ceux qui se distinguèrent
si éminemment dans la guerre d'Amérique,
rendirent une pleine justice à la sagesse de ses
instructions.

Il avait le premier conçu et présenté au roi
l'idée de la création du corps de l'artillerie légère et de celui de l'état-major, auxquels depuis
nous dûmes une si grande part de notre gloire;
enfin, malgré la difficulté des circonstances et
les exigeances de la cour, le fonds des pensions
militaires, qui, sous tous les autres ministres,
s'était annuellement augmenté, ne reçut aucun accroissement pendant son ministère qui
dura sept années, parce qu'il eut la sage fermeté de ne jamais accorder de pensions nouvelles qu'en exactes proportions avec les extinc-
tions des anciennes.

Telle fut sa vie ministérielle, aussi respectable
à la cour qu'elle l'avait été dans les camps.
On pardonnera sans doute ces détails au sentiment qui les dicte : si l'oubli des méchans est
une maxime salutaire, ajoutons-y que tout le
monde doit s'unir pour préserver de l'oubli les

hommes de bien ; c'est le meilleur moyen d'en augmenter le nombre, malheureusement trop rare en tout temps et surtout dans les postes élevés qui sont en butte à tant de jalousies, à de si séduisantes tentations, et perpétuellement entourés de tant d'écueils.

Si mon père, malgré sa justice, rencontrait encore des ingrats et des mécontens, il faut avouer que j'étais un peu de ce nombre ; car, malgré toutes mes sollicitations, ne voulant faire en ma faveur de passe-droits à personne, il m'avait toujours refusé les moyens de partager en Amérique les palmes cueillies par plusieurs de mes compagnons d'armes.

Enfin cette grâce tardive me fut accordée ; le vicomte de Noailles ayant obtenu, après la prise d'Yorcktown, le commandement en chef d'un régiment qui était en France, je fus nommé à sa place colonel en second du régiment de Soissonnais ; je quittai sans regret les dragons d'Orléans malgré l'affection que j'avais pour eux, et je reçus l'ordre de partir et de m'embarquer pour aller rejoindre mon nouveau corps dans les États-Unis.

Après avoir si longuement et si vainement désiré de combattre, j'espérais faire une campagne vive et brillante qui terminerait la guerre par la prise de New-Yorck et peut-être ensuite par la conquête de la Jamaïque; car tel était alors le projet des ministres.

Lorsque j'arrivai à Brest, les premiers jours d'avril 1782, j'y trouvai plusieurs frégates qui nous attendaient, ainsi qu'un convoi nombreux de vaisseaux marchands, de bâtimens de transport, que nous devions escorter; il y avait aussi dans le même port deux bataillons de recrues destinées à renforcer l'armée de Rochambeau.

Je reçus l'ordre d'en prendre le commandement, de les inspecter et de les dresser à l'exercice jusqu'au moment du départ. Je remplis avec beaucoup d'exactitude ce devoir minutieux. Cette ennuyeuse occupation se prolongea beaucoup plus que je ne l'avais pensé.

Une escadre anglaise, informée de nos préparatifs et favorisée par les vents qui nous étaient contraires, nous bloquait et croisait devant la rade, dans l'intention de nous attaquer et de s'emparer de notre convoi.

Nous apprîmes, dans ce moment, la triste nouvelle de la défaite de M. de Grasse, et ce revers excita parmi nous; non le découragement, mais au contraire un redoublement d'ardeur.

Enfin les vents changèrent et nous donnèrent l'espoir prochain de sortir de ce triste port où nous étions comme aux arrêts. Nous reçûmes l'ordre de laisser à Brest notre convoi et de nous embarquer sur *la Gloire*, frégate de trente-deux canons, qui en portait de douze.

A l'époque de ce premier embarquement, on plaça avec moi sur *la Gloire* MM. le duc de Lauzun, le prince de Broglie, fils du maréchal, le baron de Montesquieu, petit-fils de l'auteur de l'*Esprit des Lois*, le comte de Loménie, qui depuis périt victime de la révolution, un officier irlandais nommé Sheldon, Polarski, gentilhomme polonais, le baron de Liliehorn, aide de camp du roi de Suède, et le chevalier Alexandre de Lameth, qui rendit depuis de grands services à son pays; il y devint célèbre par ses talens, par son habileté administrative, par son caractère, par son noble dévouement à sa patrie, par ses principes constitutionnels, et par les proscriptions qu'ils lui attirèrent.

De ce moment datèrent son amour pour la liberté et notre amitié, sentimens qui, depuis quarante ans, dans son âme comme dans la mienne, ont conservé toute leur force.

Il était difficile de trouver un compagnon de

voyage plus aimable que le duc de Lauzun; son caractère était facile, son âme généreuse, sa grâce originale et sans modèle. Il me montra une courte lettre de M. de Maurepas, auquel il avait vivement recommandé une affaire qui l'intéressait. Cette lettre, en quatre lignes, donnait une juste idée du caractère enjoué et de l'humeur légère de ce vieux ministre : « *Je n'ai* » *pu*, lui disait-il, *parvenir à faire ce que vous* » *désiriez; vous n'aviez dans cette occasion pour* » *vous que le roi et moi : voilà ce que c'est que* » *de s'encanailler.* »

Les impressions qu'éprouvait alors cette jeunesse belliqueuse, s'arrachant avec ardeur à ses foyers, à ses plaisirs, à ses affections, pour chercher, dans un autre monde, les travaux et les périls, étaient dignes d'observation, et auraient pu annoncer aux esprits clairvoyans les changemens grands et prochains qui devaient s'opérer en Europe.

Ce n'était plus, comme autrefois, des chevaliers cherchant, ainsi que les héros normands, à la pointe de l'épée, des aventures et des principautés, ou des guerriers guidés, comme les croisés, par un pieux fanatisme, des Anglais et des Français aventureux, ou des Espagnols cupides, qui, altérés de la soif de l'or, couraient ensanglanter et dépeupler un monde découvert par Colomb. Ce n'était même plus uniquement le désir de gloire et de grades qui avait fait briller les épées françaises dans toutes les guerres que se faisaient les différentes puissances de l'Europe.

Quelques-uns étaient encore cependant conduits exclusivement par ce dernier motif; mais la plupart d'entre nous se trouvaient animés par d'autres sentimens : l'un très raisonnable et très réfléchi, celui de bien servir son roi et sa patrie, de tout sacrifier sans regret pour remplir envers eux ses devoirs; l'autre plus exalté, un véritable enthousiasme pour la cause de la liberté américaine.

Un autre siècle naissait; tout changeait de mobile et de but. Il était assez extraordinaire de voir de jeunes courtisans, partant pour la guerre au nom de la philanthropie, de cette philanthropie qui devrait la faire détester, et des officiers qui, par l'ordre d'un gouvernement absolu, s'élançaient en Amérique, d'où ils devaient rapporter en France les germes d'une vive passion pour l'affranchissement et pour l'indépendance.

Je ne saurais mieux donner une idée de l'exaltation qui agitait alors nos esprits, qu'en citant quelques passages d'une lettre que j'écrivais à cette époque, et qu'après quarante-deux ans, je ne retrouve pas sans quelque plaisir.

(Rade de Brest, à bord de *la Gloire*, ce 19 mai 1782.)

« Au sein d'une monarchie absolue, disais-je,
» on sacrifie tout à la vanité, au désir de la re-
» nommée qu'on nomme amour de la gloire, et
» qu'on ne peut appeler amour de la patrie dans
» un pays où un petit nombre de personnes, éle-
» vées précairement aux grands emplois par la
» volonté d'un maître, ont seules part à la lé-
» gislation et à l'administration, dans un pays
» où la chose publique n'est plus que la chose
» privée, où la cour est tout, et la nation rien.

» L'amour de la vraie gloire ne saurait exister
» sans philosophie et sans mœurs publiques; on
» ne connaît bien chez nous que l'amour de la
» célébrité, qui peut porter au mal comme au
» bien; ce n'est point par des talens mais par
» faveur qu'on avance; il est plus profitable de
» se rendre agréable au pouvoir qu'utile au pays;
» aussi, au lieu de vouloir honorer sa patrie
» par des vertus, l'enrichir par des monumens

» et l'éclairer par des lumières, on n'emploie
» son activité qu'en intrigues. Les ambitieux
» ne craignent pas une mauvaise réputation, et
» n'en cherchent pas une bonne et solide; tout
» ce qu'ils désirent, c'est le bruit et l'éclat; tout
» ce qu'ils redoutent, c'est le silence et l'obscu-
» rité : étranges égoïstes, qui vivent toujours
» dépendans des autres, en ne croyant vivre
» que pour eux-mêmes !

» Si je parais les imiter, cette apparence est
» trompeuse ; car je poursuis un but tout diffé-
» rent du leur. Quoique jeune, j'ai déjà passé
» par beaucoup d'épreuves, et je suis revenu
» de beaucoup d'erreurs; le pouvoir arbitraire
» me pèse; la liberté, pour laquelle je vais com-
» battre, m'inspire un vif enthousiasme; et je
» voudrais que mon pays pût jouir de celle qui
» est compatible avec notre monarchie, notre
» position et nos mœurs; mes affections mêmes
» fortifient mes opinions actuelles.

» Uni par d'heureux liens avec la petite-fille
» du chancelier D'Aguesseau, mon plus vif dé-
» sir, en suivant une autre carrière que celle
» de cet illustre magistrat, est de m'élever à la
» hauteur de ses immortels principes de vertu,
» de justice et d'amour pour la patrie. En li-

» sant ses discours et ses écrits, on sent évidem-
» ment que ce ministre d'un monarque absolu
» ne perdait jamais de vue l'intérêt public, les
» droits des citoyens, et les limites prescrites
» au pouvoir par l'éternelle raison et par les lois
» fondamentales de l'État. Ce grand magistrat,
» si dévoué à son roi, portait dans les tribunaux,
» dans la législation et dans l'administration,
» toute l'indépendance et toutes les vertus ré-
» publicaines.

» Mon admiration pour un si noble modèle a
» dissipé dans mon âme les faux attraits d'une
» folle ambition, du désir des richesses; elle
» me fait résister au tourbillon du monde. L'o-
» pinion peu éclairée du vulgaire était la der-
» nière idole que j'encensais; mais elle s'est
» enfin montrée à moi telle qu'elle est, assise
» sur l'ignorance, égarée par la fortune, et ne
» nous présentant qu'un encensoir de faux mé-
» tal, qui ne s'agite que pour honorer le vice
» brillant favorisé par les caprices du sort.

» Je n'éprouve plus d'autre passion que celle
» de mériter les suffrages de l'opinion publique,
» non telle qu'elle est, mais telle qu'elle de-
» vrait être, l'opinion, par exemple, d'un peu-
» ple libre dont un sage serait le législateur.

» Aussi, en me séparant aujourd'hui de tout
» ce qui m'est cher, ce n'est pas à un préjugé,
» c'est à un devoir que je fais ce pénible sacri-
» fice : magistrat, j'abandonnerais les plus doux
» loisirs pour me rendre, dès cinq heures, au
» palais, afin d'y combattre l'injustice; mi-
» nistre, je m'exposerais à l'exil et au triste
» sort qu'éprouve la vérité dans les cours, pour
» y défendre la cause des opprimés; guerrier,
» je quitte ma famille et mes foyers, tout ce qui
» charme ma vie, pour remplir strictement les
» devoirs d'un métier, le plus noble de tous
» quand on l'exerce pour soutenir une juste
» cause.

» Tels sont les motifs qui me guident; il en
» est un surtout plus fort que les autres, c'est
» celui de m'élever au niveau de quelques êtres
» dont je ne puis me rapprocher qu'à force de
» nobles sentimens et de vertus. A présent, leur
» affection est tout à la fois l'objet de mes re-
» grets et le prix de mes sacrifices. La seule
» chose qui me console de m'en éloigner, c'est
» de mériter de plus en plus d'être aimé par
» eux. »

Enfin le signal du départ fut donné; un nouveau passager, le vicomte de Vaudreuil, se joi-

gnit à nous, et notre frégate mit à la voile le 19 mai 1782, avec une brise assez fraîche pour nous faire espérer d'échapper à la vigilance de la flotte anglaise ; mais à peine étions-nous à trois lieues qu'une tempête violente nous força de changer de route et de nous enfoncer dans le passage périlleux que l'on nomme *le Raz de Tulinguet*, lieu fameux par beaucoup de naufrages.

Luttant adroitement contre les vents et les écueils, nous parvînmes à prendre le large; alors l'approche de vingt-deux vaisseaux anglais nous contraignit, pour les éviter, de ranger la côte de très près; et, comme le coup de vent devenait toujours de plus en plus violent, nous fûmes en grand danger de tomber sur des écueils appelés *les Glenans*, contre lesquels peu de temps auparavant la frégate *la Vénus* s'était perdue.

Enfin le calme succéda à l'orage ; mais la guibre de notre frégate, cédant à l'impétuosité du vent, s'était brisée. Nous nous vîmes donc obligés d'entrer dans la Loire et de relâcher à Paimbœuf. Ainsi la fortune, contraire à nos vœux, semblait se plaire à nous enchaîner sur les rivages de la France.

Jusqu'au 15 de juillet, recevant tantôt l'ordre de remettre à la voile, et tantôt l'injonction de retarder notre départ, nous ne fîmes, comme des caboteurs, que courir de port en port. De Brest nous étions venus à Nantes, de Nantes nous allâmes à Lorient, et de Lorient enfin nous nous rendîmes à Rochefort, où nous trouvâmes *l'Aigle*, frégate de quarante canons portant du vingt-quatre, et qui devait se rendre en Amérique de conserve avec nous.

M. le baron de Vioménil, M. le duc de Lauzun, qui retournaient en Amérique, montèrent à bord de *l'Aigle*; MM. de Vauban, de Melfort, de Talleyrand, de Champcenetz, de Fleury, et plusieurs autres officiers s'y embarquèrent également. Le commandant de notre frégate était le chevalier de Vallongue, ancien officier de la marine royale, qui, malgré sa réputation de bravoure et d'habileté, et ses longs services, n'était encore parvenu qu'au grade de lieutenant de vaisseau.

Le chevalier de La Touche commandait la frégate *l'Aigle*. C'était un homme instruit, brave, spirituel, aimable, mais qui était rentré récemment au service de mer. De nombreux amis et l'appui du duc d'Orléans avaient accéléré son avancement; il était capitaine de vaisseau, et ce ne fut pas sans un peu d'humeur que M. de Vallongue se vit ainsi contraint de servir sous les ordres d'un officier moins ancien que lui, et qui était ce qu'on appelait alors *un intrus dans la marine*.

M. de La Touche aimait son nouveau métier, et en remplissait les devoirs avec autant d'intelligence que d'honneur. Cependant, au moment de son départ, une passion qui dominait chez lui toutes les autres, lui fit commettre une assez grave faute dont le résultat, qui pouvait être beaucoup plus funeste, nous occasiona d'abord d'assez vives contrariétés, et ensuite un malheur qui tomba principalement sur lui.

Une femme dont il était violemment épris, l'avait suivi de Paris à la Rochelle; les ordonnances ne lui permettaient pas de l'embarquer sur sa frégate, et cependant il ne pouvait se décider à se séparer d'elle. On verra bientôt quel fut l'étrange parti qu'il prit pour concilier, autant qu'il le pouvait, son amour et son devoir. Le 15 de juillet nous mîmes à la voile, en même temps qu'un convoi marchand assez nombreux escorté par la frégate *la Cérès*.

Peu de temps après notre départ, au milieu

de la nuit, et tandis que nos équipages étaient occupés à manœuvrer pour résister à un vent contraire qui s'était élevé avec assez de force, la frégate *la Cérès*, en virant maladroitement, aborda notre frégate avec une telle violence, que nous crûmes tous être tombés sur un écueil.

Cette secousse ne nous causa aucun dommage; mais *la Cérès* en éprouva d'assez graves pour être contrainte de nous quitter et de rentrer avec son convoi dans le port. Les jours suivans nous fîmes peu de chemin : il est vrai que le vent était faible. Cependant cette lenteur nous étonnait avec raison, car nous savions que *l'Aigle* était beaucoup meilleure voilière que nous, et pourtant nous étions sans cesse obligés de diminuer de voiles pour l'attendre et ne pas nous en séparer.

Enfin nous remarquâmes qu'un vaisseau marchand naviguait à la suite de *l'Aigle*. Comme il était impossible qu'un tel navire pût marcher comme un bâtiment de guerre, nous vîmes bientôt qu'après plusieurs messages de canots et plusieurs pourparlers, le commandant de *l'Aigle* s'était décidé à prendre à la remorque le vaisseau marchand.

Le mystère fut alors éclairci, et il nous fut

démontré que c'était la maîtresse de M. de La Touche qui retardait sa course, et qu'il voulait ainsi la traîner à sa suite. On peut bien croire que de cette manière notre navigation dut être très lente; nous fûmes de plus contrariés par des calmes fréquens, de sorte qu'ayant employé trois semaines pour arriver aux Açores, ayant beaucoup de malades à bord, et craignant de manquer d'eau, M. de La Touche prit la résolution de relâcher dans quelque port de ce petit archipel.

Pendant cet ennuyeux trajet, nous n'eûmes d'autre distraction que la vue successive de plusieurs vaisseaux auxquels nous donnâmes chasse conformément aux ordres du capitaine de La Touche, espérant toujours que nous allions trouver un ennemi, livrer un combat et remporter une victoire; mais chaque fois notre espoir fut déçu, et, en approchant de ces bâtimens, nous reconnûmes que c'étaient des neutres ou des alliés.

L'archipel des Açores appartient aux Portugais : on relâche ordinairement à Fayal; mais le vent, qui était contraire, nous aurait fait perdre trop de temps, et, nous trouvant près de Tercère, la principale île des Açores, et dont

Angra est la capitale, nous y allâmes, comptant pouvoir y mouiller. Au moment où nous jetions l'ancre, on vint nous avertir que nous étions en danger de perdition, à cause des courans qui nous affaleraient infailliblement à la côte.

Le commandant du port refusa de nous y recevoir, quoiqu'on y vit quelques bâtimens marchands; cet officier nous fit dire que, le port étant exposé au vent du large, nos frégates n'y seraient pas en sûreté, qu'il ne pourrait pas en répondre, et qu'ainsi il valait mieux que ces frégates croisassent devant la rade, pendant qu'elles enverraient chercher dans leurs chaloupes les provisions et les rafraîchissemens qui nous seraient nécessaires. Ce fut le parti que nous prîmes.

A l'aspect de ces îles, ainsi qu'à celui des îles du Cap-Vert et des Canaries, à la vue de ces groupes d'amphithéâtres et de montagnes qui s'élèvent isolées au-dessus de la surface du vaste Océan, il ne semble pas possible de douter de l'existence antique d'un continent submergé par une des grandes révolutions de notre globe. Indépendamment de toutes les observations nouvelles faites à cet égard par nos savans, un coup d'œil suffit pour démontrer que ces archipels sont les sommets de quelque chaine de montagnes de cet ancien continent, englouti, depuis plusieurs milliers d'années, par les eaux.

Le récit des prêtres égyptiens que Platon nous a transmis est peut-être exagéré. Il est difficile de croire qu'autrefois les Atlantes aient conquis une partie de l'Europe et de l'Afrique, et que le peuple d'une seule ville, telle qu'Athènes, ait battu, chassé et détruit ces fiers conquérans; mais, cette exagération à part, on ne peut avoir vu les Açores, et douter de l'existence et de la submersion de l'Atlantide.

Au milieu des flots d'une mer immense, cet archipel isolé, bravant les ouragans, les volcans sous-marins et les tremblemens de terre qui semblent le menacer fréquemment d'une nouvelle révolution, élève tranquillement dans les airs ses verdoyans amphithéâtres qu'embellit un printemps perpétuel. On y voit les fleurs, on y recueille les fruits de l'Europe, de l'Amérique, de l'Afrique et de l'Asie. Le jasmin, l'oranger, le laurier, l'acacia, les roses embaument l'air de leurs parfums, et cet air est si pur qu'aucune vermine ne peut y vivre.

Lorsque nous vimes de loin l'île de Tercère,

elle ne se présentait à nos regards que comme une grosse montagne assez noire; mais, en approchant d'Angra, nous jouîmes de la vue la plus agréable. Cette montagne si sombre s'éclaircit, le sommet seul de son pic garde son aridité. De ce pic la montagne s'étend par une pente douce jusqu'à la mer, et présente à l'œil un amphithéâtre magnifique couvert de bois odoriférans, aussi variés par leur forme que par leur couleur. Ces bois se groupent pittoresquement et laissent voir entr'eux des champs et des cultures de toute espèce, qui annoncent l'abondance et promettent le bonheur.

Au bas d'un enfoncement où la mer va perdre sa furie, on aperçoit la ville d'Angra qui s'élève majestueusement le long de la montagne. Cette ville est grande et défendue par deux forts dont les feux se croisent sur l'entrée du port. Plusieurs maisons de plaisance, propres et riantes, lient insensiblement cette ville avec la campagne, et empêchent ainsi que les yeux n'éprouvent une transition trop forte en passant de la vue des bâtimens réguliers à l'aspect champêtre des vallons.

Les Portugais comme les Espagnols possèdent des trésors dont ils ne sentent pas la valeur; ils l'atténuent même par les vices de leur administration; contrariant la nature qui leur offre la richesse, ils la refusent par préjugé; par leurs faux calculs, préférant le monopole à la liberté, ils s'appauvrissent en refusant au commerce la liberté qui peut seule lui donner la vie. Les Portugais visitent et connaissent presque seuls les Açores.

Les habitans de Tercère, jouissant avec étonnement du plaisir si rare de recevoir des étrangers, m'assurèrent que, depuis soixante ans, ils n'avaient vu à Angra que quelques passagers d'un vaisseau français et deux bâtimens anglais; encore n'y étaient-ils restés comme nous que trois ou quatre jours. Les autres nations leur sont totalement inconnues, aussi pour toute espèce de lumières ils sont à deux siècles de nous. Leurs vins, leur blé, leurs bestiaux et leurs oranges n'ont pour débouchés que Lisbonne et les ports du Brésil.

Fayal, dont les côtes sont plus abordables et le port plus large, donne plus souvent asile aux navigateurs que le vent porte dans ces parages. Ils y achètent des vins fameux par leur saveur. On dit que Saint-Michel présente un aspect aussi riant que Tercère; mais la sérénité des habitans y est troublée par de violentes éruptions volcaniques et par de fréquens tremblemens de terre. Le nom des îles *Graciosa* et *Flores* suffit pour prouver que la nature les a aussi richement dotées ; mais elles sont très petites, et personne n'y relâche.

Vers le commencement du XVIIIe siècle, il arriva dans cet archipel un phénomène qui effraya beaucoup les habitans : près de l'île de Saint-Michel, une violente éruption volcanique lança tout à coup dans les airs une immense quantité de pierres enflammées, et fit ensuite sortir du fond de la mer une petite île qui avait environ trois lieues ; elle exista trois ans, mais après elle disparut insensiblement.

La résidence du gouvernement de cet archipel est la ville d'Angra. Toutes les autres îles y envoient des députés pour former le conseil du gouverneur. Ce gouverneur, lorsque nous y arrivâmes, était un homme des plus grandes maisons de Portugal. Ses troupes, peu nombreuses, assez mal tenues, étaient suffisantes pour la défense d'une île qu'on n'est point tenté d'attaquer, et où l'on trouve peu d'endroits propres à un débarquement ; d'ailleurs ces points sont suffisamment défendus par des batteries.

Dès que je fus descendu de mon canot, je me rendis chez le consul de France; il se nommait Peyrez. Dans sa jeunesse, se trouvant sans fortune, il avait été en chercher une en Portugal : de là, conduit par des affaires de commerce à Tercère, les charmes d'une olivâtre tercérienne l'y avaient fixé.

Ce consul, de tous les consuls du monde le moins occupé, fut charmé de recevoir des compatriotes. Il nous traita de son mieux, ainsi que la senhora Peyrez, qui ne paraissait pas trop fâchée de voir pour la première fois des hommes autrement qu'à travers une jalousie.

Je fis une longue promenade avec mon hôte dans la plus grande partie des vallées de l'île, promenade fort agréable pour l'œil, mais peu intéressante pour l'esprit; car rien n'était moins fertile que l'esprit de mon bon compatriote.

Il avait presque oublié son pays, ignorait ce qui se passait dans les autres, n'aimait que sa brune compagne, et n'admirait que son petit pavillon, qu'il appelait sa maison de plaisance, et une allée de citronniers de cent pas qui traversait son parc. Sa ferme, composée de neuf arpens, ne lui avait coûté que huit cents livres.

Revenu à bord de ma frégate, assez fatigué

de ma course, j'étais peu tenté de retourner à Tercère; mais le duc de Lauzun me fit changer d'avis. « Je vois, me dit-il, que tu t'es peu
» amusé, et c'est ta faute. Pourquoi t'avises-
» tu aussi de descendre chez le consul de Fran-
» ce, bon et simple bourgeois, qui n'admire
» que son allée de citronniers, ne sait faire
» qu'un peu de cuisine, ne vous offre que l'eau
» de son puits trop fraîche, et son lait qui ne
» l'est pas assez? Je l'ai vu comme toi, mais je
» me suis bien gardé de lui consacrer ma jour-
» née. J'ai trouvé autre part de meilleurs
» moyens pour chasser l'ennui et satisfaire ma
» curiosité. Viens avec moi; tu connaîtras ce
» qu'il y a de mieux à Tercère, bonne chère,
» bon accueil, un hôte gai, joyeux et empressé
» de plaire, des femmes vives et jolies, des re-
» ligieuses complaisantes, des pensionnaires
» coquettes et tendres, et un évêque qui danse
» admirablement le *fandango*. »

« Tu es fou, lui répondis-je; et quel est
» donc cet homme rare qui t'a montré subite-
» ment une amitié si active et si obligeante? »
« C'est le consul d'Angleterre, » dit-il. « Eh! tu
» n'y penses pas, répliquai-je; comment! nous
» sommes en guerre avec les Anglais, et c'est

» chez le consul de cette nation que tu vas
» prendre tes ébats ! »

« Attends, reprit-il; ne porte pas de juge-
» mens téméraires. Mon hôte est à la vérité
» consul de l'Angleterre, notre ennemie; mais
» il cumule les emplois, car il est en même
» temps consul de l'Espagne, notre alliée, et
» pour compléter la singularité, il n'est ni
» Anglais ni Espagnol, mais Français et Pro-
» vençal. »

« Il ne lui manque plus, répondis-je, pour
» réunir toutes les qualités possibles, que d'ê-
» tre familier de l'inquisition. » « Eh bien, mon
» ami, s'écria Lauzun en riant, je crois qu'il
» ne lui manque rien. » « Ah! s'il en est ainsi,
» repris-je, je n'ai plus d'objection à te faire.
» Allons chez cet homme singulier qui porte
» tant d'habits et joue tant de rôles. Trois fois
» heureuse est la pacifique île de Tercère, qui,
» au milieu des orages effroyables que la guerre
» répand sur l'Europe, l'Asie, l'Afrique et
» l'Amérique, n'entend, dans son tranquille
» séjour, que le bruit de ses flots, les sons de
» ses guitares, les chants de ses oiseaux, et
» voit dans son sein les consuls de deux puis-
» sances belligérantes, non-seulement vivant

» en bonne intelligence, mais ne formant qu'une
» seule et même personne, et faisant probable-
» ment fort bien les affaires de toutes les deux ! »

Nous partîmes donc, Lauzun, le prince de Broglie, le vicomte de Fleury et moi, avec deux ou trois de nos autres compagnons d'armes, et nous fûmes introduits chez le consul d'Angleterre, qui tint toutes ses promesses; car il nous donna d'excellent thé, de très bon *porter*, des soupers exquis, une société de femmes très aimables, et, comme nous étions curieux de connaître le fandango, cette danse célèbre parce qu'elle est la plus gravement indécente et la plus tristement voluptueuse, un jeune Portugais, coadjuteur de l'évêque d'Angra, eut la complaisance, sans se faire trop prier, de la danser en notre présence.

Ce ne fut pas tout : l'obligeant consul nous conduisit le lendemain matin dans un couvent où nous vîmes d'indulgentes nonnes et des pensionnaires très jolies. Leur teint un peu basané n'affaiblissait point le charme de leurs beaux yeux noirs, de leurs blanches dents et de l'élégance de leurs tournures. Leur aspect nous consola des deux redoutables grilles qui séparaient le parloir de l'intérieur du couvent.

La mère abbesse, suivie de sa jeune cohorte, arriva gravement derrière la grille, avec le costume, la taille, la figure que nous présentent les portraits d'abbesses du XIIIe siècle ; rien ne manquait à cette ressemblance, pas même la crosse, car elle en tenait majestueusement une à la main.

Après les premiers complimens, et lorsque ces dames furent assises, notre encourageant consul nous dit que, suivant l'usage portugais, usage assez étrange, nous pouvions, à la faveur des grilles et malgré la présence de madame l'abbesse avec sa crosse, nous montrer aussi galans que nous le voudrions pour son jeune troupeau, parce que de tout temps la dévotion et la galanterie régnaient ensemble sans discorde dans les cloîtres du chevaleresque Portugal.

Chacun de nous choisit donc l'objet qui frappait le plus doucement ses regards, et qui semblait répondre avec plus d'obligeance à ses œillades. Ainsi nous parlâmes promptement d'amour, mais très innocemment et très platoniquement, grâce à la présence des deux grilles et de madame l'abbesse.

On aura peine à comprendre comment, nos

maîtresses ignorant la langue française, et nous ne sachant pas un mot de la langue portugaise, nous pouvions réciproquement nous entendre; mais rien n'était impossible avec notre officieux consul : il se chargea du rôle d'interprète et nous aplanit ainsi la difficulté première de l'entretien.

Le signal de cette conversation galante fut donné par une jeune pensionnaire, la senhora dona Maria Emegilina Francisca Genoveva di Marcellos di Conniculo di Garbo. Frappée de la bonne mine, de la physionomie spirituelle et du costume de Lauzun, qui portait l'uniforme de hussard, elle lui jeta, en souriant, une rose à travers la grille, lui demanda son nom, lui présenta un coin de son mouchoir qu'il saisit et qu'elle tendit ensuite, en cherchant à l'attirer à elle, douce vibration qui sembla passer assez vite des mains au cœur.

Nous suivîmes tous avec empressement cet exemple : les mouchoirs voltigèrent rapidement des deux côtés ainsi que les fleurs, et, comme nos jeunes Portugaises nous lançaient des regards qui semblaient annoncer l'envie de renverser les grilles, nous nous crûmes obligés de répondre à ces tendres agaceries en leur envoyant des baisers, non sans crainte cependant de paraître trop téméraires à madame l'abbesse. Mais cette plaisanterie ne dérangeait rien à sa gravité, et n'effrayait point son indulgence. Nous continuâmes alors à imprimer ces baisers sur le coin des mouchoirs de nos belles, qui à leur tour rendaient très obligeamment ces baisers au bout du mouchoir resté dans leurs mains.

Bientôt nous essayâmes de faire un peu de portugais du peu d'italien que nous savions. Cet essai réussit auprès de nos dames qui nous imitèrent, de sorte que la conversation plus directe devint plus vive quoiqu'à moitié comprise, et laissa quelque repos à notre consulaire interprète, qui en profita pour causer avec madame l'abbesse.

Enfin, cette bonne abbesse se mêla de l'entretien, et, s'apercevant peut-être que notre joie était tant soit peu mêlée de surprise, elle nous dit, par l'entremise du consul, que l'amour pur était fort agréable aux yeux de Dieu. « Ces » jeunes personnes, ajoutait-elle, auxquelles je » vous laisse offrir vos hommages, s'étant exer- » cées à plaire, seront un jour plus aimables » pour leurs maris, et celles qui se consacreront » à la vie religieuse, ayant exercé la sensibi-

» lité de leur âme et la chaleur de leur ima-
» gination, aimeront bien plus tendrement la
» Divinité. D'une autre part, poursuivait-elle,
» cette galanterie jadis honorée ne peut être
» que fort utile à de jeunes guerriers. Elle
» vous inspirera l'esprit de la chevalerie; elle
» vous excitera à mériter, par de grandes ac-
» tions, le cœur des belles que vous aimez,
» et à honorer leur choix en vous couvrant de
» gloire. »

Je ne sais si le consul traduisait fidèlement; mais la chaleur des regards de madame l'abbesse, sa dignité, son accent et sa crosse, en me faisant admirer son éloquence, me persuadaient que je me trouvais transporté dans quelque vieille île enchantée de l'Arioste et au bon vieux temps des paladins.

Ainsi ranimé par de tels conseils, je redoublai d'ardeur pour ce jeu galant, et l'interprète de mes feux, le joli mouchoir de la dame de mes pensées, s'agita et voltigea plus que jamais. Elle était moins riche en noms de baptême que ses compagnes; car la maîtresse du prince de Broglie se nommait dona Eugenia Euphemia Athanasia Marcellina di Antonios di Mello. La mienne s'appelait plus modestement dona Marianna Isabella del Carmo, et, dans ce moment, il m'en aurait peu coûté de soutenir contre tout venant, à grands coups de lance, qu'elle était de toutes la plus jolie.

Comme la variété est l'âme des plaisirs, après les œillades, après les messages des mouchoirs et les baisers portés par les airs et peu refroidis par les grilles, nous hasardâmes des billets doux. Ils furent introduits par le complaisant consul. La bonne abbesse, les ayant lus sans quitter sa crosse ni sa dignité, permit, en souriant, la libre circulation de ces tendres épîtres et des réponses qu'elles nous attiraient.

Je hasardai une chanson, et le prince de Broglie m'imita. Je ne sais si nos couplets furent embellis ou gâtés par la traduction du consul, mais on parut les trouver charmans.

Le jour baissait : madame l'abbesse donna le signal de la retraite. On se fit de part et d'autre de touchans adieux. Un second rendez-vous fut assigné pour le lendemain, et l'on peut croire que nous y fûmes tous très exacts.

En arrivant au couvent, nous trouvâmes la grille ornée de fleurs de toute espèce, et nos dames mille fois plus aimables que la veille. Elles nous donnèrent de la musique. La maîtresse du prince de Broglie et celle du duc de Lauzun chantèrent en duo des airs fort tendres, en s'accompagnant de la guitare.

Pendant ce temps la maîtresse du vicomte de Fleury et la mienne dansaient avec nous : des deux côtés de la grille nous figurions de notre mieux les passes que cette triste grille nous empêchait d'exécuter réellement ; mais ce qu'il y avait peut-être de plus divertissant était de voir madame l'abbesse qui battait la mesure avec sa crosse.

Dona Euphemia nous fit entendre ensuite une chanson improvisée et à double sens, faisant allusion à *la Passion* et à celle que Lauzun lui inspirait.

Pour vous faire juger de l'esprit inventif et prompt de notre consul, vous saurez qu'au moment où la distance et l'épaisseur des grilles, s'opposant à nos vœux, avaient arrêté la circulation de nos billets, notre actif interprète, ayant déterré une petite pelle creuse, y embarqua nos lettres qui arrivèrent ainsi doucement à bon port.

On sait qu'en amour, comme en ambition, il est difficile de s'arrêter : la complaisance nous rendit exigeans. Nous demandâmes quelques dons d'amour; nos vœux furent exaucés; nous reçûmes, avec de nouveaux billets bien tendres, des cheveux, des scapulaires que nous attachâmes sur nos cœurs.

A notre tour nous fîmes des présens; nous envoyâmes des anneaux, des cheveux. Lauzun et le vicomte de Fleury avaient dans leur poche leurs propres portraits, qui, je ne sais par quel accident, leur avaient été rendus en France au moment de leur départ; ils en firent hommage à leurs belles.

Je reçus de Marianna Isabella un scapulaire; elle m'assura qu'il me porterait bonheur, et que, tant qu'il resterait à mon cou, je serais à l'abri de tout accident et de toutes maladies. Je lui promis de ne jamais m'en séparer; mais sa prophétie ne se vérifia point; car, peu de jours après, la fièvre me prit, et, comme on le verra bientôt, je fis naufrage sur les côtes d'Amérique et je perdis tous mes bagages.

Nos amours platoniques du parloir inspirèrent, nous dit-on, quelque inquiétude dans la ville; les frères, les oncles, les galans s'alarmèrent. Le bruit se répandit qu'au milieu de ces jeux, nous avions eu la témérité de demander furtivement à nos jeunes pensionnaires le moyen de nous entretenir ensemble sans grille, et de franchir la nuit les murs du jardin. Je ne sais ce qui aurait pu en arriver, et si notre petit roman ne se serait pas terminé, à l'antique mode espagnole et portugaise, par quelques sérénades troublées et par quelques coups d'épée; ce qui est certain, c'est que nous aperçûmes en nous retirant plusieurs hommes à grands manteaux et à larges chapeaux rabattus qui semblaient nous épier.

Quoi qu'il en soit, le vent qui s'élevait, ou la prudence de M. de La Touche, dissipèrent promptement toute espérance et toute inquiétude. Le signal du départ fut donné; trois coups de canon nous rappelèrent à bord, et nous n'eûmes que le temps de revenir dire adieu à nos belles, que nous trouvâmes inconsolables.

Les grilles du parloir étaient attristées par des guirlandes de scabieuses, que nos jeunes dames appelaient fleurs de regret, ou, dans leur langue, *saudades*. La bonne abbesse avait la larme à l'œil; je crois même que, pour la première fois de sa vie, elle laissa tomber sa crosse. Chacune de nos jeunes senhora nous fit présent d'une pensée que nous attachâmes à nos cocardes, et d'un mouchoir qu'elles mouillèrent de leurs larmes. Enfin nous partîmes avec leur image dans le cœur.

Notre aimable couvent, qui n'aurait peut-être pas été déplacé à côté des anciens temples d'Amathonte et de Gnide, m'a jusqu'à présent un peu distrait du tableau politique et moral de Tercère et d'Angra; mais, au fond, il est si peu intéressant qu'une esquisse en quatre lignes suffira.

Si la nature a fait de Tercère un paradis terrestre, en dépit d'elle, les moines, une ignorante administration et le pouvoir arbitraire en ont fait un pauvre, triste et ennuyeux séjour.

Sur dix ou douze mille habitans on y compte six ou sept cents religieux ou religieuses. La dévotion s'y mêle au libertinage d'une manière aussi indécente que ridicule, et rien n'est plus commun que d'y voir dans la soirée les agaceries et les propos lascifs des courtisanes, interrompus par des génuflexions et de nombreux signes de croix lorsqu'on sonne l'*angelus*. Il y a dans cette colonie des inquisiteurs; on m'a assuré qu'ils ne brûlaient personne et qu'ils se contentaient d'emprisonner les pécheurs et de confisquer leurs biens.

Je ne sais pas si les Portugais d'Angra méritent leur vieille réputation, et si on y trouve beaucoup de jaloux ; mais à toutes les fenêtres on n'aperçoit que des jalousies presque toujours en mouvement pour vous annoncer qu'il y a derrière elles des femmes qui aiment à voir, et qui désireraient être vues.

Toutes les causes sont portées à un tribunal qu'on dit assez juste; il est présidé par le gouverneur lorsqu'il s'agit d'affaires importantes. Nous allâmes chez ce gouverneur, que nous ne pûmes voir parce qu'il était malade. Si je ne me rappelle pas ses noms, c'est qu'il en avait dix ou douze. Monsieur son fils, don Joseph Mendoça, nous reçut à sa place, avec toutes les étiquettes du vieux temps, dans un palais assez gothique.

Ce qu'il y eut de plus remarquable dans cette audience, ce fut la frugalité des légers rafraîchissemens qu'il nous offrit, la sécheresse de son entretien, l'étrange naïveté de ses questions, et la bizarrerie de son accoutrement. Il était paré d'un vieil habit écarlate rapé, galonné d'or, et d'un énorme chapeau non moins magnifiquement bordé. Une veste à grandes basques d'une couleur bleu tendre et une culotte jaune complétaient sa toilette. Il ressemblait plutôt à un acteur d'opéra buffa qu'à un gouverneur de colonie.

Une seconde visite ne nous parut pas nécessaire ; mais il fut invité à dîner par M. de La Touche. Il vint à bord de *l'Aigle* et parut s'y amuser ; il nous montra quelque instruction enveloppée dans un baragouin presque inintelligible et qu'il croyait français. Au reste, comme il était jeune et jovial, il réjouit beaucoup l'équipage en faisant l'exercice d'une manière assez gauche, et nous étourdit d'une façon presque insupportable en prenant un tambour qu'il battit impitoyablement avec deux de ses courtisans pendant une demi-heure, assurant que c'était l'instrument qu'il aimait le mieux. Le dénouement de sa petite campagne maritime ne fut pas heureux ; car, en nous quittant, effrayé par un roulis violent, il posa maladroitement sa main sur le bord du canot, qui, venant alors à heurter rudement l'escalier de la frégate, lui écrasa le pouce.

Nous ne pensâmes pas long-temps à ce pauvre gouverneur ; mais, après avoir perdu de vue l'archipel des Açores, nous rêvions encore souvent à madame l'abbesse et à son joli troupeau.

Les scènes galantes du parloir d'Angra que je viens de retracer fidèlement, et dont le prince de Broglie fit aussi une petite relation que j'ai vue, frappèrent tellement l'imagination du duc de Lauzun qu'elles échauffèrent sa verve, et qu'il en fit le sujet d'un petit drame héroï-comique, dont le titre était *le Duc de Marlborough*.

Nous comptions continuer à cingler vers le midi pour chercher les vents alizés, et ce ne fut pas sans surprise que nous vîmes M. de La Touche diriger notre marche vers le nord-ouest; nous ne tardâmes pas à savoir la cause de cette soudaine résolution.

Indépendamment des deux millions cinq cent mille livres que *l'Aigle* portait en Amérique, M. de La Touche était chargé de dépêches qu'il ne devait ouvrir qu'à la hauteur des Açores. Or, jugez quels durent être son repentir et son inquiétude, lorsqu'en ouvrant ces dépêches, il lut l'ordre de faire la plus grande diligence, d'éviter tout combat et toute poursuite qui aurait pu le retarder, parce que ces dépêches contenaient le plan des opérations d'une nouvelle campagne, et qu'on voulait que ce plan parvînt sous le plus bref délai au comte de

Rochambeau, ainsi qu'au chef de nos forces navales, le marquis de Vaudreuil, qui nous attendait dans un des ports de l'Amérique septentrionale.

Honteux trop tardivement d'avoir navigué avec tant de lenteur pour remorquer le vaisseau marchand qui portait sa maîtresse, et d'avoir donné chasse sans nécessité à tous les bâtimens qu'il avait aperçus, M. de La Touche crut réparer le temps perdu en se dirigeant par le plus court chemin vers les côtes américaines. L'événement prouva qu'il se trompait; car le vaisseau marchand qu'il abandonna, ayant poursuivi sa route jusqu'aux Canaries, où il trouva les vents alizés, arriva, favorisé par eux, le même jour que nous à l'embouchure de la Delaware.

Des calmes trop fréquens dans cette saison nous firent perdre plus de quinze jours. Dans le reste de notre traversée, nous évitâmes avec soin tout ce qui pouvait ralentir notre course. Nous ne fîmes qu'une seule prise, qui passait si près de nous que nous ne pûmes nous empêcher de profiter de cette occasion. C'était un pauvre petit bâtiment anglais qui n'avait d'autre chargement que des pommes et des fruits;

mais au milieu d'une longue navigation, privés d'eau et de rafraîchissemens, une telle prise semble un trésor.

Tous les soirs de très bonne heure nous éteignions nos feux pour qu'aucun navire ne nous aperçût; car nous étions avertis qu'une escadre anglaise devait chercher à s'opposer à notre marche et à intercepter les deux millions dont nous étions chargés. Cependant ces précautions ne purent, comme on va le voir, nous empêcher de soutenir un combat très vif avec un vaisseau de guerre, combat mémorable, et qui fit beaucoup d'honneur aux commandans de nos frégates ainsi qu'à nos équipages.

Nous étions à la hauteur des Bermudes, lorsqu'au milieu de la nuit du 4 au 5 septembre, nous entendîmes sur la mer quelques cris plaintifs; c'était la voix d'un homme qui nageait et se débattait contre les flots. Il faisait partie de l'équipage de *l'Aigle;* étant monté sur une vergue, un roulis l'avait fait tomber dans l'eau sans que ses compagnons s'en fussent aperçus; par un bonheur très rare, nous nous trouvions alors si directement dans les eaux de *l'Aigle*, que nous passâmes près de cet infortuné. Aussitôt, ayant fait allumer des fanaux, nous mîmes un canot à la mer, et nous parvînmes à sauver ce malheureux matelot.

Nos feux s'éteignirent de nouveau, et tout rentrait dans le calme ainsi que dans l'obscurité, lorsque l'officier de quart nous avertit qu'au travers des ombres de la nuit, il apercevait un bâtiment qui arrivait sur nous et qui déjà s'en trouvait très proche.

Aussitôt on sonna le *branle-bas* : nous nous levâmes, nous nous armâmes précipitamment; en moins de trois minutes les hamacs, les meubles s'enlevèrent, les cloisons sautèrent, les batteries se nettoyèrent; chacun courut à son poste, et tout fut prêt en cas de combat.

Cette diligence en effet était très nécessaire. L'obscurité était si épaisse, qu'on ne distingua bien ce bâtiment qu'au moment où il fut à portée de fusil de nous. Il régnait peu de vent; mais, comme ce bâtiment et notre frégate couraient à bord opposé, la distance qui nous séparait diminuait à chaque instant.

Nous n'avions à bord de *la Gloire* que de mauvaises lunettes de nuit. Ainsi, jugeant mal les dimensions du vaisseau qui venait à nous, nous le prîmes d'abord pour un navire marchand. Cependant *l'Aigle*, qui était au vent à nous, et

qui avait de meilleures lunettes, s'approcha, et
M. de La Touche nous cria de nous éloigner,
parce que ce bâtiment était un vaisseau de
guerre; le bruit des flots nous empêcha de distinguer ses paroles.

Cependant le navire qui venait sur nous,
tira pour nous héler un coup de canon à boulet; il était déjà tard pour profiter de l'avantage du vent et pour nous éloigner; d'ailleurs
le navire inconnu, étant alors par notre travers,
et nous tirant un second coup de canon, nous
empêcha de continuer notre conversation avec
l'Aigle; nous ne nous occupâmes qu'à répondre
par des coups de canon à ceux qu'on nous avait
tirés.

Dans le même temps *l'Aigle*, qui croyait que
nous avions entendu son avertissement, tenait
le vent, et s'était déjà considérablement éloigné;
mais, s'apercevant enfin que nous ne le suivions
pas, M. de La Touche fit tirer cinq coups de
canon, qui étaient le signal convenu pour le
ralliement. Dans ce moment, le bâtiment, qui
nous approchait, ayant illuminé une de ses
batteries, nous vîmes clairement que c'était au
moins une frégate.

Notre commandant se trouvait dans une position très critique : en n'obéissant pas à l'ordre de ralliement, il courait risque d'être accusé d'avoir méconnu par jalousie l'autorité de M. de La Touche, son chef; mais, pour exécuter cet ordre, il fallait présenter l'arrière au bâtiment qui nous avait hélés, et s'exposer au feu de toute sa batterie.

Cependant M. de Vallongue se décida à obéir, en disant que cet acte de soumission pourrait nous coûter cher. En effet, après avoir viré de bord, nous eûmes à peine présenté la poupe à l'ennemi, que nous reçûmes toute sa bordée de l'arrière à l'avant ; ce qui nous causa de grandes pertes.

Rien n'était plus pressé que de sortir d'une si mauvaise position ; c'est ce que nous fîmes avec beaucoup de célérité, grâce à un officier de la marine marchande, M. Gandeau, qui servait comme lieutenant à notre bord. Voyant que M. de Vallongue était embarrassé et hésitait, il commanda une manœuvre qui nous fit arriver tout plat sur l'arrière de l'ennemi, et alors nous lui rendîmes la bordée qu'il nous avait lancée, et avec tant de bonheur que nous vîmes quelques instans le feu à son bord.

M. de Vallongue, par une générosité qui nous

charma, embrassa le lieutenant, le remercia et lui déclara que, pendant toute la durée de ce combat, il ne donnerait pas un seul ordre sans le consulter.

Dès que le navire ennemi eut reçu notre gaillarde réponse, il vira aussi sur stribord ; de manière que nous nous trouvâmes bord à bord, courant dans la même direction et à une portée de pistolet.

Le feu continua ; mais alors, l'ennemi ayant démasqué sa seconde batterie, nous vîmes que nous avions affaire à un bâtiment de soixante-quatorze canons : c'était *l'Hector*, pris sur nous dans la défaite de M. de Grasse. Auprès de ce vaisseau, en vérité, notre petite frégate ne paraissait qu'un esquif ; déjà ses boulets de trente-six nous perçaient de bord en bord.

M. de Vallongue, croyant sa perte infaillible, voulut au moins l'honorer par une téméraire intrépidité ; avec un porte-voix, il cria au capitaine du vaisseau qu'avant de continuer à s'égorger, il fallait savoir si on était ami ou ennemi.

En conséquence il demanda si le vaisseau était anglais ou français, et le capitaine de *l'Hector* ayant répondu qu'il était anglais, M. de Vallongue lui cria audacieusement : *Streng your colour, amenez votre pavillon. Yes, yes, I'll do*, *oui, oui*, répondit ironiquement le capitaine, *je vais le faire*, et une terrible bordée compléta sa réponse. Nous ripostâmes, et l'affaire continua vivement.

Dès le commencement du combat, *l'Aigle*, qui s'était décidé à nous secourir, arriva, vent arrière, sur nous, mais lentement à cause du peu de vent; de sorte qu'avant sa jonction, nous avions soutenu trois quarts d'heure le feu ennemi.

Dès que nous vîmes arriver cette frégate, nous lui fîmes place, et nous nous éloignâmes pour tâcher de réparer les dommages des boulets ennemis, qui nous faisaient faire eau en plusieurs endroits.

L'Aigle combattit à son tour vaillamment, et de si près que les canonniers des deux bords se battaient à coups de refouloir. Une vergue du vaisseau s'accrocha à une vergue de la frégate, et dans cet instant le baron de Vioménil, ainsi que les officiers qui étaient avec lui, crièrent *à l'abordage* avec tant d'audace et d'ardeur, que le capitaine ennemi coupa les câbles qui l'attachaient à *l'Aigle*.

Ce capitaine avait, dit-on, été blessé par notre feu; d'ailleurs son équipage était faible. Le vaisseau avait beaucoup de malades, et portait un assez grand nombre de prisonniers français.

L'Aigle, étant dégagé, fit feu si heureusement qu'un de ses boulets de vingt-quatre brisa le gouvernail de *l'Hector*. Dès ce moment, *l'Aigle*, s'étant placé à une plus grande distance, continua à le canonner dans sa hanche.

Pendant ce temps, revenant au combat, et ayant passé par le travers de *l'Hector*, et reçu sa bordée, comme nous vîmes qu'il ne pouvait plus manœuvrer, nous nous postâmes en arrière de lui, et nous le canonnâmes à notre aise de la poupe à la proue, tandis qu'il ne pouvait plus nous répondre que par deux petits canons de retraite.

Ainsi favorisés par le sort, nous espérions nous rendre maîtres de *l'Hector*; mais, au point du jour, ayant vu à l'horizon beaucoup de voiles, nous déployâmes toutes les nôtres et nous nous éloignâmes. Nous sûmes depuis que *l'Hector*, accueilli par une tempête, avait coulé bas quelque temps après, et qu'un bâtiment américain, qui se trouvait heureusement à sa portée, avait sauvé le capitaine et une partie de son équipage.

On trouve dans les *Annales de la marine* une relation de ce combat; il y est cité comme un des plus glorieux pour le pavillon français. M. de La Touche fut comblé d'éloges, et M. de Vallongue reçut le brevet de capitaine de vaisseau.

La perte des deux frégates consistait en trente ou quarante tués et environ cent blessés. *La Gloire* était assez endommagée et faisait eau, la pompe jouait souvent; mais heureusement le reste de notre navigation fut court.

Il est impossible de montrer plus d'ardeur, de courage et de discipline, que n'en déployèrent nos équipages dans ce combat. Le prince de Broglie parut, par son intrépidité, digne de son père. On ne pouvait rien voir de plus remarquable que le sang-froid, la bravoure et la gaîté calme d'Alexandre de Lameth. Tous les officiers de terre qui se trouvaient à bord contribuèrent, par leurs discours et par leur exemple, à soutenir et à enflammer le courage des canonniers et des matelots dans les momens les plus périlleux de cette affaire.

Au milieu de cette confusion de feux et d'obscurité, de silence et de cris, d'agitation des vagues, de l'éclat tonnant des coups de canon, du sifflement des balles de fusil tirés des hunes, des plaintes des blessés, du bruit que faisaient, en tombant, les vergues, les cordages et les poulies brisées, on retrouvait encore toute la gaîté française.

Alexandre de Lameth et moi nous étions debout sur le banc de quart, au moment du plus grand feu de l'ennemi. En passant devant nous, M. de Vallongue tomba jusqu'à la moitié du corps dans l'écoutille, que par mégarde on avait laissée ouverte : croyant qu'il était atteint et coupé en deux par la bordée anglaise, nous nous précipitâmes en bas du banc pour le secourir, et, après l'avoir relevé, nous nous félicitâmes mutuellement de le trouver sain et sauf.

Près de nous se trouvait le baron de Montesquieu : depuis quelque temps nous nous amusions à le plaisanter relativement au mot de *liaisons dangereuses* qu'il nous avait entendu prononcer, et, malgré toutes ses questions et ses instances, nous n'avions jamais voulu lui expliquer que c'était le titre d'un roman nouveau, alors fort à la mode en France.

Dans le moment où nous étions tous en groupe, une bordée de *l'Hector* lança sur nous un boulet ramé : on sait que cet instrument meurtrier se compose de deux boulets joints par une barre de fer. Ce boulet ramé vint avec violence briser une partie du banc de quart, d'où nous venions de descendre. Le comte de Loménie, qui était alors à côté de Montesquieu, le lui montrant, lui dit froidement : « Tu veux » savoir ce que c'est que *les liaisons dangereu-* » *ses?* eh bien! regarde, les voilà. »

Autant nous avions été attristés jusque-là par la lenteur de notre navigation, autant désormais l'heureuse issue de notre combat et l'approche du terme de notre voyage nous rendaient joyeux. Le 11 septembre, nous découvrîmes la terre ; nous n'en étions qu'à cinq lieues. La côte était en cet endroit fort basse, et nous ne distinguâmes d'abord que quelques arbres qui semblaient sortir de l'eau.

Nous reconnûmes bientôt le cap James, qui forme la pointe sud de l'entrée de la baie de la Delaware, et nous nous dirigeâmes avec difficulté vers cette baie, parce qu'elle nous restait au nord-ouest, d'où précisément le vent venait. Cependant nous nous croyions au moment d'atteindre notre but, et nous ne prévoyions pas qu'il nous faudrait échouer au port. En approchant de la baie, nous aperçûmes une corvette qui en sortait, et, au large sous le vent, nous vîmes plusieurs gros bâtimens que nous jugeâmes bâtimens de guerre anglais.

La corvette, qui était aussi anglaise, nous prit apparemment pour des frégates de sa nation qu'elle avait quittées la veille. Elle vint à nous avec une imprudente confiance, et ne nous fit que d'assez près ses signaux de reconnaissance.

Bientôt elle s'aperçut aisément par les nôtres que nous étions ennemis, et elle se mit à fuir ; mais il était trop tard : en voulant éviter l'approche de *la Gloire* qui la chassait, elle se vit forcée de passer à portée de *l'Aigle*, qui la canonna vivement. Après quelques boulets, elle se rendit ; mais, comme la mer était très grosse, nous perdîmes deux heures à l'amariner, et ce retard nous devint funeste.

L'escadre ennemie, qui était au large, se trouvait contrariée par le vent, et ne pouvait secourir à temps la corvette. Cependant, après avoir amariné notre prise, nous continuâmes notre route vers la baie, mais lentement ; car nous n'avions pas de pilote, et, la rivière étant remplie de bancs de sable qui changent fréquemment de place, on ne peut hasarder d'y entrer sans être dirigé par des marins qui la pratiquent journellement.

Ces difficultés décidèrent M. de La Touche à mouiller le soir en dehors du cap James, et à envoyer un canot à terre pour chercher un pilote. Mais le sort, qui jusque-là nous avait si bien servi, se déclara contre nous. Le vent devint violent, le ciel s'obscurcit, la mer se démonta, et les vagues submergèrent notre canot. L'officier qui le commandait et deux matelots gagnèrent la côte à la nage; le reste de ce petit équipage périt.

Nous ignorions ce malheur, et M. de La Touche, craignant que la cause qui retardait le retour du canot ne fût l'épaisse obscurité de la nuit, et l'embarras où il pouvait se trouver pour rejoindre la frégate, alluma des feux et tira des fusées.

Cette imprudence apprit à l'escadre ennemie que nous n'étions pas encore entrés dans la Delaware. Pour comble de malheur, le vent changea; il vint du large, et fut par conséquent très favorable aux Anglais pour les faire arriver sur nous.

En effet, au point du jour, nous vîmes deux vaisseaux de guerre et plusieurs frégates qui s'approchaient à toutes voiles; alors nous coupâmes promptement nos câbles, nous prîmes chasse, et nous entrâmes ainsi forcément, sans pilote, dans la rivière.

Les bancs de sable partagent le lit en quatre ou cinq canaux : pour y naviguer heureusement, il aurait fallu prendre d'abord la partie du sud près du rivage, traverser ensuite diagonalement la rivière du sud au nord-ouest entre deux bancs, et nous nous serions trouvés, près de la rive nord, dans un fort bon chenal, où nous aurions navigué sans risque jusqu'à Philadelphie. Mais c'est ce que nous ne pouvions savoir, étant sans pilote, et ne pouvant voir les bancs qui étaient cachés sous l'eau.

Nous nous engageâmes donc dans le milieu de la rivière, espérant y trouver plus d'eau qu'ailleurs, et ce fut malheureusement le mauvais chenal que nous choisîmes. La crainte d'échouer nous contraignit à marcher lentement, la sonde à la main et avec très peu de voiles.

Les Anglais, au contraire, qui avaient à bord des pilotes, nous suivaient rapidement, gagnaient à chaque instant sur nous, et nous voyions à toute minute leurs bâtimens grossir, et la distance qui nous séparait s'effacer. C'était comme un véritable cauchemar.

L'Aigle toucha d'abord sur un banc, et, après quelques efforts, se releva. Au moment où nous passions près de lui, M. de La Touche nous ordonna, lorsque nous échouerions, de couper nos mâts, de couler bas notre frégate, et de sauver, dans notre chaloupe et nos canots, le plus de monde que nous pourrions.

Cependant les Anglais n'étaient plus qu'à deux portées de canon de nous. Déjà, dans cette position désespérée, nous projetions de nous embosser et de nous préparer à un combat trop inégal dont l'issue n'était pas douteuse, puisque nous avions affaire à sept ou huit bâtimens ennemis, parmi lesquels on comptait des vaisseaux de ligne. Le prince Williams d'Angleterre se trouvait à bord de l'un d'eux.

Nous avions allumé nos mèches; la consternation se répandait dans nos équipages, lorsque soudain nous vîmes les vaisseaux anglais, qui jusque-là nous avaient suivis sans crainte d'échouer, puisque nous leur servions pour ainsi dire de pilotes, lorsque, dis-je, nous vîmes cette escadre virer de bord et s'éloigner de nous. Deux de leurs gros bâtimens, qui tiraient beaucoup d'eau, avaient touché, et l'amiral Elphingston, leur commandant, n'osa pas s'enfoncer plus avant dans ce dangereux canal.

Rassurés par la cessation de leur poursuite, et voyant que la corvette que nous avions prise marchait devant nous sans trouver d'obstacle qui l'arrêtât, nous continuâmes lentement notre route. Cependant, lorsque nous nous trouvâmes à six ou sept portées de canon des Anglais, nous jetâmes l'ancre, et de leur côté les ennemis en firent autant.

Alors les chefs de terre et de mer qui étaient à bord de nos frégates se réunirent sur *l'Aigle* et y tinrent conseil. Les uns étaient d'avis de s'embosser et de périr en combattant, les autres de poursuivre encore notre route, dans l'espoir qu'au moins quelqu'un de nos bâtimens parviendrait à franchir les obstacles qui nous arrêtaient.

Dans ce moment, l'officier de notre canot submergé, l'intrépide M. Gandeau, nous amena de la côte deux pilotes américains; mais les lumières de ces deux hommes, qui nous auraient comblés de joie deux heures plus tôt, nous ôtèrent alors toute espérance. Après avoir observé notre position, ils nous apprirent que nous étions dans un étroit chenal qui allait toujours en se rétrécissant, et que nous trouverions fermé plus loin par un banc de sable impossible à passer; ils ajoutèrent que, pour regagner le bon chenal, il nous faudrait redescendre la rivière précisément jusqu'à l'endroit où les Anglais étaient mouillés.

Alors on décida que les officiers de terre s'embarqueraient sur des canots avec les dépêches. Enfin M. de La Touche et M. de Vallongue résolurent de s'enfoncer dans la rivière le plus avant possible, et, quand on ne pourrait aller plus loin, de s'embosser et de vendre chèrement leur vie et leurs frégates à l'ennemi.

On délibérait encore quand tout à coup nous vîmes l'escadre anglaise couverte de voiles, et ses frégates s'approcher de nous assez rapidement ; aussitôt nous levâmes l'ancre et nous recommençâmes à marcher; une demi-heure après, ayant vu le baron de Vioménil, le marquis de Laval, le duc de Lauzun, le comte Bozon de Talleyrand, MM. de Chabannes, de Fleury, de Melfort, et quatre soldats descendre de *l'Aigle* et s'embarquer dans un canot, je les imitai et je descendis dans un autre canot avec MM. de Broglie, de Lameth, de Montesquieu, de Vaudreuil, de Loménie et nos autres passagers, de sorte qu'en une heure nous traversâmes la rivière, et nous débarquâmes sur la rive droite, sentant peu le bonheur de nous trouver à terre, tant nous étions inquiets à la vue de nos frégates, qui de plus en plus se trouvaient pressées entre les bancs qui devaient les arrêter, et les Anglais qui s'approchaient pour les détruire.

Nous avions encore dans ce moment d'autres sujets de contrariété; nous nous trouvions à terre, à la vérité, et touchant ce sol dont tant d'accidens nous avaient éloignés; mais nous nous y trouvions sans bagages, sans domestiques, sans porte-manteaux et sans autres chemises que celles que nous portions sur le corps; d'ailleurs, nous descendions sur une côte inconnue pour nous, et que nous savions habitée par un grand nombre de partisans de la cause anglaise, que l'on nommait alors *torys*.

Le terrain qui se déployait devant nous, n'offrait à nos regards que des bois épais et des marais dangereux. Nous n'avions point de chevaux; depuis vingt-quatre heures, la chasse que nous donnaient les Anglais, et notre pénible marche au milieu des écueils, ne nous avaient permis ni de manger ni de dormir. Cependant, quoique accablés de lassitude, sans perdre un seul instant, nous nous mîmes en route en suivant le premier sentier frayé que nous aperçûmes.

Après avoir erré quelque temps dans les bois, nous vîmes des barrières qui nous indiquèrent une habitation, et nous arrivâmes dans la maison d'un Américain nommé M. Mandlaw.

M. le baron de Vioménil et les autres passagers de *l'Aigle* nous y joignirent promptement ; là, notre hôte nous apprit que nous étions dans un petit canton de l'État de Maryland.

Notre premier soin fut de renvoyer à nos frégates leurs canots et quelques provisions. M. de Vioménil écrivit à M. de La Touche ; il le priait de lui faire passer la nuit, sur une chaloupe, l'argent destiné à l'armée, et il l'assurait, ainsi que M. de Vallongue, que nous allions employer tous nos soins pour leur dépêcher des bateaux, afin qu'ils eussent la possibilité, en cas de désastre, de sauver une partie de leurs équipages et de leurs effets.

MM. de Vioménil, de Laval, de Lauzun, et quatre soldats attendirent, dans la maison de M. Mandlaw, la réponse des commandans des frégates, afin d'être prêts à recevoir nos deux millions cinq cent mille livres lorsqu'ils arriveraient.

MM. de Loménie, de Chabannes, de Melfort, de Talleyrand et de Fleury furent envoyés sur différens points, avec l'ordre de prendre des informations le long de la côte, et de se pourvoir de bœufs ainsi que de charrettes.

MM. de Lameth, de Broglie et moi, ainsi que les autres passagers de *la Gloire*, nous partîmes avec un nègre pour chercher et retenir des bateaux dans une petite rivière, qui se jette dans la Delaware, et qu'on disait située à trois milles de l'endroit où nous étions débarqués.

Mais notre conducteur nous fit faire à pied, et fort vite, au moins huit milles à travers les bois et les marais, et ce ne fut qu'au bout de deux heures que nous arrivâmes à la taverne d'un Américain nommé M. Pedikics, peu distante de la petite rivière. Il nous accueillit froidement, nous montra peu de confiance, et ce ne fut qu'après beaucoup de promesses, et en lui donnant quelque argent et des billets tirés sur les commandans de nos frégates, que nous déterminâmes le maître de la maison à décider les patrons de plusieurs bateaux à remplir notre intention.

Ils partirent en emportant notre argent, et descendirent la rivière; mais la vue des frégates anglaises les effraya, et ils ne voulurent ou ne purent exécuter leur promesse.

Après tant de fatigues, un morceau de bœuf

rôti et une jatte de *grog*, boisson composée de rhum et d'eau, me parurent, avec un méchant lit, les délices du paradis de Mahomet. Cependant ces délices et notre sommeil furent courts; l'inquiétude nous réveilla, et, de très grand matin, nous nous dispersâmes pour chercher des chevaux, afin de rejoindre notre général. Plus nous mettions de chaleur à trouver des montures, plus on affectait de froideur pour nous en offrir, afin de nous les faire payer plus cher.

Le prince de Broglie réussit le premier; il partit et s'égara, je crois, en route. Une demi-heure après, ayant enfin acheté un coursier, je perdis aussi mon chemin, et j'arrivai sur le bord de la Delaware, dans un endroit fort marécageux, où mon cheval s'enfonçait jusqu'aux sangles.

Je ne sais trop comment j'aurais pu m'en tirer, si je n'eusse rencontré un jeune Américain à cheval, qui voulut bien me servir de guide. Il me dit qu'une troupe d'Anglais venait de descendre à terre, ce qui me donna de vives inquiétudes pour le général et pour ses compagnons.

Mon cheval était vigoureux, et je crus pouvoir, avec son secours, approfondir la vérité de cette nouvelle, quitte à piquer des deux, si le bruit répandu était vrai, et si je rencontrais quelques pelotons en habit rouge.

En conséquence, mon guide et moi nous rentrâmes dans le bois, en nous dirigeant vers la maison de M. Mandlaw.

A trois milles de là, ayant entendu quelques bruits de pas et d'armes, nous nous cachâmes derrière des buissons épais pour nous assurer de la cause de ce bruit. Bientôt nous aperçûmes le baron de Vioménil à pied, avec ses aides de camp et quatre soldats; ils s'avançaient, suivant une charrette qui portait les tonnes d'or débarquées de nos frégates.

Je me rendis aussitôt auprès de lui; il me raconta qu'à la pointe du jour, s'étant porté sur la rivière, il avait vu arriver la chaloupe et l'argent qu'il attendait; mais qu'en même temps il avait découvert une autre chaloupe pleine d'habits rouges et de fusils, qui accourait pour empêcher le débarquement.

Ayant envoyé deux soldats pour les observer de plus près, il était parvenu à faire débarquer et charger deux tonnes d'or. Notre chaloupe, avec quelques coups tirés d'un pierrier, intimidait et arrêtait l'ennemi ; mais soudain, deux autres chaloupes anglaises, pleines de gens armés, s'avançant encore pour attaquer la nôtre, celle-ci s'était vue obligée de jeter dans l'eau les tonnes d'argent et de se sauver.

Pour lui, ayant placé l'or sur une charrette, il s'était mis en route pour la ville de Douvres où Lauzun, Laval et les autres passagers devaient le rejoindre par des sentiers différens. Lauzun s'était mis en marche le premier, afin de rassembler à Douvres et de lui envoyer tous les moyens d'escorte qu'il pourrait réunir.

Je suivis le général jusqu'à peu de distance de Douvres, et je revins en arrière pour chercher mes compagnons, afin de leur apprendre ce que m'avait dit le général, et la probabilité d'un débarquement de soldats anglais.

En peu de temps, nous nous trouvâmes réunis ; notre cavalcade, renforcée par MM. de Langeron et de Talleyrand, reprit avec moi la route de Douvres.

Nous regagnâmes bientôt la charrette précieuse qui portait notre or ; mais le général n'y était plus : un de ses aides de camp me dit que M. le baron de Vioménil, ayant appris, par deux officiers du bord de *l'Aigle*, nouvellement débarqués, que les chaloupes ennemies avaient disparu, et qu'il était possible, à la marée basse, de repêcher nos tonnes d'argent qu'on avait jetées dans un endroit peu profond, il était retourné à toute bride vers la rivière avec Laval et quelques officiers, laissant aux autres, ainsi qu'à nous, l'ordre d'escorter notre or jusqu'à Douvres.

Nous arrivâmes dans cette petite ville à trois heures après midi. Lauzun en avait déjà fait partir des charrettes, et rassemblait quelques milices que Montesquieu fut chargé de conduire au général.

A minuit, M. de Vioménil nous rejoignit avec ses charrettes. Malgré l'excès de la chaleur et de ses fatigues, il avait réussi avec M. de Laval à faire repêcher l'argent. Ainsi, nous retrouvâmes notre trésor, et, quoique nous fussions nus comme des vers, sans équipages et sans valets, nous nous serions estimés les plus heureux du monde, sans la situation déplorable et le péril extrême de nos frégates.

Le lendemain matin nous apprîmes assez vaguement que deux de nos bâtimens étaient hors de danger, mais que *l'Aigle* avait été obligé de se rendre après un combat d'une heure contre les frégates anglaises, dont nous avions entendu toute la nuit les coups de canon.

Le général me chargea de porter tout de suite ces nouvelles à M. de La Luzerne, dans la ville de Philadelphie, et de lui remettre les dépêches que la cour adressait à ce ministre. Je portais aussi les dépêches de mon père pour M. de Rochambeau; mais M. de Vioménil me dit de les garder, et d'attendre avec elles, à Philadelphie, qu'il m'envoyât les autres lettres destinées pour l'armée.

Avant d'exécuter cet ordre, il me fut enfin permis de me livrer au sommeil deux ou trois heures, chose très nécessaire après tant de fatigues, tant de jeûnes, un naufrage et de si longues courses; mais au moment de m'endormir, jetant les yeux sur le scapulaire qui était à mon cou, je me rappelai avec quelque colère la fausse prédiction de la tendre dona Marianna Isabella del Carmo, sans oublier dans mes reproches la vénérable abbesse d'Angra avec sa crosse.

Je me mis en route de grand matin pour Philadelphie. Ainsi je ne pus voir Douvres qu'en la traversant; c'était la première ville américaine où le sort m'avait conduit. Son aspect me frappa; elle était environnée de bois épais, parce que, là, comme dans les autres parties des treize États, la population était encore éparse sur un vaste territoire dont une faible partie était cultivée.

Toutes les maisons de Douvres présentaient aux regards des formes simples mais élégantes; elles étaient bâties en bois et peintes avec des couleurs variées : cette variété des bâtimens, la propreté qui y régnait, les marteaux de porte d'un cuivre brillant et poli, annonçaient à la fois l'ordre, l'activité, l'intelligence et la prospérité des habitans.

Un œil accoutumé au spectacle de nos magnifiques cités, à l'afféterie de nos jeunes élégans, et au contraste que présente chez nous le luxe des premières classes, avec la grossièreté des costumes de nos paysans et les haillons de la foule innombrable de nos pauvres, est surpris, en arrivant dans les États-Unis, de n'y voir nulle part l'excès du faste ni celui de la misère.

Tous les Américains que nous rencontrions portaient des habits bien coupés et d'une bonne étoffe, des bottes bien cirées; leur maintien libre, franc, familier, également éloigné d'une rudesse grossière et d'une politesse maniérée, nous montrait l'homme indépendant, mais soumis aux lois, fier de ses droits, et respectant ceux des autres. Leur aspect vous disait que vous vous trouviez dans la patrie de la raison, de l'ordre et de la liberté.

La route que je suivais était large, fort bien tracée et soigneusement entretenue. Dans tous les lieux où je m'arrêtais, les habitans m'accueillaient avec obligeance, et s'empressaient de procurer des chevaux à moi ainsi qu'à mon guide.

Comme tous prenaient un vif intérêt à la chose publique, avant de me laisser partir, il fallait répondre de mon mieux aux questions multipliées qu'ils me faisaient sur les coups de canon dont la Delaware venait de retentir, sur notre débarquement, sur les forces de l'ennemi qui nous avait poursuivis; toutes ces questions étaient entremêlées d'offres de verres de vin de Madère, qu'on ne pouvait refuser sans impolitesse, ni si fréquemment accepter sans inconvénient.

Continuant ma route, comme dans une allée de jardin ombragée par les plus beaux et les plus vieux arbres du monde, je ne faisais pas un mille, c'est-à-dire un tiers de lieue, sans rencontrer quelque habitation déjà ancienne et quelque défrichement nouveau; avant d'arriver à Christianbridge, situé à quarante milles de Douvres, je traversai plusieurs bourgades très peuplées. Christianbridge est sur une hauteur, au bas de laquelle coule une petite rivière qui se jette dans la Delaware.

Étant entré dans une taverne très propre, qu'on m'avait indiquée, le maître de la maison, que j'eus quelque peine à réveiller, car la nuit était avancée, me dit qu'il ne pouvait me loger parce que sa maison était occupée par des Français.

Ne pouvant imaginer qu'aucun de mes compagnons de naufrage m'eût ainsi devancé, j'allai droit à la chambre de ces Français; je les réveillai, et je reconnus avec autant de surprise que de joie le marquis de Champcenetz, aide de camp de M. de Vioménil.

Cet officier, lorsque nous quittâmes nos frégates, avait consenti, d'après les instances de M. de La Touche, à rester à bord de *l'Aigle*. M. de Champcenetz parlait parfaitement la langue anglaise, et son secours était fort nécessaire à M. de La Touche, pour s'entendre avec les pilotes américains, tant que durerait sa périlleuse navigation.

J'appris par lui tous les détails du désastre de *l'Aigle*. Il me dit que le 14 au soir, au moment où nos frégates, très enfoncées dans la rivière, n'étaient plus poursuivies que par trois frégates ennemies, on sentit tout à coup le fond diminuer; ce qui annonçait l'approche de l'obstacle insurmontable prédit par les pilotes.

M. de La Touche voulait alors s'embosser; mais, dans cet instant, la corvette que nous avions prise, ayant légèrement franchi le funeste banc de sable qui fermait le chenal, le capitaine donna l'ordre à *la Gloire* de tenter aussi ce passage; ce qu'après beaucoup d'efforts elle fit avec succès.

Ce bonheur laissa quelque espoir à M. de La Touche de se sauver; mais, comme il tirait plus d'eau que *la Gloire*, il toucha l'écueil plus fortement, resta engagé dans le sable, et sa frégate même s'y coucha de manière à lui ôter toute possibilité de se servir de ses canons, qui dès ce moment ne tiraient plus qu'en l'air.

Alors une frégate anglaise, qui était dans le bon chenal, se mit en travers derrière la poupe de *l'Aigle*, et le canonna vivement; d'autres frégates arrivaient par le chenal du milieu de la rivière. M. de La Touche ne put répondre à leur feu terrible que par le feu inutile de deux petits canons de poupe, et même il ne tirait ainsi que pour l'honneur de son pavillon.

Lorsque les frégates anglaises s'approchèrent, il coupa ses mâts et fit faire à son bâtiment un large trou qui l'aurait coulé bas, s'il y avait eu assez d'eau. Après cette triste opération, pendant laquelle le feu de l'ennemi redoublait, il dit à M. de Champcenetz de se jeter, avec les pilotes américains et quelques matelots, dans le seul canot qui lui restait; et, dès que ce canot eut quitté le bord, *l'Aigle* amena son pavillon.

Cependant la frégate anglaise, voyant le canot à la rame, dirigea tout son feu sur lui. Déjà les pilotes intimidés voulaient se rendre; mais M. de Champcenetz, l'épée à la main, les força de braver cette grêle de boulets et de passer la rivière. Enfin, après mille dangers, il arriva à terre et se rendit à la petite ville où je le rencontrai.

Il m'apprit un autre malheur de M. de La Touche; c'est qu'ayant, avant son désastre, tenté de parlementer avec les Anglais, il sut par eux que sa maîtresse et son bâtiment marchand, remorqué par lui jusqu'aux Açores, et qui avait si malencontreusement retardé notre navigation, étaient arrivés le même jour que nous dans la baie de la Delaware, et que là les Anglais s'étaient emparés de la dame et du navire.

M. de Champcenetz me demanda de partir avec moi pour Philadelphie : j'y consentis avec plaisir. Ainsi je poursuivis ma route avec mon nouveau compagnon de voyage. Au bout de trois heures, nous fûmes hors des lieux où l'on pouvait craindre les torys, et nous arrivâmes à Wilmingtown, capitale du comté de la Delaware, ville bien bâtie, très propre, très peuplée, et qui, par le grand nombre de ses boutiques, annonçait l'activité de son commerce. J'y logeai chez un colonel américain qui nous reçut avec courtoisie, et nous fit avoir de très bons chevaux.

De là nous partîmes pour Chester où nous arrivâmes, pour dîner, dans une auberge *à l'enseigne du général Washington;* car, dans toutes les villes de cette république reconnaissante, le nom de Washington se rencontrait partout et était gravé dans tous les cœurs. Notre hôtesse, bien disposée pour les Français, redoubla d'empressement et d'intérêt pour moi, dès qu'elle sut que j'étais oncle et ami de M. de La Fayette.

Chester est très riche et très commerçante. Sa position sur la Delaware lui donne une vue délicieuse ; l'élégance de ses maisons annonce qu'on est près d'une capitale. Tous les vaisseaux qui naviguent sur la Delaware, s'arrêtent dans le port de Chester avant d'aller jusqu'à Philadelphie.

M'étant remis promptement en route, j'éprouvai un vif regret de passer, sans pouvoir aller le reconnaître, près du terrain où s'était livrée la bataille de Brandy-Wine ; mais, chargé des dépêches de mon père pour M. de Rochambeau, de M. de Castries pour le marquis de Vaudreuil, et de M. de Vioménil pour M. de La Luzerne, il m'était impossible de m'arrêter.

En approchant de Philadelphie, j'admirai, lorsque je passai le pont de Chester, le magnifique horizon dont il est le centre, ainsi que les sites gracieux et les perspectives variées qu'offrait aux regards le cours de la rivière.

Peu de momens après, je rencontrai M. de La Luzerne : ce ministre, informé récemment de l'arrivée de nos frégates dans la Delaware, voulait se rendre à Douvres pour y chercher M. de Vioménil ; il me reçut avec la politesse la plus obligeante, la plus cordiale, nous plaignit de nos contrariétés, s'affligea du désastre de *l'Aigle*, et rit un peu de mon triste équipage, qui était en effet passablement ridicule. Il me fit entrer dans sa voiture et reprit avec moi le chemin de Philadelphie.

J'arrivai dans cette ville avec l'intention et l'espoir de m'y reposer au moins huit jours ; espérance qui fut déçue comme toutes les autres : car le sort semblait avoir décidé que, guerrier, je ferais une longue campagne sans batailles ; qu'officier de terre, je n'assisterais qu'à un combat de mer ; que, courant après l'ennemi, je le trouverais en retraite et renfermé dans des forteresses inabordables ; et que, voyageur, je serais forcé de toujours courir d'un lieu à un autre, du nord au midi, et de la zone froide à la zone torride, sans pouvoir m'arrêter dans aucun des endroits qui pouvaient le plus exciter ma curiosité.

J'eus à peine vingt-quatre heures pour entrevoir la ville qui était alors la capitale des États-Unis et la résidence de leur gouvernement. A la vue de Philadelphie, il était difficile de ne pas pressentir les grandes et prospères destinées de l'Amérique.

Cette ville, dont le nom signifie *la ville des*

frères, est située sur la rive est de la Delaware, à deux petites lieues du confluent de ce fleuve et de la rivière de Schuylkill. Elle contenait alors cent mille habitans : ses rues larges de soixante pieds et tirées au cordeau, ses beaux trottoirs, la propreté et l'élégance simple de ses maisons frappent agréablement les regards, malgré l'irrégularité des divers petits quais que chaque négociant a construits selon sa fantaisie sur le bord du fleuve, à la porte de son magasin, avec des enfoncemens pour y mettre ses vaisseaux à l'abri de la débâcle des glaces : cette partie est basse, malsaine et humide.

Penn, fondateur de cette ville, avait projeté pour elle un plan immense et régulier. Les rêves de cet homme de bien n'ont pas eu plus de durée que ceux de maints grands politiques; mais son nom vivra toujours, car il fut le seul Européen qui fonda légalement un État en Amérique, et qui ne le cimenta pas du sang des infortunés peuples de cet hémisphère.

Sa secte simple, morale et pacifique, celle des *frères*, qu'on a vainement voulu rendre ridicules en les appelant *quakers* ou *trembleurs*, subsiste encore comme le monument de la seule société qui jamais peut-être ait professé et pratiqué, sans aucun mélange et sans aucun préjugé, la morale évangélique et la charité chrétienne dans toute leur simplicité et dans toute leur pureté. L'intérêt même de leur défense ne pourrait les contraindre à répandre le sang, et celui de leur fortune ne pourrait les obliger à profaner le nom de Dieu par un serment.

D'autres, dans tous les temps, ont parlé de philosophie; mais ceux-là seuls ont vécu et vivent en vrais sages : aussi, malgré l'ironique dédain avec lequel on en parle partout, même dans la contrée qui leur appartenait de droit, et dont on leur a ravi le gouvernement, je n'ai jamais pu les voir et les entendre sans émotion et sans respect.

Je sais bien qu'accoutumé à nos usages, on peut être d'abord choqué des leurs, et qu'on serait tenté de les accuser d'affectation, parce qu'ils entrent toujours dans un salon le chapeau sur la tête, et ne vous parlent jamais qu'en vous tutoyant. Leur habillement aussi, quoique propre, paraît trop rustique, et celui des femmes, s'il était noir, ressemblerait, avec leurs guimpes, aux costumes de nos sœurs de la charité. Mais ces formes sévères, qui leur sont prescrites, contribuent peut-être, plus qu'on ne le croit, au maintien de leurs mœurs.

Très rigides pour eux-mêmes, jamais personne ne poussa la tolérance plus loin qu'eux, et, quoique la guerre soit à leurs yeux un grand crime, et qu'ils détestent la profession militaire, ils savent rendre un juste hommage aux guerriers économes du sang humain, et qui joignent la vertu au courage.

Aussi, l'un des plus renommés d'entr'eux pour son esprit, vint trouver le général comte de Rochambeau, à son passage à Philadelphie, et voici la harangue qu'il lui adressa : « Mon » ami, tu fais un vilain métier; mais on dit que » tu t'y conduis avec toute l'humanité et toute » la justice qu'il peut comporter. J'en suis bien » aise; je t'en sais bon gré, et je suis venu te » voir pour te prouver mon estime. »

Un autre quaker généralement considéré, M. Benezet, disait au général chevalier de Chastellux . « Je sais que tu es homme de lettres » et membre de l'académie française : les gens » de lettres ont écrit beaucoup de bonnes choses » depuis quelque temps; ils ont attaqué les er- » reurs, les préjugés, l'intolérance surtout; » est-ce qu'ils ne travailleront pas à dégoûter

» les hommes de la guerre, et à les faire vivre
» entr'eux comme des amis et des frères? »

Les détracteurs de cette secte philanthropique, ne pouvant attaquer ni leur charité ni la simplicité de leurs mœurs, ne dirigeaient les traits du ridicule que sur leur enthousiasme et sur leurs prétendues inspirations. Cependant ils soutenaient que quelquefois leur intérêt faisait fléchir la rigidité de leur doctrine. « Les prin-
» cipes des quakers, disaient-ils, leur défen-
» dent absolument de prendre une part directe
» ou indirecte quelconque à la guerre, qui est
» un grand crime à leurs yeux. En conséquence,
» ils refusent tous de payer les taxes imposées
» par le congrès, pour le paiement de l'armée
» américaine; mais, comme en même temps
» ils veulent éviter les peines auxquelles pour-
» rait les exposer cette désobéissance, chaque
» quaker a soin de mettre dans une bourse la
» somme qu'on exige de lui, et de la placer
» ostensiblement dans sa maison, sur son bureau
» ou dans une armoire ouverte, de sorte qu'au
» moment où les agens de l'autorité viennent
» chez lui, ils ne leur donnent pas à la vérité
» la somme exigée pour l'impôt de guerre, mais
» ils la laissent prendre. » On est, je l'avoue,

tenté de croire que quelque jésuite voyageur leur aura indiqué cette ruse pour satisfaire à la loi, sans violer littéralement la règle.

Au reste, l'éloignement prononcé des quakers pour la guerre les portant naturellement à ne point partager l'esprit d'insurrection contre la mère-patrie, la plupart d'entr'eux étaient torys, ce qui explique la sévérité peu juste avec laquelle les patriotes les jugeaient.

Philadelphie, à l'époque dont je parle, ne frappait les regards que par sa grandeur, par sa régularité et par l'aisance de sa population. On n'y voyait ni promenades, ni jardins publics; les seuls édifices remarquables étaient l'hôpital, la maison de ville, la prison et l'église du Christ. La maison d'État contient de grandes salles, où le premier congrès tint ses séances et proclama l'indépendance américaine.

Ce n'est pas l'architecture des monumens de cette cité, ce sont de grands souvenirs qui attirent sur eux la curiosité et commandent le respect. Toute la ville elle-même est un noble temple élevé à la tolérance; car on y voit, en grand nombre, des catholiques, des presbytériens, des calvinistes, des luthériens, des unitaires, des anabaptistes, des méthodistes et des quakers, qui professent chacun leur culte en pleine liberté, et vivent entr'eux dans un parfait accord.

Je m'informai avec soin de l'état des fortifications de cette place et des moyens qu'on avait pris pour la défense de la Delaware, rivière que les bâtimens de guerre les plus légers ne pouvaient remonter que jusqu'à Trenton ; mais cette partie de mes observations, importantes alors puisque la paix n'était pas faite, et que la lutte existait encore entre trois millions d'Américains divisés et les forces colossales de la Grande-Bretagne, n'a plus d'intérêt aujourd'hui.

L'Amérique, libre depuis quarante ans, florissante par de sages lois, puissante par une population de dix millions d'habitans, défendue au besoin par tous, et montrant déjà à l'Europe étonnée une marine respectable, ne craint plus de voir un ennemi téméraire aborder ses côtes, remonter ses fleuves et menacer ses cités.

Le chevalier de La Luzerne, ministre plénipotentiaire de France, et chez lequel je logeais, me fit mieux connaître, dans de courts entretiens, la situation des affaires, la nature des institutions, la force des partis et les destinées futures de l'Amérique, que n'auraient pu le faire un long voyage et de pénibles recherches. M. de La Luzerne joignait à beaucoup d'instruction et d'esprit une parfaite loyauté et une grande sagesse.

On n'a pas assez apprécié tout le bien que cette sagesse et l'habile prudence du comte de Rochambeau ont fait à la noble cause que nous soutenions, dans un temps où il fallait ranimer le courage des Américains ébranlé par de nombreux revers, calmer leur mécontentement causé par le retard des secours que nous avions promis, rapprocher les esprits, maintenir la concorde, prévenir toute mésintelligence et jalousie entre la France et ses alliés, et, par une active correspondance, contribuer au succès de ces grandes opérations combinées de si loin, et dont la réussite a fixé le sort de la nouvelle république, en enlevant aux Anglais tout espoir de détruire son indépendance. Sans doute la postérité, plus juste, honorera, comme elle le doit, deux hommes si utiles à leur patrie, et réparera les torts de leurs contemporains.

M. de Marbois, aujourd'hui pair de France, était consul et conseiller d'ambassade près de M. de La Luzerne, et le secondait dans ses travaux. Précédemment il avait été chargé d'affaires à Ratisbonne, à Dresde et à Munich. Nous lui devons un écrit curieux sur la conspiration d'Arnold; c'est un morceau d'histoire qui porte l'empreinte des meilleurs écrivains de l'antiquité.

Après le triomphe des États-Unis, M. de Marbois, nommé intendant à Saint-Domingue, rétablit l'ordre dans cette colonie. Revenu en France, il fut envoyé en mission à Vienne par Louis XVI. Échappé à la tyrannie de la convention, il fut membre du conseil des anciens; proscrit et exilé par le directoire, il languit plusieurs années à Cayenne sur un sol infect où presque tous ses compagnons d'infortune périrent.

Rappelé dans sa patrie, il fut ministre de Napoléon, se vit honoré de la même confiance par Louis XVIII, et, plein de forces à l'âge où celles de la plupart des hommes sont usées, il honore également, par ses lumières et par sa probité, la cour des comptes qu'il préside et la chambre des pairs où il siége.

M. de La Luzerne, dès le lendemain de mon arrivée, me fit visiter et connaître les personnes les plus remarquables de la ville : M. Morisse, qui par son crédit soutint le crédit financier et presque anéanti de l'État, releva la fortune publique par son intelligence, et perdit ensuite la sienne par des spéculations hasardées; M. Lincoln, ministre de la guerre, qui rendit de grands services à son pays, comme guerrier et comme homme d'État, et M. Lewington, ministre des affaires étrangères, qui était fort considéré.

Je vis aussi plusieurs dames dignes d'attirer l'admiration par leurs vertus comme mères de famille, et par les agrémens que leur esprit répandait dans la société. Sans montrer la grâce de nos dames françaises, elles avaient la leur qui, pour être plus simple, n'en était pas moins attrayante.

Le besoin du repos, la curiosité, l'aimable obligeance de mon hôte m'inspiraient un juste désir de prolonger mon séjour à Philadelphie; mais à peine avais-je dormi quelques heures, bercé par de douces espérances, qu'un officier, envoyé par M. le baron de Vioménil, me réveilla et m'apporta l'ordre de partir sur-le-champ pour les États du nord, afin de porter les dépêches de ma cour aux généraux Rochambeau et Washington, campés alors près de la rivière d'Hudson.

J'obéis, fort contrarié d'entreprendre seul un si long voyage, sans valets, sans effets et même sans linge. Mais, au moment où j'allais me mettre en route, un de mes gens, débarqué de *la Gloire*, accourut à moi en me criant que la frégate et une partie de mes équipages étaient sauvées; il ne m'apportait qu'un léger porte-manteau que je plaçai avec mon domestique sur mon suki, et je me mis en chemin, monté sur un assez bon cheval.

Je passai, non sans un vif regret de ne pouvoir m'arrêter, près de ce champ fameux de Germanstown où l'armée américaine, commandée par Washington, prouva, en attaquant et en combattant vaillamment les Anglais, qu'elle n'était pas abattue par la défaite de Brandy-Wine, et que, si l'on pouvait vaincre quelquefois l'Amérique, il était impossible de la subjuguer.

Je trouvai partout, dans tous les bourgs, dans toutes les villes, dans toutes les maisons particulières où je m'arrêtai, la même simplicité de mœurs, la même urbanité, la même hospitalité, le même zèle pour la cause commune, et le même empressement pour me faciliter les moyens d'arriver promptement à ma destination.

A chaque pas sur ma route, j'éprouvais deux impressions contraires, l'une produite par le spectacle des beautés d'une nature sauvage, et l'autre par la fertilité, la variété d'une culture industrieuse et d'un monde civilisé. Tantôt, seul au milieu de ces immenses forêts, de ces arbres majestueux que jamais la cognée ne toucha, et dont plusieurs, succombant au poids des siècles, n'attestent plus leur antique existence que par des monticules de leurs troncs réduits de poussière, je me transportais en idée au moment où les premiers navigateurs européens portaient leurs pas sur cet hémisphère inconnu. Tantôt j'admirais de jolis vallons cultivés avec soin, des prés sur lesquels erraient de nombreux troupeaux, des maisons propres, élégantes, peintes en diverses couleurs, entourées de petits jardins et de jolies barrières; plus loin, après d'autres masses de bois, des bourgs bien peuplés, des villes où tout vous rappelle la civilisation perfectionnée, des écoles, des temples, des universités; nulle part l'indigence ni la grossièreté; partout la fertilité, l'aisance, l'urbanité; chez tous les individus cette fierté modeste et tranquille de l'homme indépendant, qui ne voit au-dessus de lui que les lois, et qui ne connaît ni la vanité, ni les préjugés, ni la servilité de nos sociétés européennes : tel est le tableau qui, pendant tout mon voyage, surprit et fixa mon attention.

Là, nulle profession utile n'est ridiculisée ni méprisée, et, dans des conditions inégales, tous conservent des droits égaux. L'oisiveté seule y serait honteuse. Les grades militaires et les emplois n'empêchent personne d'avoir une profession à lui. Chacun y est ou marchand, ou cultivateur, ou artisan; les moins aisés sont domestiques, ouvriers ou matelots; loin de ressembler aux hommes des classes inférieures de l'Europe, ceux-ci méritent les égards qu'on a pour eux, et qu'ils exigent par la décence de leur ton et de leur conduite.

Dans les premiers momens, j'étais un peu surpris, en entrant dans une taverne, de la voir tenue par un capitaine, par un major, par un colonel, qui me parlait également bien de ses campagnes contre les Anglais, de l'exploitation de ses terres, de la vente de ses fruits et de ses denrées.

J'étais encore plus étonné, lorsque après avoir répondu aux questions de quelques-uns sur ma famille, et leur ayant dit que mon père était général et ministre, ils me demandaient quelle était sa profession ou son métier.

Je trouvais partout des chambres propres, des tables bien servies, une chère abondante, mais saine et simple, des boissons un peu trop fortes de rhum et de cannelle, un café trop faible et du thé excellent. Deux choses seulement me choquèrent plus qu'on ne peut le dire : l'une était l'habitude, au moment des toasts, de faire circuler autour de la table un grand bol de punch, dans lequel chaque convive était successivement obligé de boire; et l'autre de voir, lorsqu'on était couché, un nouvel arrivant venir sans façon partager vos draps et votre lit. Relativement à ce dernier usage, je me montrai un peu rebelle, et j'obtins, sans trop de peine, d'en être dispensé.

Je m'arrêtai peu d'heures dans les jolies villes de Trenton et de Princetown, que j'aurais vivement désiré connaître plus en détail; car ces deux villes rappelaient les souvenirs glorieux des actions brillantes de Washington, de La Fayette et d'un grand nombre de guerriers qui avaient su forcer les Anglais, malgré leur tactique et leur nombre, à estimer ce peuple insurgé pour lequel ils avaient affecté un si injuste mépris, et à reconnaître que l'amour ardent d'une sage liberté est de toutes les puissances la plus redoutable.

A trois lieues de Pompton, je faillis, par une singulière méprise, tomber avec mes dépêches dans les mains de nos ennemis; ce qui aurait été, dans ma carrière, un étrange et malheureux début. L'armée française avait, peu de temps avant, suivi la route que je parcourais, et cette route était encore jalonnée pour la commodité des malades, des traîneurs et des bagages que, dans une si longue marche, elle avait laissés derrière elle.

J'étais seul avec mon domestique et sans guide : à un embranchement de chemins, quelques jalons placés sur une route à l'est, par mégarde ou par perfidie, me trompèrent, et je suivis un chemin qui m'éloignait de mon but. Après avoir marché plusieurs heures, je m'étonnais de ne point encore apercevoir Pompton; enfin j'entrevis une maison isolée, à la porte de laquelle une vieille femme était assise et filait; je m'approchai d'elle et je lui demandai si je serais bientôt à Pompton. Elle rit et me dit : « Vous n'êtes pas sur la route, et vous voilà à » six lieues d'Élisabethtown, où se trouve un » régiment de dragons anglais. »

A ces mots, comme on peut le croire, je retournai promptement sur mes pas, fort heureux d'avoir évité cette mésaventure et les patrouilles anglaises; je ne pus arriver à Pompton que fort avant dans la nuit.

Peu de temps avant d'y entrer, je rencontrai un pauvre Français, lieutenant d'infanterie, convalescent et qui voyageait à pied. Comme il était exténué de fatigue, je l'invitai à monter sur mon suki.

Toutes les tavernes de Pompton étaient encombrées de voyageurs : dans la dernière où je me présentai, on me dit que toutes les chambres étaient occupées par un employé aux vivres de notre armée. Je résolus de lui demander de m'en céder une partie, mais la sotte vanité de cet individu amena entre nous un dialogue assez comique.

L'officier que j'avais recueilli, imposait peu avec sa physionomie pâle et ses vêtemens pleins de poussière. Pour moi, je portais sur mon habit une simple redingote blanche, sans aucune marque de grade.

M. l'employé aux vivres nous reçut très incivilement sans se lever, et nous répondit que nous pouvions chercher ailleurs un logement, et qu'il n'y avait point de places pour nous.

Comme je lui répliquais avec vivacité pour lui faire sentir son impolitesse, ma redingote, s'ouvrant un peu, lui laissa apercevoir un bout d'épaulette qui adoucit son ton, sans cependant abaisser sa fierté.

« Je suis fâché, me dit-il, de ne pas vous re-
» cevoir mieux; mais mes commis et moi nous
» n'avons ici que ce qui nous est nécessaire. A
» un mille hors de la ville, vous trouverez, je
» crois, une taverne où vous pourrez vous
» loger. »

« Cette course, lui répondis-je, serait, après
» une si forte journée et si tard, un peu fati-
» gante, surtout pour ce pauvre officier ma-
» lade, que moi, colonel, j'ai cru devoir trai-
» ter un peu plus honnêtement qu'il ne l'est
» par vous. »

A ce mot de *colonel*, mon employé, changeant subitement de physionomie, m'adresse, en balbutiant, quelques excuses, et cependant, encore entêté, il me propose de me donner une place dans sa chambre, et de conduire lui-même mon officier à l'auberge éloignée qu'il m'a indiquée.

Alors, me laissant aller à une juste colère :

« En vérité, monsieur, lui dis-je, c'est par
» trop d'inconvenance : vous avez été brutal
» pour des compatriotes que vous croyiez su-
» balternes, un peu leste pour deux officiers, et
» assez peu respectueux vis-à-vis d'un colonel :
» il faut vous en punir. Oui, monsieur, je suis
» colonel et fils du ministre de la guerre. Vous
» n'avez qu'un seul moyen pour m'empêcher
» de rendre compte à M. de Rochambeau de
» votre insolente conduite : je ne vous avais
» demandé qu'une de vos chambres, à présent
» je les veux toutes. Sortez d'ici sur-le-champ
» avec vos commis, et cherchez un autre gîte. »

Aussi humble qu'il s'était montré vaniteux, il obéit sans murmurer. Mon pauvre officier fut bien logé, bien couché, et tel fut le dénouement de cette petite scène de comédie.

Peu de temps après, j'arrivai sur les bords de la rivière d'Hudson, à Stoney-Point, poste élevé et important où se distingua brillamment le major français Fleury, lorsque les Américains le prirent d'assaut.

Nous ne nous faisons point d'idée, en Europe, d'un fleuve aussi large, aussi magnifique que celui d'Hudson. Les vaisseaux de guerre le remontent ; c'est une véritable mer qui coule entre deux vastes forêts âgées de plusieurs siècles, et dont l'aspect imposant jette le voyageur dans la plus profonde méditation.

Ayant traversé cette rivière à un endroit nommé Kings-Ferry, j'aperçus peu d'heures après, avec une joie indicible, les tentes du camp américain; je le traversai, et, après avoir fait quelques milles, j'arrivai à Piskill le 26 septembre, au quartier-général du comte de Rochambeau; je lui remis les dépêches de mon père, ainsi que celles de M. de Vioménil, et ce respectable général, me serrant dans ses bras, m'accueillit avec la même tendresse qu'il aurait pu montrer à son fils.

Après avoir rempli ce premier devoir, je me rendis aux tentes du régiment de Soissonnais commandé par le comte de Saint-Maime, qui depuis prit le nom de comte du Muy, fit avec vaillance plusieurs campagnes dans la guerre de la révolution, et, après la restauration, fut nommé membre de la chambre des pairs.

Le régiment ayant pris les armes, je fus reçu, suivant les usages militaires, colonel en second de ce corps; on m'y accueillit d'autant mieux que mon nom rappelait à ces guerriers de glorieux souvenirs; car, par un singulier hasard, le régiment de Soissonnais, s'appelant autrefois régiment de Ségur, avait brillamment contribué aux victoires de Lawfeld et de Rocoux. Mon père le commandait alors, et ce fut en marchant à sa tête, qu'il reçut dans l'une de ces actions une balle qui lui traversa la poitrine, et dans l'autre un coup de fusil qui lui fracassa le bras. Les mêmes hommes n'existaient plus; mais cette tradition militaire vivait, et ils me reçurent moins en chef ordinaire qu'en enfant du corps.

Un ancien officier me cita même obligeamment, devant tous ses camarades, ces vers tirés d'une épître de Voltaire à madame la duchesse du Maine, sur la victoire de Lawfeld en 1747 :

> Anges des cieux, puissances immortelles,
> Qui présidez à nos jours passagers,
> Sauvez Lautrec au milieu des dangers;
> Mettez Ségur à l'ombre de vos ailes.
> Déjà Rocoux vit déchirer son flanc :
> Ayez pitié de cet âge si tendre;
> Ne versez pas les restes de ce sang,
> Que pour Louis il brûle de répandre.

Comme j'étais arrivé en véritable naufragé, c'est-à-dire n'apportant rien que mon uniforme et mon épée, le comte de Saint-Maime, en bon frère d'armes, partagea cordialement avec moi tout ce qu'il possédait; grâce à lui, il ne me manqua rien en tentes, en équipages, et nous fîmes table commune, à laquelle, tout le reste de cette campagne, nous invitâmes quotidiennement les officiers de notre corps; car de longues marches du nord au sud et du sud au nord des États-Unis avaient usé tous leurs modestes équipages.

Trouvant les armées combinées près de New-Yorck, j'avais espéré que nous entreprendrions le siége de cette place importante; mais cet espoir ne se réalisa pas. Peu de jours après nous allâmes occuper un autre camp, celui de Crampont, entre la rivière du nord et celle de Croton. Là, je cessai de vivre d'emprunt; mes gens et mes équipages, débarqués de *la Gloire*, m'arrivèrent et effacèrent ainsi les traces de ma mésaventureuse entrée dans la Delaware.

La vie des camps, lorsqu'on ne se bat point, est à la fois active et oisive, ce qui plaît à beaucoup de gens, car on y tue le temps sans l'employer; on s'y fatigue beaucoup sans rien faire. Les jeunes militaires instruits y oublient ce qu'ils ont appris, et n'y apprennent rien de ce qu'ils ne savent pas.

Habitué à m'occuper, loin d'en avoir le loisir, j'étais forcé, après les exercices, de courir successivement chez tous nos généraux, dont les quartiers étaient assez éloignés les uns des autres, ou bien je me voyais chez moi livré à tous les visiteurs; car les tentes n'ont point de clef, et les importuns n'ont point de mesure; je n'étais libre qu'à l'arrivée de la nuit, et je retrouvais alors, avec délices, quelques heures pour penser et pour lire.

Les grenadiers du régiment de Soissonnais me donnèrent une marque d'affection aussi touchante que neuve, et dont je garde un doux souvenir. Profitant d'un jour où j'étais de service et envoyé en reconnaissance, ils se concertèrent et travaillèrent si activement, qu'à mon retour dans le camp, à l'entrée de la nuit, j'aperçus, près de ma canonnière, la tente ronde qui me servait de cabinet, illuminée, ornée de feuillages, et dans l'intérieur je vis une petite cheminée très bien construite, une sorte de parquet fort bien fait, une table commode et de larges tablettes suspendues aux parois de la tente, et sur lesquelles tous mes livres étaient rangés avec ordre. Ces braves gens jouissaient de ma surprise, et, lorsque je les remerciai, ils me ré-

pondirent : « Vous partagez de si bon cœur nos
» travaux, que nous nous plaisons à contribuer
» aux vôtres ; nous voulons vous prouver com-
» bien nous aimons un chef qui nous soigne et
» qui nous aime. »

Je profitai de quelques jours de loisir pour aller visiter le fort de West-Point, et je ne pris pour compagnon dans cette course que M. Duplessis-Mauduit, officier d'artillerie, qui s'était rendu célèbre par plusieurs actions d'intrépidité que les plus braves Romains n'auraient pas désavouées.

Son caractère paraissait aussi original que sa valeur était brillante. Dans sa jeunesse, ayant eu une dispute et fait un pari d'un écu sur la vraie position de l'armée des Athéniens et de celle des Perses à la bataille de Platée, comme il était à la fois pauvre et entêté, voulant absolument vérifier le fait en question, mais sans se ruiner, il entreprit et acheva à pied un voyage en Grèce.

On le vit toujours en Amérique en avant de tous dans les attaques, le premier dans les assauts, et le dernier dans les retraites. Chargé une fois de reconnaître le camp retranché des ennemis, il s'en approcha seul hardiment, couvert des ombres de la nuit, se traîna à terre sur le ventre jusqu'au pied des palissades, en arracha quelques-unes, et ne revint au camp américain qu'après avoir pénétré dans les retranchemens anglais qu'il devait reconnaître.

Cet officier portait jusqu'à l'excès l'amour de la liberté et de l'égalité; il se fâchait lorsqu'on le nommait *monsieur*, et voulait qu'on l'appelât tout simplement Thomas Duplessis-Mauduit. Sa vie fut courte et sa fin malheureuse : employé à Saint-Domingue, il se jeta au milieu d'une émeute pour l'apaiser, et fut assassiné par les nègres dont il voulait réprimer la furie.

La forteresse de West-Point, située sur un mont escarpé, au pied duquel coule la rivière du nord ou d'Hudson, était doublement fortifiée par la nature, par l'art, et regardée comme inexpugnable. Ce fut ce poste important, appelé à juste titre la clef des États-Unis, que le traître Arnold voulut livrer aux Anglais.

Depuis la découverte de sa trahison et sa fuite, on avait confié le commandement de cette place au général Knox, autrefois libraire, et qui s'éleva au plus haut grade par un rare mérite; c'était un des officiers les plus instruits et les plus braves de l'Amérique. Il m'accueillit avec cordialité, et me fit voir tous ses moyens de défense. J'ai rencontré dans mes voyages peu d'hommes dont la conversation fût à la fois plus agréable et plus instructive.

C'est à West-Point plus qu'en tout autre endroit, qu'on est saisi d'étonnement à l'aspect de cette rivière du nord, dont la largeur est d'une lieue, que des bâtimens de guerre remontent jusqu'à Albany, et qui coule entre deux chaînes de montagnes alors inhabitées, couvertes de pins, d'antiques chênes et de noirs cyprès.

Cette vue âpre et sauvage m'inspirait des pensées tristes et profondes, et, comme on le dit à présent, *romantiques;* elles étaient animées par l'entretien de Mauduit, qui me rappelait les divers événemens dont ce lieu avait été le théâtre, et tous les combats que depuis cinq ans la liberté y avait livrés contre les forces redoutables de ses ennemis.

J'avoue qu'en regardant ces masses gigantesques de rochers, ces abîmes sans fond et ces immenses forêts, je n'imaginais pas comment les Anglais avaient pu si long-temps conserver l'espoir chimérique de subjuguer un peuple défendu par ces inexpugnables remparts, et enflammé par l'amour de l'indépendance.

Après ce voyage intéressant, je revins au camp de Crampont. Nous restâmes quelques semaines sans autre occupation que des visites de postes, quelques reconnaissances, les exercices fréquens et tous les devoirs de détail du métier.

Je n'étais dédommagé de cette inaction que par les curieux entretiens de tous ceux qui, soit dans notre armée, soit dans celle des Américains, avaient le plus contribué au succès de cette guerre, et qui pouvaient le mieux m'instruire des institutions du pays, des causes de sa révolution, de ses progrès, de ses obstacles, enfin de tout ce qu'une vive curiosité m'avait fait désirer depuis si long-temps d'étudier de près et d'approfondir.

Je fus heureusement secondé dans mes recherches par un guide aussi aimable qu'éclairé, par le chevalier de Chastellux, ami intime de mon père et mon parent très proche. Le nom de cet académicien spirituel, de cet officier général distingué, de ce savant sans morgue, qui savait allier le mérite d'une érudition vaste aux agrémens d'un style pur et correct, est encore vénéré dans toute cette Amérique dont son épée défendit l'indépendance.

Ses écrits, estimés en France, sont mieux appréciés au dehors; on y a mieux senti le mérite de son livre sur *la félicité publique*. Cet ouvrage curieux abat beaucoup d'idoles antiques; il contient des vérités nouvelles et importantes, et nous prouve, avec autant d'esprit que de raison, combien, grâce aux lumières de la philosophie, le sort des nations modernes est préférable à celui de ces peuples héroïques dont on ne montre que les grandeurs à notre jeunesse trompée.

L'auteur, sans se laisser éblouir par l'auréole de cette gloire antique, nous rappelle l'imperfection, l'injustice de leurs lois qui maintenaient en esclavage, et traitaient comme de vils troupeaux, les dix-neuf vingtièmes du genre humain; la barbarie de leurs mœurs, la folie souvent cruelle de leurs cultes, et leur profonde ignorance dans un grand nombre de sciences géographiques, physiques, industrielles, mathématiques, théoriques ou pratiques, qui, fleurissant aujourd'hui des extrémités de l'Europe à celles de l'Amérique, perfectionnent sans cesse la civilisation, répandent partout l'ordre, la sécurité, l'aisance, font opérer aux arts des prodiges, allégent nos maux, centuplent nos jouissances, établissent entre tous les peuples l'échange rapide de leurs pensées, de leurs lumières, des fruits de leurs travaux, et fécondent les terrains stériles.

Ces sciences commandent aux élémens, dirigent, écartent la foudre. Secondés par elles, les hommes des temps modernes bravent les tempêtes de l'Océan, qu'ils sillonnent à l'aide d'une voile légère, du pouvoir invisible de l'aimant, et des forces magiques d'une vapeur concentrée ; enfin partout l'auteur nous montre le sort de l'homme relevé, embelli, perfectionné par une religion plus douce, par des lois plus justes, par des institutions plus sages et par des gouvernemens plus éclairés.

Offrons donc l'hommage d'une juste reconnaissance à l'auteur de *la félicité publique*, qui, dissipant les préventions de l'école, replace enfin, comme elles doivent l'être, Paris et Londres fort au-dessus de cette Rome et de cette Athènes, dignes à la vérité de notre admiration sous beaucoup de rapports, mais qui ne méritaient pas à d'autres égards le culte enthousiaste et servile que trop long-temps nous leur avions voué.

Un de mes plus pressans désirs était de voir le héros de l'Amérique, le général Washington ; il était alors campé à peu de distance de nous. M. le comte de Rochambeau eut la bonté de me présenter à lui. Trop souvent la réalité est bien au-dessous de l'imagination, et l'admiration diminue en voyant de trop près celui qui en a été l'objet. Mais, à la vue du général Washington, je trouvai un parfait accord entre l'impression que me faisait son aspect, et l'idée que je m'en étais formée.

Son extérieur annonçait presque son histoire : simplicité, grandeur, dignité, calme, bonté, fermeté, c'étaient les empreintes de sa physionomie, de son maintien, comme celles de son caractère; sa taille était noble, élevée; l'expression de ses traits douce, bienveillante; son sourire agréable; ses manières simples sans familiarité.

Il n'étalait point le faste d'un général de nos monarchies; tout annonçait en lui le héros d'une république; il inspirait plutôt qu'il ne commandait le respect, et, dans les yeux de tous ceux qui l'entouraient, on voyait une vraie affection et cette confiance entière en un chef sur lequel ils semblaient fonder exclusivement leur sécurité. Son quartier, un peu séparé de son camp, présentait l'image de l'ordre qui régnait dans sa vie, dans ses mœurs et dans sa conduite.

Je m'étais attendu à voir dans ce camp populaire des soldats mal tenus, des officiers sans instruction, des républicains privés de cette urbanité si commune dans nos vieux pays civilisés. Je me souvenais de ces premiers momens de leur révolution, où des laboureurs, des artisans, qui n'avaient jamais manié de fusils, avaient couru sans ordre, au nom de la patrie, combattre les phalanges britanniques, ne présentant à leurs regards étonnés que des masses d'hommes rustiques, qui ne portaient d'autres signes militaires qu'un bonnet sur lequel était écrit le mot *liberté*.

On peut donc juger combien je fus surpris de trouver une armée disciplinée où tout offrait l'image de l'ordre, de la raison, de l'instruction et de l'expérience. Les généraux, leurs aides de camp et les autres officiers montraient dans leur maintien, dans leurs discours, un ton noble, décent, et cette bienveillance naturelle qui me paraît aussi préférable à la politesse qu'une physionomie douce l'est à un masque qu'on s'est efforcé de rendre gracieux.

Cette dignité de chaque individu, cette fierté que leur inspiraient l'amour de la liberté et le sentiment de l'égalité, n'avaient pas été de légers obstacles pour le chef qui devait s'élever au-dessus d'eux, sans leur inspirer de jalousie, et soumettre leur indépendance à la discipline, sans exciter leur mécontentement.

Tout autre que Washington y aurait échoué ; il suffit, pour apprécier son génie et sa sagesse, de dire qu'au milieu des orages d'une révolution, il a commandé sept ans l'armée d'un peuple libre, sans donner de crainte à sa patrie et sans inspirer de méfiance au congrès.

Dans toutes les circonstances on le vit réunir en sa faveur les suffrages des riches et des pauvres, des magistrats et des guerriers ; enfin il est peut-être le seul homme qui ait conduit et terminé une longue guerre civile, sans s'être exposé à un reproche mérité. Comme chacun savait qu'il comptait pour rien son intérêt privé, et que l'intérêt général était son seul but, il a joui de son vivant de ces hommages unanimes que les contemporains refusent ordinairement aux plus grands hommes, et qu'ils ne doivent attendre que de la postérité. On aurait dit que l'envie, le voyant si hautement élevé dans l'opinion universelle, s'était découragée et désarmée parce qu'elle n'avait aucun espoir que ses traits pussent l'atteindre.

Le général Washington, à l'époque où je le vis, était âgé de quarante-neuf ans; il s'efforçait modestement d'éviter les hommages qu'on se plaisait à lui rendre. Jamais cependant personne ne sut mieux les accueillir et y répondre. Il écoutait avec une obligeante attention ceux qui lui parlaient, et sa physionomie leur avait répondu avant ses paroles.

Il fit, très jeune, ses premières armes contre la France, sur les frontières du Canada, à la tête des milices virginiennes. Revenu chez lui, cet homme qui devait jouer un si grand rôle dans sa patrie, resta long-temps inactif dans ses foyers, paraissant préférer un repos philosophique aux agitations des affaires publiques.

Exempt d'ambition, il prit peu de part aux premiers événemens qui signalèrent l'insurrection américaine; mais, dès que la guerre fut irrévocablement déclarée, comme l'État et l'armée avaient besoin d'un chef, tous les regards se portèrent sur Washington, dont la sagesse était généralement estimée; d'ailleurs, dans une contrée où la paix régnait depuis si long-temps, il était peut-être alors le seul homme qui eût quelque idée et quelque souvenir de la guerre.

Animé de l'amour le plus pur et le plus désintéressé pour sa patrie, il refusa de recevoir le traitement qu'on lui assignait comme général en chef, et ce fut presque malgré lui que l'État se chargea de payer les frais de sa table. Cette table était tous les jours de trente couverts. Ces repas, qui, suivant l'usage des Anglais et des Américains, duraient plusieurs heures, se terminaient par de nombreux toasts; les plus usités s'adressaient à l'indépendance des États-Unis, au roi et à la reine de France, aux succès des armées alliées; après ceux-ci venaient les toasts particuliers, ou, comme on le disait en Amérique, toasts de sentimens.

Presque toujours, lorsque la table était desservie, et qu'il n'y restait plus que des bouteilles et du fromage, la réunion se prolongeait jusqu'à la nuit. Cependant la tempérance était une des vertus de Washington; en prolongeant ainsi son dîner, il n'avait qu'un but réel, le plaisir de se livrer aux douceurs d'une conversation qui le distrayait de ses soucis et le reposait de ses fatigues.

Lorsque je dînai chez cet illustre général, de tous ses belliqueux convives, celui qui excita le plus ma curiosité, fut le général Gates. On sait qu'il avait eu la gloire de vaincre le premier et de faire passer sous le joug une armée anglaise. Cette armée, ainsi que son chef Burgoyne, défila devant Gates et déposa les armes à ses pieds.

Gates, par son patriotisme, par ses vertus, par son courage, avait mérité cette faveur de la fortune, mais il ne put la fixer; peu de temps après il se vit battu à Campden, non par sa faute, mais par la défection de quelques milices américaines qui prirent la fuite. Accusé devant le congrès, on soumit la décision de son sort à Washington, son rival de gloire. Il existait entr'eux quelques semences de jalousie.

Cependant Washington, qui, dans les premiers momens, avait témoigné de l'intérêt à Gates, se montra rigoureux comme juge au moment où l'indulgence aurait accru sa gloire; mais l'entière perfection n'est pas compatible avec l'humanité. Gates fut destitué, et on donna son commandement au brave et célèbre général Green.

Les hommes d'un grand caractère ennoblissent leur malheur par le courage avec lequel ils le supportent. Celui de Gates fut héroïque et digne de lui; il déclara que, privé de l'honneur de commander, son ferme dessein était de continuer à verser son sang, comme soldat, pour sa patrie, tant que la guerre de l'indépendance durerait, et il vint avec une noble confiance dans la tente de Washington. Leur première entrevue, qui fut publique, était attendue avec une impatiente curiosité. De part et d'autre on observa les convenances d'une généreuse courtoisie, et tous deux, dans deux rôles bien différens, gardèrent une noble et modeste dignité. De ce moment leurs querelles cessèrent, et Washington rendit à Gates la confiance ainsi que les honneurs qu'il méritait.

Le général Washington m'accueillit avec bonté; il me parla de la reconnaissance que son pays conserverait toujours pour le roi de France et pour sa généreuse assistance. Il me fit les plus grands éloges de la sagesse, de l'habileté du général comte de Rochambeau, dont il s'honorait, disait-il, d'avoir mérité et obtenu l'amitié. Il loua vivement la bravoure et la discipline de notre armée; enfin il m'adressa particulièrement des paroles très obligeantes relativement à mon père, à ses longs services, à ses nombreuses blessures, dignes ornemens, disait-il, d'un ministre de la guerre.

Nous espérions toujours que les Anglais, honteux de leur inaction, cesseraient de se tenir renfermés dans leurs retranchemens de New-Yorck, et qu'ils en sortiraient pour se mesurer avec nous. Mais, découragés par leurs revers, ils demeurèrent immobiles et se contentèrent de bloquer, autant qu'ils le pouvaient, les ports, pour intercepter les renforts et les nouvelles que nous attendions d'Europe.

Notre impatience de combattre se voyait secondée par le baron de Vioménil, dont l'humeur était bouillante et le courage téméraire; il voulait à toute force que nos deux armées attaquassent vivement New-Yorck. Mais la forte position de cette place, son escarpement, ses nombreux retranchemens à plusieurs étages et défendus par de fortes batteries, les secours et les rafraîchissemens qu'on y recevait continuellement par la mer, enfin l'impossibilité de l'investir totalement, auraient suffi pour empêcher le général Washington et le comte de Rochambeau de hasarder une entreprise qui aurait coûté tant d'hommes sans nécessité au moment où les Anglais, s'avouant pour ainsi dire vaincus, prouvaient évidemment qu'ils avaient renoncé à l'espoir de ravir aux États-Unis leur indépendance.

D'ailleurs les ordres que j'avais apportés à M. le comte de Rochambeau, lui avaient prescrit un autre plan, qui devait être exécuté, à moins d'en être empêché par des circonstances imprévues ; et, comme on le verra bientôt, c'était aux Antilles que notre gouvernement voulait porter les coups décisifs qui devaient forcer l'Angleterre à terminer cette lutte sanglante et à conclure la paix.

Le camp français de Crampont était situé à quinze milles ou cinq lieues du camp américain. Nous y restâmes trois semaines, après lesquelles le bruit commença à se répandre dans l'armée que nous devions bientôt quitter les États-Unis, et nous embarquer à Boston sur une escadre commandée par M. de Vaudreuil. Cette séparation contrariait extrêmement Washington et l'armée américaine. Cependant les résultats de cette mesure et la promptitude de la paix justifièrent pleinement, l'année suivante, la sagesse du plan conçu par le ministère français.

Le 22 octobre, nous nous mîmes en route, et, après une semaine de marche, nous arrivâmes dans la plaine de Harford, l'une des plus grandes villes du Connecticut. Nous y séjournâmes quatre jours. Là, M. de Rochambeau nous apprit officiellement que, si un mouvement imprévu des Anglais ne s'opposait à ses desseins, il comptait retourner immédiatement en France avec une partie de son état-major, et que nous serions dorénavant sous les ordres de M. le baron de Vioménil.

Nous apprîmes en même temps que l'escadre de M. de Vaudreuil n'était pas encore prête à nous recevoir, et que cet amiral désirait que nous n'arrivassions à Boston qu'au moment où ses préparatifs seraient achevés; ainsi nous nous vîmes destinés à rester long-temps campés, et à faire ensuite de pénibles marches dans une saison dont la rigueur prématurée commençait à se faire assez fortement sentir, car déjà la neige tombait avec abondance comme en hiver.

Le 4 novembre, l'armée partit pour Providence. Comme nous nous étions éloignés de l'ennemi, et que notre présence au camp n'était pas indispensable, nous demandâmes, le prince de Broglie et moi, à M. de Rochambeau, la permission de faire une course à New-London, lieu devenu fameux par les perfides et les sanguinaires vengeances d'Arnold, et de visiter aussi Rhode-Island où nos troupes avaient séjourné si long-temps, avant de commencer leur glorieuse campagne. MM. de Vauban, de Champcenetz, de Chabannes, et Bozon de Talleyrand-Périgord, nous accompagnèrent dans ce petit voyage.

Le pays que nous traversâmes offrit à nos regards des situations riches et variées, une population nombreuse, active, industrieuse, payée de ses travaux par l'aisance, partout des champs bien cultivés, des rues régulières et des maisons propres, des villes qui devaient être bientôt des cités, et des villages qui ressemblaient déjà à de petites villes.

New-London, par sa position sur la Tamise, à un quart de lieue de son embouchure dans la mer, avait été, dit-on, fort commerçante et fort riche ; mais, lorsque nous la vîmes, le traître Arnold l'avait dévastée, brûlée, et nous marchions sur les débris de ses maisons et de ses magasins incendiés. Les deux rives de la Tamise étaient défendues par deux forts, dont l'un paraissait encore en assez bon état et contenait une artillerie suffisante.

Nous partîmes ensuite pour New-Port, et nous fîmes cinquante milles par une détestable route. C'était le premier mauvais chemin que j'avais rencontré dans les États-Unis. Après avoir passé deux ferrys dont le second sépare le continent de Rhode-Island, nous arrivâmes dans cette île. J'étais destiné à trouver toujours sur l'eau les périls que je cherchais vainement sur terre : notre barque échoua rudement et fut au moment de chavirer; de prompts secours nous tirèrent d'affaire.

Il nous fut facile, en voyant New-Port, de concevoir les regrets de l'armée française lorsqu'elle quitta cette jolie ville, où elle avait fait un si long séjour. D'autres parties de l'Amérique n'étaient encore belles qu'en espérance; mais la prospérité de Rhode-Island était déjà complète. L'industrie, la culture, l'activité du commerce n'y laissaient rien à désirer.

La ville de New-Port, bien bâtie, bien alignée, contenait une population nombreuse dont l'aisance annonçait le bonheur; on y formait des réunions charmantes d'hommes modestes, éclairés, et de jolies femmes dont les talens embellissaient les charmes. Les noms et les grâces de miss Champlain, des deux miss Hunter et de plusieurs autres, sont restés gravés dans le souvenir de tous les officiers français.

Je leur rendis comme mes compagnons de justes hommages. Cependant mes visites les plus longues eurent pour objet un vieillard fort silencieux, qui découvrait peu ses pensées, et jamais sa tête; sa gravité, ses monosyllabes disaient assez à la première vue que c'était un quaker. Pourtant il faut avouer que, malgré toute ma considération pour sa vertu, notre première entrevue aurait peut-être été la dernière, si tout à coup, une porte s'étant ouverte, je n'avais vu apparaître dans son salon un être qui semblait tenir plus de la nymphe que de la femme.

Jamais on ne réunit tant de grâces à tant de simplicité, tant d'élégance à tant de décence. C'était Polly Leiton, la fille de mon grave *trembleur*. Sa robe était blanche comme elle; la mousseline de son ample fichu, la batiste envieuse qui me laissait à peine apercevoir ses blonds cheveux, enfin les simples atours d'une vierge pieuse semblaient s'efforcer en vain de nous voiler la taille la plus fine, et de nous cacher les attraits les plus séduisans.

Ses yeux paraissaient réfléchir, comme deux miroirs, la douceur d'une âme pure et tendre; elle nous accueillit avec une confiante naïveté qui me charmait, et le tutoiement que sa secte lui prescrivait donnait à notre nouvelle connaissance l'air d'une ancienne amitié. Je doute qu'aucun chef-d'œuvre de l'art pût éclipser ce chef-d'œuvre de la nature : c'était le nom que lui donnait le prince de Broglie.

Dans nos entretiens, elle m'étonnait par la candeur originale de ses questions : « Tu n'as
» donc en Europe, me disait-elle, ni femme ni
» enfans, puisque tu quittes ton pays pour ve-
» nir si loin faire le vilain métier de la guerre ?»

« Mais c'est pour vos intérêts, lui répondis-
» je, que je m'éloigne de tout ce qui m'est cher,
» et c'est pour défendre votre liberté que je
» viens me battre contre les Anglais. »

« Les Anglais, reprit-elle, ils ne t'ont point
» fait de mal; et notre liberté, que t'importe ?
» Il ne faut jamais se mêler des affaires d'autrui,
» à moins que ce ne soit pour les raccommoder
» et pour empêcher de répandre le sang. »

« Mais, répliquai-je, mon roi m'a ordonné
» de porter ici ses armes contre vos ennemis et
» les siens. » « Eh bien, dit-elle, ton roi te
» commande une chose injuste, inhumaine,
» contraire à ce que Dieu ordonne. Il faut obéir
» à ton Dieu et désobéir à ton roi, car il n'est
» roi que pour conserver et non pour détruire.
» Je suis bien sûre que ta femme, si elle a bon
» cœur, est de mon avis. »

Que pouvais-je répondre à cet ange? car, en vérité, je fus tenté de croire que c'en était un. Ce qui est certain, c'est que, si je n'avais pas été marié et heureux, tout en venant défendre la liberté des Américains, j'aurais perdu la mienne aux pieds de Polly Leiton.

L'impression que m'avait faite cette charmante personne, était d'une nature si différente de celle qu'on éprouve dans le brillant tourbillon du monde, qu'elle devait m'éloigner au moins momentanément de toute idée de concerts, de bals et de fêtes.

Cependant, comme les dames de New-Port nous avaient vivement touchés par leur accueil gracieux, et par tout le bien qu'elles nous disaient de nos compagnons d'armes dont elles regrettaient sincèrement l'absence, nous résolûmes de leur donner un beau bal et un magnifique souper; ce qui n'était pas d'une extrême prudence, car nous n'étions que sept ou huit officiers à dix lieues de notre armée.

Long-Island, occupée par nos ennemis, était peu éloignée de New-Port; on nous fit observer que les corsaires anglais faisaient de temps à autre des apparitions sur la côte, et, le bruit de notre galante fête s'étant répandu, ils auraient pu nous faire une visite et troubler assez ridiculement notre joyeuse réunion.

Ce danger nous parut peu probable : je fis venir très lestement quelques soldats-musiciens du régiment de Soissonnais. Desoteux, qui depuis eut quelque éclat dans notre révolution comme chef de chouans, sous le nom de Cormartin, se chargea avec Vauban des préparatifs du bal, du souper, et nous allâmes par toute la ville porter nos invitations.

Cette petite fête fut une des plus jolies que j'aie vues, parce que les grâces en faisaient l'ornement, et la cordialité les honneurs. Mais Polly Leiton ne pouvait y venir, et comment ne pas dire que cette triste réflexion voila quelquefois ma gaîté?

Nous passions des instans trop doux à New-Port, pour nous presser de retourner à nos tentes. Ainsi, comptant sur l'indulgence de notre général, nous dépassâmes de quelques jours le congé qu'il nous avait donné. Mais M. de Rochambeau, connaissant mieux que personne tout le prix de la discipline, nous envoya l'ordre précis de rejoindre sans délai nos drapeaux ; nous partîmes avec tristesse, et nous nous rendîmes promptement au quartier général, qui était alors à Providence.

Providence, qui doit être à présent une grande et populeuse cité, pouvait alors déjà passer pour une jolie petite ville. Elle ne contenait encore que trois mille habitans; mais tous y jouissaient d'une aisance acquise par de constans travaux et par une active industrie. Elle occupe le milieu d'un vallon qu'arrose la petite rivière de Naraganset, assez large et navigable. Ce nom de Naraganset me rappelle qu'avant d'arriver à Providence, j'avais traversé un village nommé ainsi, ou plutôt une irrégulière collection de misérables huttes. C'était le dernier débris de la nombreuse tribu sauvage des Naragansets qui, pendant plusieurs siècles, avait possédé seule cette province.

Partout où les hommes civilisés se montrent, les hommes sauvages disparaissent. Pour ceux-ci la civilisation, loin d'avoir des attraits, est un joug insupportable et dont ils ont horreur.

On a vainement recueilli et élevé avec soin, dans les colléges anglais ou américains, plusieurs enfans sauvages abandonnés par leurs parens, et, quoiqu'on leur eût fait connaître les élémens des sciences, des arts, quoiqu'ils eussent été vêtus, nourris comme les Européens, et qu'ils eussent joui de toutes les commodités de la vie sociale, dès qu'ayant atteint l'âge de la force ils avaient trouvé une occasion de s'échapper, tous étaient retournés avec une impatiente ardeur dans les forêts, dans les cabanes de leurs pères, pour y goûter les charmes d'une liberté orageuse et d'une vie errante qu'ils préfèrent à tout. Aucune liberté ne leur paraît mériter ce nom, dès qu'on la restreint par des limites.

Cependant quelques centaines d'individus de la nation des Naragansets, par des causes que j'ignore, étaient restés dans le lieu de leur naissance, au moment du départ de leurs compatriotes. Peu à peu leur village, placé jadis au milieu de bois épais, s'était vu environné de champs cultivés, de bourgs peuplés, de villes commerçantes; de sorte qu'au centre d'une province américaine, riche et industrieuse, cette pauvre tribu indienne s'offrait aux regards étonnés comme une oasis sauvage, placée au milieu du plus florissant tableau de civilisation.

Ces Indiens, isolés par leurs mœurs dans ce magnifique entourage, étaient restés inviolablement attachés aux usages, au culte et à la manière de vivre de leur nation. On ne remarquait en eux aucun progrès. Rien n'était changé dans la misérable construction de leurs cabanes, dans la forme de leurs vêtemens ou plutôt de leurs couvertures; ils conservaient les mêmes habitudes, le même langage; mais leur population diminuait chaque année, et peut-être aujourd'hui n'en reste-t-il aucune trace.

Notre armée était campée sur le chemin de Boston, à trois milles de Providence. L'automne ressemblait à un hiver, le froid était aigu et la neige abondante. Comme nous n'étions pas encore certains du temps de notre départ, qui pouvait être fort retardé, M. de Rochambeau fit faire des baraques pour les soldats, et permit aux colonels de se loger dans des maisons où chacun s'empressait à l'envi de nous offrir un asile.

Cette permission me procura le plaisir d'observer plus en détail la vie intérieure d'une famille américaine. Je fus enchanté de la simplicité, de la pureté de mœurs et de la franche cordialité de mes hôtes. Leur politesse, qui se montrait sans apprêts, n'en était que plus aimable; ils avaient à la fois de l'instruction et de la bonhomie, tout y était naturel; il semblait que tous leurs devoirs fussent pour eux des plaisirs. L'esprit chez eux n'était que le bon sens. La raison et la bonté dictaient leurs paroles, et présidaient à leur conduite. Réellement on doit convenir que la vérité et le bonheur, loin d'être, comme l'ont dit des philosophes moroses, totalement exilés de la terre, se rencontrent à chaque pas en Amérique.

Quoique les instructions reçues par M. de Rochambeau lui laissassent beaucoup de latitude relativement aux circonstances qu'il aurait été impossible de prévoir de si loin, tout le décidait de plus en plus à exécuter le plan des ministres. Les nouvelles qu'il recevait concouraient à lui prouver que les Anglais, renonçant à l'espoir de subjuguer les États-Unis, voulaient évacuer Charlestown, ne laisser qu'un corps de troupes hessoises dans New-Yorck, et qu'ils formaient le dessein de porter toutes leurs forces aux Antilles pour y défendre leurs îles et attaquer les nôtres.

Il est vrai que des avis précédens avaient pu faire croire que le général Clinton, avant d'évacuer l'Amérique septentrionale, tenterait un coup d'éclat, sortirait de ses retranchemens et attaquerait les armées alliées. C'était ce motif qui avait retardé notre marche, dans l'espoir de faire repentir le général anglais de sa témérité; mais, soit qu'il eût formé ou non ce projet, le fait est qu'il se tint prudemment renfermé dans ses lignes. Aussi rien ne nous arrêtait plus, et nous attendions avec impatience le moment où l'escadre de M. de Vaudreuil serait prête à nous recevoir.

M. de Rochambeau, voulant, jusqu'au dernier moment, prouver, par les détails de sa conduite comme par les grands services qu'il avait rendus, combien il désirait conserver l'affection des Américains et emporter leurs regrets, donna, dans la ville de Providence, de fréquentes assemblées et des bals nombreux où l'on accourait de dix lieues à la ronde.

Je ne me rappelle point avoir vu réunis dans aucun autre lieu plus de gaîté et moins de confusion, plus de jolies femmes et de bons ménages, plus de grâce et moins de coquetterie, un mélange plus complet de personnes de toutes classes, entre lesquelles une égale décence ne laissait apercevoir aucune différence choquante. Cette décence, cet ordre, cette liberté sage, cette félicité de la nouvelle république si mûre dès son berceau, étaient le sujet continuel de ma surprise et l'objet de mes entretiens fréquens avec le chevalier de Chastellux.

Tout, dans la fondation de ces riches colonies,

dans leur révolution, dans leur législation, offrait une espèce de phénomène dont l'histoire ne donne point d'exemple, et qu'il faut expliquer par des causes toutes différentes de celles qui ont amené la naissance, la formation et les progrès de tous les gouvernemens connus.

Sans parler ici des peuples de l'antiquité, dont l'origine est enveloppée de ténèbres, et dont les premières époques sont mêlées de fables et de prodiges, il suffira de remarquer que presque tous les gouvernemens modernes ont dû leur naissance à la conquête, leur police à la force militaire, leur accroissement à la fortune.

Les conquérans, les destructeurs barbares de l'empire romain, lentement adoucis par l'adoption du culte évangélique, créèrent des gouvernemens ou plutôt des aggrégations de guerriers, qui, en se partageant les terres, n'offrirent longtemps que l'image d'une aristocratie militaire campée sur le théâtre de ses victoires.

Les premiers, ou les officiers de cette aristocratie, opprimant les vaincus et respectant peu leur propre chef, devinrent des grands, des maires du palais, des gouverneurs et commandans de provinces, des juges et magistrats peu soumis, plus tard des ducs, des comtes, des seigneurs, des Nobles, des chevaliers. Ils s'emparèrent de tous les pouvoirs royaux. Les évêques, les abbés les imitèrent; autant de seigneuries, autant de lois et de coutumes.

Cependant, pour mettre un terme à l'anarchie, ce chaos s'organisa; la puissance féodale naquit. Peu à peu, à l'aide de la hiérarchie établie par ce système, les rois, secondés par les peuples, agrandirent leur pouvoir, et l'affermirent aux dépens de celui des seigneurs.

De là sortit enfin l'ordre monarchique que nous voyons établi dans la plus grande partie des États de l'Europe, ordre imposant, mais nécessairement mêlé, dans sa composition, des débris de la féodalité et des restes de l'antique puissance du clergé.

Ainsi la liberté s'y trouve toujours aux prises avec le pouvoir de la royauté, qui concentre en elle toutes les forces des anciennes seigneuries; l'égalité s'y voit constamment écartée par les souvenirs ou les préjugés d'une noblesse dépouillée de sa puissance, mais non de ses antiques prétentions et de sa fierté; enfin, presque partout la tolérance y rencontre l'opposition d'un culte plus ou moins dominant.

Dans presque toutes les républiques de l'Europe, il est resté des traces plus ou moins fortes des anciennes institutions féodales, et, en Angleterre, c'est encore l'aristocratie qui fait la base de la législation. On pourrait dire qu'elle y a conservé même plus d'antiques priviléges que celle des autres contrées, parce qu'elle a eu l'heureuse sagesse de se rendre patronne de la liberté publique, et de s'unir au peuple contre le pouvoir arbitraire.

Ce court tableau et la lecture de l'histoire de tous les pays montrent assez combien il a été impossible et combien même il serait difficile à présent d'y rendre la législation une, simple, égale pour tous, et de la dégager des livrées et de la bigarrure des mœurs anciennes.

Par un hasard étonnant, la nouvelle république de l'Amérique du nord, fondée dans son origine non par la conquête, mais par les transactions du pacifique Penn, n'a eu à combattre, à vaincre aucun de ces obstacles. Les législateurs, travaillant dans un siècle de lumières, sans se voir obligés de triompher d'un pouvoir militaire, de limiter une autorité absolue, de dépouiller un clergé dominant de sa puissance, une noblesse de ses droits, une foule de familles de leurs fortunes, et de construire leur nouvel édifice sur des débris cimentés de sang, ont pu fonder leurs institutions sur les principes de la raison, de la complète liberté, de l'égalité politique ; aucun vieux préjugé, aucun fantôme antique ne se plaçait entr'eux et la lumière de la vérité. Un seul effort, une seule guerre, pour secouer le joug de la mère-patrie, a suffi pour les affranchir de toute gêne ; et leurs lois, faites uniquement dans le but de l'intérêt général, ont été tracées sur une table rase, sans être arrêtées par nul esprit de classes, de sectes, de partis ou d'intérêts privés.

Le résultat de cette position sans exemple et de toutes ces circonstances inouïes jusqu'à présent, a été l'établissement d'un gouvernement aussi parfait qu'il en puisse sortir de la main des hommes, gouvernement dont une prospérité toujours croissante depuis un demi-siècle prouve la sagesse.

Déjà les fruits en ont été répandus au loin ; et de plus en plus il en jaillira des lumières qui aideront partout les hommes à sortir ou du chaos de l'anarchie, ou des ténèbres répandues sur eux par le despotisme ; on profitera sans doute de leurs leçons et de leur expérience ; chaque jour en donne la preuve.

Cependant il serait téméraire, au lieu de

n'y prendre que ce qui peut être applicable à chacun suivant sa position, il serait téméraire, dis-je, de vouloir les choisir en tout pour modèles dans les anciens pays civilisés, puisqu'on ne pourrait y fonder de pareilles institutions que sur des ruines, et après avoir surmonté des résistances presque invincibles.

D'ailleurs les États européens, environnés de voisins puissans, sont obligés d'être toujours armés, d'entretenir de nombreuses troupes soldées, et cette nécessité est incompatible avec la nature et la pleine liberté d'un gouvernement semblable à celui des États-Unis.

Tout se réunit comme par prodige pour favoriser cette nouvelle législation, et ce qui semblait même un écueil se trouva servir d'aide et d'appui. D'abord la grandeur immense de cette partie du continent américain, loin d'embarrasser les fondateurs de la république, les seconda merveilleusement; car cette terre, qui n'avait à l'ouest de limites que l'océan Pacifique, et de voisin que le Kamtschatka, n'étant habitée que par de faibles tribus indiennes, permettait aux Américains civilisés l'occupation facile d'un territoire presque sans bornes.

Il en résulta l'effet le plus heureux pour la

morale de ce nouveau peuple : ce qui est dangereux en tout pays, c'est la misère et l'oisiveté forcée d'une foule de prolétaires; or, dans les États-Unis on n'a point à craindre ce fléau, puisqu'il y a partout plus de terres que d'hommes, et que tous ceux qui veulent et savent travailler, trouvent des moyens d'exister et même de s'enrichir, sans être jamais tentés d'avoir recours pour vivre aux filouteries, au vol, à l'assassinat ou à la révolte.

On pouvait craindre aussi que, cette contrée étant peuplée depuis un siècle par des Européens venus de toutes les nations et y apportant tous des croyances, des mœurs et des habitudes différentes, il ne fût presque impossible, non-seulement de les soumettre à une législation uniforme, mais même de les faire vivre en bon accord et en paix.

Cependant l'expérience prouva combien cette crainte était peu fondée, puisque tous ceux qui avaient abandonné leur patrie pour venir habiter l'Amérique, étaient des hommes persécutés et proscrits chez eux, soit à cause de leur croyance, soit pour s'être trouvés mêlés à des troubles politiques, et opprimés par la tyrannie du parti qui les avait vaincus.

Tels furent les motifs qui décidèrent un grand nombre de Hollandais à porter dans la Nouvelle-Angleterre, à New-Yorck, leur activité commerciale, des Suédois à venir labourer les champs de New-Jersey et de la Delaware; les presbytériens de la Grande-Bretagne cherchèrent à Boston un abri contre les persécutions religieuses; les anabaptistes allemands, les catholiques irlandais, dépouillés de leurs biens, coururent demander du repos et un abri en Pensylvanie; enfin un grand nombre de Français protestans se réfugièrent dans les Carolines. Pour tant d'opprimés la liberté était non-seulement un besoin, mais une passion.

Malgré quelques actes arbitraires du gouvernement anglais, les colons américains trouvaient, sous la protection des lois anglaises, une grande partie de cette liberté et de ces droits qu'ils auraient voulu vainement réclamer dans les lieux de leur naissance; aussi tous se soumirent, sans aucun regret, aux lois qui régissaient les colonies.

De plus, la multiplicité des cultes rendit parmi eux la tolérance indispensable. Ce qu'on trouvera même peut-être singulier, c'est que les catholiques en donnèrent l'exemple. Aucune croyance n'y fut donc dominante ni privilégiée. Les ministres de chaque culte furent payés par ceux qui le professaient, et il s'établit entr'eux, non une jalousie funeste, mère des discordes, mais une louable émulation en charité, en bienveillance et en vertus.

Ce fut de cette sorte que se formèrent aux principes de justice, de raison, de tolérance et d'une vraie liberté, les esprits d'une nation qui n'avait à craindre ni le fanatisme religieux, ni l'orgueil d'une classe privilégiée, ni la turbulence d'une populace oisive et malheureuse; et, tous jouissant des mêmes droits, l'intérêt général n'y fut plus distinct pour eux de l'intérêt privé.

Dans cette heureuse situation, les défrichemens se multiplièrent, l'aisance se répandit, et la population s'accrut si rapidement que le gouvernement britannique en prit ombrage, et se servit injustement de son pouvoir pour arrêter cette prospérité croissante. Il défendit de multiplier les établissemens qui se formaient loin des côtes; il gêna le commerce par de fiscales restrictions, et plusieurs gouverneurs de province commencèrent même à persécuter quelques sectes, ennemies du culte anglican. Les

Américains se plaignirent vivement à Londres, et furent mal accueillis; la fiscalité appesantit de plus en plus son joug. On continua à humilier ces hommes fiers, en déportant en Amérique des gens sans aveu, ou des coupables condamnés par les tribunaux. Les actes du parlement, relatifs au thé et au timbre, achevèrent d'aigrir les esprits. Plusieurs colons, distingués par leur mérite, furent envoyés à Londres, et y firent entendre non d'humbles doléances, mais le langage d'hommes libres qui connaissaient leurs droits et qui sentaient leur force.

Malgré les sages avis d'une opposition éclairée, le ministère anglais ne répondit aux Américains que par des menaces et par des mesures violentes. Ils se soulevèrent; le cri de liberté s'éleva de toutes parts; on courut aux armes, la révolution éclata, et l'indépendance fut déclarée.

Au milieu des orages de la guerre, il fallait décider si on aurait une monarchie, si on formerait plusieurs républiques, ou si on les unirait toutes par un lien commun. Ce fut alors qu'on recueillit les heureux fruits de tous ces germes de prospérité et d'harmonie que j'ai mentionnés plus haut. Tandis qu'on se battait avec courage contre un ennemi superbe et puissant, chacun des treize États fit tranquillement sa constitution, et nomma de sages députés qui se réunirent en congrès. Partout les assemblées furent pacifiques, les délibérations mûres et sages. Un lien commun rendit la confédération puissante, et la législation particulière de chaque État garantit sa liberté locale.

Peu de changemens s'introduisirent dans les lois civiles et dans les mœurs. Le gouvernement seul fut changé. Un président élu pour peu d'années, sans gardes, sans priviléges, soumis à la justice comme tous les citoyens, et responsable comme les ministres qu'il nommait, exerça le pouvoir exécutif, mais seulement pour les objets relatifs à la politique extérieure, au commerce maritime, et à la défense générale des républiques fédérées. Son autorité, bornée à peu d'années, était surveillée par un sénat et par une chambre de députés, représentant les treize États qui les avaient élus; ainsi tout ce que peuvent exiger l'ordre public, la complète liberté et la sûreté de la confédération, se trouva établi par une merveilleuse prudence, qui prévoyait et réglait même d'avance le mode des changemens que le temps et l'expérience pourraient forcer de faire à la constitution.

Enfin, au grand étonnement de toutes les nations, et même des sages de chaque pays, on vit s'élever, dans cette Amérique naguère si peu connue, un phénomène, un édifice politique dont les plus ingénieuses utopies n'avaient point encore donné d'idées. Le seul danger qui pourrait menacer dans l'avenir cette heureuse république, formée alors par trois millions d'habitans et qui compte aujourd'hui dix millions de citoyens, c'est l'excessive richesse que son commerce lui promet, et le luxe corrupteur qui peut en être la suite.

Ces provinces méridionales doivent encore entrevoir et éviter un autre écueil : on y trouve des habitans pauvres en grand nombre, et de grands propriétaires dont les fortunes sont colossales. Ces fortunes sont alimentées et ne semblent pouvoir se soutenir que par le travail d'une population de noirs, d'esclaves, qui se multiplient chaque année, et qui peuvent être fréquemment portés au désespoir et à la révolte, par le contraste de leur servitude avec la liberté entière dont les hommes de la même couleur jouissent dans les autres États de l'union.

Enfin cette différence de mœurs et de situation entre le nord et le sud ne doit-elle pas faire redouter, pour d'autres temps, une séparation politique qui affaiblirait et romprait peut-être cet heureux faisceau, qui ne peut conserver sa force qu'en restant uni et serré? Telle fut la triste pensée qui termina le dernier entretien que j'eus avec le chevalier de Chastellux au moment où il s'éloigna de l'armée.

Avant de finir ces observations sur les causes de la prospérité des États-Unis, je dois dire que le choix fait par le roi du comte de Rochambeau pour commander l'armée française, fut encore un bonheur signalé pour la nouvelle république; car il était impossible de trouver un homme à la fois plus habile, plus expérimenté, plus sage, plus ferme et plus populaire.

Il semblait formé tout exprès pour s'entendre avec Washington et pour servir avec des républicains. Ami de l'ordre, des lois et de la liberté, son exemple, plus encore que son autorité, nous forçait tous à respecter avec le plus grand scrupule les droits, les propriétés, les usages et les mœurs de nos alliés. Aussi, durant le long séjour de notre armée en Amérique, et dans le cours de plusieurs campagnes, la discipline fut si bien observée qu'il n'y eut pas une seule dispute, pas un seul coup donné entre les Américains et les Français.

Un trait rapporté dans les Mémoires de ce général, cité depuis avec éclat à la tribune de notre première assemblée nationale, et dont nous fûmes tous témoins, suffira pour faire connaître d'une part la prudence, l'affabilité de M. de Rochambeau, et de l'autre l'idée que chaque Américain se faisait de la puissance inviolable des lois.

Au moment où nous quittions le camp de Crampont, M. le comte de Rochambeau marchait à la tête de nos colonnes, entouré de son brillant état-major. Un Américain s'approche de lui, lui met doucement la main sur l'épaule, en lui montrant un papier qu'il tenait, et lui dit : « Au nom de la loi, vous êtes mon prison- » nier ! » Plusieurs jeunes officiers s'indignaient de cette audace ; mais le général, leur faisant signe de se contenir, dit en souriant à l'Américain : « Emmenez-moi, si vous le pouvez. » « Non, lui répond l'Américain, j'ai rempli mon » devoir, et votre excellence peut continuer sa » route, si elle veut s'opposer à la justice ; je » ne demande alors qu'à me retirer librement. » Des soldats de la brigade de Soissonnais ont

» brûlé plusieurs arbres pour allumer leur feu.
» Le propriétaire de ce bois réclame une in-
» demnité ; il a obtenu contre vous un décret,
» et je viens de l'exécuter. »

A ces paroles qu'un aide de camp du général traduisit, M. de Rochambeau, appelant M. de Villemanzy, aujourd'hui pair de France, alors intendant de l'armée, le prit pour caution et lui ordonna de terminer cette affaire en payant ce qui serait convenable, si l'indemnité qu'il avait déjà offerte n'était pas jugée suffisante. L'Américain se retira ; le général et son armée, arrêtés ainsi par un huissier, continuèrent leur marche, et un jugement arbitral fixa à deux mille francs, c'est-à-dire à un taux au-dessous de celui proposé par le général, l'indemnité que l'injuste propriétaire prétendait élever jusqu'à quinze mille. Celui-ci même se vit condamné aux dépens.

La république américaine ne s'est pas seulement distinguée de toutes les autres par la sagesse de ses institutions et par la paix intérieure dont elle jouit depuis un demi-siècle, mais elle a évité le reproche constant d'ingratitude adressé par l'histoire à presque tous les États républicains. Dans toutes les solennités, dans toutes les fêtes, dans tous les toasts, on n'oublie jamais de rappeler les noms de Louis XVI et de la France. Récemment encore, en décernant au général La Fayette, d'une voix unanime, le triomphe le plus éclatant dont jamais un homme se soit vu honoré, dix millions d'Américains ont prouvé que les services qu'on leur avait rendus, les périls qu'on avait bravés, et les efforts qu'on avait faits pour assurer leur indépendance, restaient ineffaçablement gravés dans leur mémoire. J'ai peine à concevoir comment quelques esprits chagrins n'ont pas voulu sentir et comprendre que ces honneurs inouïs, rendus à un Français, étaient un hommage à la France entière et à son monarque.

Enfin le moment de notre départ arriva : toute incertitude à l'égard du général Clinton ayant cessé, et M. de Vaudreuil ayant écrit que son escadre était prête à nous recevoir, M. de Rochambeau, avec le chevalier de Chastellux et une partie de son état-major, se sépara de nous après avoir remis le commandement de l'armée au baron de Vioménil, qui nous donna l'ordre de lever le camp de Providence, le 1er décembre, et de nous mettre en marche pour Boston.

Le comte Bozon de Talleyrand-Périgord, frère du prince Talleyrand, et très jeune alors, était aide de camp de M. de Chastellux qui voulait le ramener en France, parce que ses parens le lui avaient confié, et qu'il ne voulait pas, en changeant sa destination, se rendre responsable à leur égard des accidens et des chances de la guerre. Bozon était justement désolé de n'avoir fait ainsi, pour son début militaire, qu'une courte apparition à l'armée. Il supplia vainement tous nos généraux de le prendre avec eux, et dans son désespoir il vint me trouver; je le plaignis, mais sans vouloir lui donner d'avis. « Ce n'est point un conseil que
» je viens vous demander, me dit-il, c'est du
» secret et du secours; ma résolution est prise, je
» ne suivrai point M. de Chastellux en France.
» On ne veut m'emmener ni comme officier ni
» comme aide de camp; eh bien, je me fais
» soldat, je vous choisis pour chef; la grâce
» que je vous demande est de me donner un
» uniforme et de me cacher dans les rangs de
» votre régiment. »

La résolution de ce preux de dix-huit ans me plut. M. de Saint-Maime, mon colonel commandant, était parti pour Boston et me laissait le commandement du corps. Je donnai à Bozon un de mes uniformes, des épaulettes de laine, un bonnet de grenadier et le nom de *Va-de-bon-cœur*.

Cependant au moment où M. de Rochambeau s'éloignait de nous, je lui avouai confidentiellement ce que j'avais fait. Il me dit que, ne devant pas, comme général, nous approuver, il garderait le silence et fermerait les yeux sur une démarche qui lui paraissait, comme soldat, noble et louable. Ainsi Bozon, ou plutôt *Va-de-bon-cœur*, grenadier volontaire, se mit en route le sac sur le dos et le fusil sur l'épaule.

La rigueur du froid rendit notre marche pénible. J'étais de plus obligé à une stricte surveillance le jour et la nuit. La perspective du bonheur que la liberté offrait aux soldats dans ce pays, avait inspiré à un grand nombre d'entr'eux le désir de quitter leurs drapeaux et de rester en Amérique. Aussi dans plusieurs corps la désertion fut assez nombreuse; mais, grâce à la fortune et à notre vigilance, le régiment de Soissonnais perdit peu d'hommes.

Avant d'entrer dans Boston, nos troupes firent en plein champ une si prompte et si belle toilette, qu'il eût été impossible de croire que cette armée, venant de Yorcktown, avait parcouru plusieurs centaines de lieues et supporté toutes les intempéries d'un automne pluvieux et d'un hiver précoce.

Jamais on ne vit, dans aucune revue de parade, des troupes mieux tenues, plus propres et plus brillantes. Une grande partie de la population de la ville venait au devant de nous. Les dames se tenaient aux fenêtres et nous saluaient par de vifs applaudissemens; notre séjour fut marqué par des fêtes continuelles, par des festins, par des bals, qui ne laissaient pas un jour vide; on y voyait éclater, avec sincérité, les sentimens opposés de joie pour les triomphes des armées alliées et de tristesse causée par notre départ.

A la première revue, nos généraux remarquèrent facilement Bozon sous le bonnet de *Va-de-bon-cœur*, et feignirent de ne pas le reconnaître; mais bientôt on ne parla dans toute la ville que du zèle belliqueux de mon jeune soldat, et *Va-de-bon-cœur* eut l'honneur d'être invité à tous les repas solennels que les magistrats, que les autorités de Boston donnèrent aux généraux et aux officiers supérieurs de l'armée. Enfin on décida que, pendant toute cette campagne, Bozon ne me quitterait pas et ferait près de moi le service d'un aide de camp, jusqu'au moment où l'un de nos généraux pourrait le prendre en cette qualité avec lui.

Boston fut la première des cités américaines qui donna le signal de l'indépendance aux États-Unis, et ses habitans furent les premiers qui cimentèrent de leur sang la liberté naissante. Dans cette contrée septentrionale elle y pousse de plus profondes racines; le ciel y est plus rigoureux, le culte plus austère, l'esprit d'égalité plus général, l'instruction plus forte; les mœurs et les courages semblent y montrer une énergie plus sévère.

Je fis connaissance dans cette ville avec Samuel Adams et Hancok, premiers et immortels fondateurs des républiques américaines, et j'y formai avec le docteur Cooper, célèbre par de profonds écrits, une liaison que nous entretînmes long-temps par nos lettres.

Le docteur Cooper, hardi dans ses sermons, prononça du haut de la chaire des discours politiques autant que religieux : il s'y servait à la fois, pour échauffer les esprits et pour défendre la liberté de son pays, des armes des pères de l'Église et de celles de Voltaire et de Rousseau. Ses grands talens lui firent des partisans zélés et des ennemis ardens. Qui pourrait s'élever sans exciter l'envie? Celle-ci s'aveuglait au point de l'accuser contradictoirement d'une trop grande exaltation dans ses maximes, et d'une trop grande souplesse dans sa conduite.

Boston, depuis long-temps florissante par son commerce, a l'air de l'aïeule des autres cités américaines, et, à l'époque où je m'y trouvais, elle ressemblait parfaitement à une vieille et grande ville d'Angleterre.

La démocratie n'en bannit point le luxe; nulle part dans les États-Unis on ne voit autant d'aisance et une société plus agréable. L'Europe n'offre point à notre admiration de femmes plus jolies, plus élégantes, mieux élevées et ornées de plus de talens que n'en offraient les dames de Boston, telles que mesdames Jervis, Smith, Tudor, Morton. Madame Tudor, qu'on a vue depuis en France, a été connue par des écrits très spirituels, dont l'un fut adressé à la reine de France et porté à cette princesse par M. de Chastellux.

J'étais logé à l'extrémité de la ville, dans une jolie maison appartenant au capitaine Philipps. Cet officier, violemment maltraité par les Anglais, croyait apparemment qu'une manière de se venger d'eux était d'accueillir parfaitement un Français. J'y fus reçu comme un membre de la famille, et je ne perdrai jamais le souvenir de son obligeante hospitalité.

La flotte de M. de Vaudreuil était composée de trois vaisseaux de quatre-vingts canons, de sept de soixante-quatorze, et de deux frégates de trente-deux. Leurs noms étaient *le Triomphant*, *la Couronne*, *le Duc-de-Bourgogne*, *l'Hercule*, *le Souverain*, *le Neptune*, *la Bourgogne*, *le Northumberland*, *le Brave*, *le Citoyen*, *l'Amazone* et *la Néréide*.

Je m'embarquai à bord du *Souverain*, dont le capitaine se nommait le commandeur de Glandevez, officier respectable par son âge, son habileté et sa bravoure. Un esprit orné, une piété douce, un caractère calme et bienveillant le faisaient généralement aimer par ses chefs, par ses égaux et par ses inférieurs.

Nous étions quarante-deux officiers sur ce vaisseau; mais, comme je m'y trouvais le seul qui fût colonel, j'eus l'avantage d'être logé dans la chambre du conseil, d'avoir un lit commode et l'espace nécessaire pour travailler.

Le fidèle Bozon avait un hamac près de moi, et un sort favorable plaça sur le même bâtiment deux de mes intimes amis, Alexandre de Lameth et M. Linch, officier de l'état-major.

Le 24 décembre, nous mîmes à la voile ; c'était avec le cœur serré que je m'éloignais de cette Amérique du nord.

Je ne puis mieux rendre l'impression que j'éprouvais, qu'en citant les paroles d'une lettre que j'écrivais au moment où je quittais cette terre fortunée : « Je vais, disais-je, mettre à la
» voile aujourd'hui ; je m'éloigne avec un re-
» gret infini d'un pays où l'on est sans obstacle
» et sans inconvénient ce qu'on devrait être
» partout, sincère et libre. Les intérêts privés
» s'y trouvent tous confondus dans l'intérêt gé-
» néral ; on y vit pour soi, on y est vêtu selon
» sa commodité, et non selon la mode. On y
» pense, on y dit, on y fait ce qu'on veut ; rien
» n'y force de suivre les caprices de la fortune
» ou du pouvoir. La loi protége votre volonté
» contre toutes les autres. Rien ne vous oblige
» d'y être ni faux, ni bas, ni flatteur. On peut
» s'y montrer, à son gré, simple, original, soli-
» taire, répandu dans les sociétés. On y peut
» vivre en voyageur, en politique, en littéra-
» teur, en marchand. On ne gêne point vos
» occupations, on ne tourmente point votre

» oisiveté. Personne ne se choque de la sin-
» gularité de vos manières ou de vos goûts; on
» n'y connaît de joug que celui d'un petit nom-
» bre de lois justes et égales pour tout le monde.
» Dès qu'on y respecte ces lois et les mœurs,
» on vit heureux, honoré, tranquille, tandis
» qu'en d'autres pays le moyen de se mettre
» à la mode ou de faire fortune est souvent
» de braver ces mœurs et ces lois. Enfin je n'ai
» vu partout dans cet Eldorado politique que
» confiance publique, hospitalité franche et
» naïve cordialité. Les filles y sont doucement
» coquettes pour trouver des maris, les fem-
» mes y sont sages pour conserver les leurs,
» et le désordre, dont on rit à Paris sous le nom
» de galanterie, fait frémir ici sous le nom d'a-
» dultère.

» Au milieu des orages d'une guerre civile,
» les Américains soupçonnent si peu les hom-
» mes d'une immoralité dont ils ne se font pas
» d'idée, que dans leurs petites maisons isolées,
» au milieu d'immenses forêts, leurs portes
» ignorent les verroux et ne se ferment que par
» des loquets. Les étrangers qu'ils logent, ainsi
» que leurs valets, trouvent leurs armoires et
» leurs commodes ouvertes, quoique remplies

» de leur argent et de leurs effets. Loin de
» soupçonner qu'on puisse violer les droits de
» l'hospitalité, ils laissent leurs hôtes se pro-
» mener seuls des journées entières avec leurs
» filles de seize ans, dont la pudeur est la seule
» défense, et dont la familiarité naïve, attestant
» l'innocence, se fait respecter par les cœurs
» les plus corrompus. On me dira peut-être que
» l'Amérique ne gardera pas toujours des ver-
» tus si simples et des mœurs si pures; mais ne
» les gardât-t-elle qu'un siècle, n'est-ce donc
» rien qu'un siècle de bonheur ! »

La saison commençait à être si rigoureuse, que le thermomètre était descendu jusqu'au vingt-sixième degré. A cette époque de l'année, la navigation sur les côtes du nord de l'Amérique est extrêmement périlleuse, et pour éviter un grand désastre, partant avec un vent favorable, nous aurions dû en profiter pour nous éloigner rapidement du golfe et gagner la pleine mer.

Malheureusement M. le marquis de Vaudreuil, notre amiral, croisa quelque temps à la vue du port, parce qu'il voulait attendre son frère, qui devait sortir de Portsmouth avec son vaisseau, *l'Auguste,* de quatre-vingts canons, et *le Pluton*, de soixante-quatorze, pour nous rejoindre.

Cette temporisation pensa nous coûter cher : le vent devint contraire et s'éleva bientôt avec une telle furie, qu'une partie de nos voiles fut déchirée, et qu'ayant replié toutes celles qui nous restaient, ce que les marins appellent *mettre à la cape*, nous nous sentions, au milieu des ténèbres de la nuit, poussés rapidement sur des côtes hérissées d'écueils, où nous devions, selon toute apparence, nous briser sans aucun moyen de salut.

Une mer furieuse semblait, à tous momens, prête à nous engloutir : tantôt ses vagues, renversant presque notre bâtiment, s'élançaient sur notre pont qu'elles inondaient; tantôt ces mêmes vagues, après nous avoir élevés comme sur une montagne escarpée, nous laissaient redescendre dans un abîme, revenaient ensuite avec rage emporter une partie de notre galerie, briser nos fenêtres et s'étendre dans nos chambres et dans nos batteries.

D'instant en instant, le danger s'accroissait et devenait d'autant plus pressant pour nous, que notre vaisseau *le Souverain* était vieux et dérivait plus que tous les autres. On ne pouvait opposer aucune manœuvre à la tempête. L'équipage était immobile et consterné.

Notre capitaine, conservant presque seul son sang-froid, montrait une tranquille et pieuse résignation. Je lui demandai s'il entrevoyait quelque ressource. « Non, me dit-il ; depuis
» bien des années que je parcours les mers, ja-
» mais je ne me suis trouvé dans une position
» plus critique ; nous sommes presqu'au milieu
» des écueils. La mer est trop démontée pour
» qu'aucune chaloupe, aucun canot puisse lui
» résister. »

« Mais, répondit tranquillement Bozon, rien
» n'est plus changeant que le vent, et celui qui
» nous tourmente ainsi peut tout d'un coup
» changer. » « C'est un espoir chimérique, dit
» le capitaine ; ce vent impétueux vient du sud-
» est, et nous sommes tellement engagés dans
» le golfe qu'il faudrait, pour nous en tirer,
» qu'en changeant subitement, le vent fît le
» tour de la moitié de la boussole et sautât au
» nord-ouest, ce qui est presque sans exem-
» ple. Je suis étonné que nous n'ayons pas déjà
» touché sur quelque roche ; mais, à la pre-
» mière secousse que vous sentirez, tout sera
» fini. »

Ces paroles d'un homme aussi intrépide, aussi froid, aussi expérimenté, nous enlevaient toute espérance, et l'effroi, triste précurseur de la mort, régnait dans le bâtiment.

J'admirai, dans cette circonstance, le courage calme et fier de Lameth, qui semblait braver le sort, et s'entretenait avec moi froidement de l'immortalité de l'âme; Bozon, toujours Français, montrant une inaltérable gaîté, semblait vouloir dire adieu au monde en riant. Nous avions pris notre parti, et nous attendions le choc qui devait nous fracasser.

Soudain nous sentons une secousse terrible; notre vaisseau penche à stribord de manière à nous faire croire qu'il va s'enfoncer dans la mer. Nous nous disons adieu; tout à coup le lieutenant de quart entre dans la chambre : « Pro-
» dige! s'écria-t-il; capitaine, le vent vient de
» sauter au nord-ouest. » « Ne perdons pas de
» temps, répond M. de Glandevez en se signant;
» mettons dehors toutes les voiles que nous avons,
» et gagnons vite le large, car ce changement
» inouï ne sera pas long. »

Il fut obéi promptement. Peu de temps après, toute l'escadre sortit à pleines voiles du golfe et gagna la pleine mer. A peine deux heures s'étaient écoulées, que la bourrasque du sud-est reprit sa furie; mais nous étions hors de danger. Ce coup de vent nous força de remettre à la cape, et dura trois jours, après lesquels le temps redevint favorable. Alors, M. de Vaudreuil ne jugeant pas à propos d'attendre plus long-temps son frère, nous cinglâmes au midi.

Un convoi de vingt-neuf bâtimens marchands était sorti du port à notre suite, nous ne le revîmes plus. Une partie périt sur la côte; peu rentrèrent dans la rade; plusieurs tombèrent dans les mains des Anglais.

Les élémens semblaient se réunir pour nous contrarier : à la hauteur des Bermudes, le feu se mit à bord de notre vaisseau; l'effroi fut grand, mais court; l'activité des pompes nous en délivra.

Favorisés par le vent, nous nous vîmes bientôt dans un autre climat, et, après avoir si récemment quitté des parages où nous éprouvions, sous nos fourrures, le froid de la zone glaciale, nous nous trouvâmes dans une zone brûlante; ce contraste subit faisait paraître la chaleur insoutenable. Peu de semaines après, nous aperçûmes les rivages de l'île de Porto-Rico : avant de les voir, leurs orangers et leurs citronniers, en parfumant l'air, nous avaient avertis de leur voisinage.

M. de Vaudreuil, voulant prendre langue, envoya un esquif sur la côte. A son retour, il nous apprit que, sous le vent à nous, l'amiral Hood croisait depuis trois mois, avec seize vaisseaux, devant le cap Français de Saint-Domingue, et qu'au vent à nous l'amiral Pigot croisait avec vingt-cinq vaisseaux devant la Martinique.

On voit par là que nous étions attendus aux Antilles par une nombreuse et formidable compagnie, avec laquelle il aurait été peu prudent de conférer de trop près.

Une de nos corvettes vint le soir nous donner avis qu'en allant à la découverte, elle avait aperçu de loin quelques bâtimens légers de l'escadre de Hood.

La nuit, nous passâmes entre Porto-Rico et Saint-Domingue, croyant toujours que cette dernière île était le but de notre navigation, que nous devions nous y réunir avec l'escadre espagnole, et que M. de Vaudreuil, pour éviter Hood qui l'attendait devant le cap, voulait longer la côte méridionale de cette île, et entrer dans un de ses ports. Mais cet amiral, ayant d'autres instructions, avait assigné à l'amiral don Solano un autre rendez-vous que personne sur l'escadre ne connaissait.

Nous fûmes donc fort étonnés de voir qu'il nous dirigeait toujours de plus en plus vers le sud. Nous marchions lentement, traînant à la remorque plusieurs bâtimens d'un convoi de dix-neuf voiles, sorti de Porto-Rico pour nous suivre.

Arrivés enfin à la vue de Curaçao, colonie hollandaise qui n'est qu'à quinze lieues du continent méridional de l'Amérique, nous pensâmes tous que le port de Curaçao serait le terme de notre marche. Nous nous trompions encore, et nous vîmes, avec une extrême surprise, que l'amiral, luttant contre le vent d'est pour s'élever vers l'orient, nous faisait croiser entre la côte du continent et celle de Curaçao, sans vouloir aborder ni l'une ni l'autre.

Les courans, très rapides dans ces parages, se joignaient au vent pour contrarier nos efforts; bientôt ils nous dispersèrent; et notre convoi nous abandonna, ne pouvant plus ni nous suivre ni être traîné par nous.

Trois de nos vaisseaux, qui avaient le plus souffert du coup de vent, eurent la permission de relâcher dans le port de Curaçao. Les autres bâtimens de l'escadre, en bon état et fins voiliers, vainquirent les courans et disparurent à nos yeux. Nous dérivions toujours de plus en plus ; il ne restait avec nous qu'un seul vaisseau, c'était *la Bourgogne*.

Séparés ainsi de notre flotte, nos capitaines ouvrirent les paquets qu'ils ne devaient décacheter qu'en cas de séparation. On y apprit que le port de Porto-Cabello sur la côte de Caracas, et qui se trouvait au vent à nous à trente lieues de distance, était le lieu de notre destination.

Là, nous devions attendre le comte d'Estaing, qui devait venir de Cadix avec une armée navale française, et l'amiral espagnol don Solano, qui sortirait du port de la Havane pour se réunir à nous. Cette jonction faite, les armées combinées mettraient ensemble à la voile pour attaquer la Jamaïque.

Le rendez-vous était on ne peut mieux choisi pour tromper les Anglais, qui nous attendaient à Saint-Domingue ; mais ce rendez-vous mystérieux l'était trop pour nous ; car, par une négligence inconcevable, aucun de nos capitaines n'avait été pourvu de cartes qui pussent le guider sur ces parages, et presque personne de notre armée ne connaissait bien la position de Porto-Cabello.

Cependant un pilote du *Souverain* possédait par hasard une vieille carte imparfaite, mais qui nous fut d'un grand secours; car, nous indiquant avec assez de justesse la distance de Curaçao à la côte continentale, elle nous empêcha de commettre l'erreur funeste dans laquelle tomba le capitaine de *la Bourgogne*.

Celui-ci, continuant sa croisière la nuit, et croyant la côte continentale plus éloignée, prolongea trop sa bordée, et échoua sur un banc de sable. Bientôt nous entendîmes ses coups de canon, et l'intervalle uniforme qui les séparait, nous fit aisément juger que c'étaient des signaux de détresse et non de combat.

M. de Glandevez voulut aller à son secours; mais, comme le courant nous faisait beaucoup dériver, nous ne pûmes y parvenir, de sorte que nous n'apprîmes que beaucoup plus tard le triste sort de ce vaisseau. Son capitaine, M. de C......, perdit la tête en voyant les secousses assez vives qu'éprouvait son bâtiment; il pouvait d'abord, en brassant ses voiles en arrière, reculer et se dégager; mais, au contraire, il força de voiles, espérant franchir l'obstacle, et s'engréva de plus en plus.

Une chaloupe, qu'on mit précipitamment à la mer, fut brisée; un canot, envoyé à terre avec M. Désendroin, officier de génie, pour chercher des secours, ne reparut plus; car cet officier se vit obligé de faire à pied, dans les forêts, une marche de vingt lieues, avant de trouver une habitation. Un autre canot fut volé par les domestiques du capitaine, qui emportèrent sa vaisselle.

L'eau entrait de plus en plus dans le navire. On avait négligé de porter des vivres de la cale sur le pont. L'effroi ne permettait aucune mesure sage : on avait fait un premier radeau; tant de personnes s'y précipitèrent qu'elles le coulèrent à fond et se noyèrent.

Cet accident intimida tellement, qu'un second radeau étant construit, tous hésitaient de s'y embarquer. M. de C......, donnant l'exemple, y descendit avec plusieurs officiers. On les suivit; mais, quand le radeau fut suffisamment chargé, le capitaine, oubliant son devoir et la loi qui lui prescrivait de remonter sur son vaisseau et d'y rester le dernier, fit couper le câble et s'éloigna.

Une partie des soldats et des hommes de l'équipage, désespérés de cet abandon, se jetèrent à la nage pour regagner le radeau. Mais ceux qui le montaient eurent l'inhumanité de couper à coups de sabre les mains de ces infortunés, qui imploraient vainement leur miséricorde.

Indépendamment de la lâcheté de cette action, l'événement prouva qu'elle avait été dictée par une terreur mal fondée; car, trois jours après, une frégate, envoyée de Porto-Cabello, arriva à temps pour sauver le reste de l'équipage de *la Bourgogne*, et les soldats du régiment de Bourbonnais qui y avaient été abandonnés. Ils étaient épuisés de faim et de soif, mais cependant la plupart vécurent. Le capitaine de *la Bourgogne* se vit honteusement accueilli à Porto-Cabello; on le renvoya en France.

Le vent s'étant calmé, nous triomphâmes des courans, et après onze jours d'une marche pénible, la sonde à la main comme dans des parages inconnus, nous arrivâmes enfin dans le golfe Triste, à la vue de Porto-Cabello, où nous retrouvâmes toute notre escadre. Cette traversée depuis Boston avait duré cinquante-six jours.

Mon colonel-commandant, M. de Saint-

Maime, était resté à Curaçao avec son vaisseau qui n'avait plus ni mâts ni gouvernail : ainsi tout le reste du régiment demeura sous mes ordres.

Le continent méridional de l'Amérique offre aux voyageurs qui y abordent, un aspect bien différent de celui que présentent les côtes du continent du nord. En approchant de la Delaware, je voyais un rivage uni, plat; de loin les arbres semblaient sortir de la mer, et, en descendant à terre, la température, les végétaux, la culture, la construction des maisons, le costume, les mœurs des habitans, l'activité des cultivateurs, l'industrie des commerçans, la beauté des chemins, l'élégance des villes et la propreté des villages, pouvaient faire croire qu'on n'était pas sorti d'Europe, et qu'on se trouvait au milieu d'une province d'Angleterre.

Mais, en abordant, au contraire, le continent méridional, les regards sont frappés d'un tout autre spectacle : à une très grande distance, on voit la terre; mais, pour l'apercevoir, il faut lever ses regards vers le ciel. Les ramifications des Cordilières, les gigantesques montagnes de Sainte-Marthe, de Valence, de Caracas, ont à peu près une demi-lieue de hauteur.

Ces rocs sourcilleux, ces formidables montagnes paraissent une sorte de barrière que le destin avait voulu placer autour de cet immense continent, pour en défendre l'approche contre l'avarice européenne, et pour lui cacher ses inépuisables mines d'or, d'argent et de diamant, funestes trésors qui excitèrent la cupidité de tant d'aventuriers, la rivalité de tant de puissances, et qui firent de l'Amérique un théâtre sanglant, où des peuples entiers moissonnés devinrent les victimes d'une farouche hypocrisie.

Là, le fanatisme et la soif de l'or tuaient pour convertir, ravageaient pour s'enrichir, dépeuplaient pour dominer, et, l'Évangile d'un Dieu de paix à la main, allumaient partout des bûchers sur lesquels, malgré les vertueux efforts de Las Casas, on immola, comme au temps des faux dieux, une foule de victimes humaines.

Les révolutions de l'antiquité ne furent que des jeux, en comparaison des révolutions qui renversèrent l'empire pacifique des Incas; dans celles-ci des peuples entiers périrent et disparurent.

Plus on approche des côtes de ce continent, plus la masse sombre de ces hautes montagnes semble répandre ses ombres sur la mer, et des pensées mélancoliques dans l'âme. Leurs enfoncemens surtout, c'est-à-dire leurs golfes, présentent à l'œil un espace si noir que l'on croirait, en y entrant, pénétrer dans le royaume des mânes; aussi jamais aucun nom ne fut plus justement appliqué que celui de *golfe Triste* que l'on donne au golfe de Porto-Cabello.

Ce ne fut qu'au moment où nous touchâmes presqu'à la côte, que nous vîmes le rivage et ces montagnes s'éclaircir peu à peu, et que nous pûmes distinguer des arbres, des champs, des chemins et des maisons, enfin tout ce qui annonce une terre habitée.

Le port où nous entrâmes est vaste, sûr, commode; les vaisseaux y mouillent tout près du rivage; on nous avertit de nous méfier des poissons qu'on peut y pêcher en grande quantité, parce qu'il y existe des fonds de cuivre qui rendent la chair de ces poissons souvent dangereuse.

Les grands avantages que ce port et sa rade offraient au commerce, ont pu seuls déterminer les Espagnols à y fonder un établissement; car, près de Porto-Cabello, se trouvent des marais salans, dont les vapeurs pestilentielles sont continuellement portées sur la ville par le vent qui, dans ces parages, vient constamment de l'est ; aussi ces vapeurs, échauffées par la réverbération des montagnes situées à dix degrés de la ligne, et par un soleil ardent que ne tempère aucun nuage, rendent ce rivage encore plus meurtrier que celui de Cayenne.

Peu de personnes osent affronter ce danger et fixer leur habitation à Porto-Cabello, dont la population se renouvelle tous les sept ans. Les habitans de la plaine n'y viennent que pour des affaires de commerce, et y font peu de séjour. Plusieurs y meurent promptement ; les autres, pour la plupart, retournent chez eux avec la fièvre. Les mois de juin, juillet, août et septembre, sont ceux où la mortalité est la plus fréquente ; les maladies alors y sont violentes, accompagnées de bubons, et prennent un caractère vraiment pestilentiel.

Cependant la nature ne demanderait à l'homme que quelques travaux, pour lui offrir sans danger, sur ce rivage, d'inépuisables richesses : hors des marais, la terre est d'une rare et merveilleuse fécondité ; on y cultive, avec succès et sans peine, l'indigo, le cacao, le coton, le maïs ; les arbres y portent d'excellens fruits ; le bananier, l'oranger y croissent d'eux-mêmes, ainsi que les ananas et les patates, de sorte qu'en desséchant les marais, Porto-Cabello deviendrait le centre de l'un des plus beaux et des plus riches établissemens du monde.

Cette ville est située sur le bord d'une petite rivière dont l'eau est pure et saine. Ses maisons, peu nombreuses et très mal bâties, s'élèvent en amphithéâtre par une pente douce jusqu'au pied d'une montagne très escarpée.

Nous étions tous fort attristés en nous voyant arrêtés sur ces côtes à demi barbares. La chaleur insupportable du climat, l'air infect que nous respirions, la malpropreté des maisons ou plutôt des cabanes où on nous logeait, enfin la froideur, la gravité silencieuse et inhospitalière des habitans, nous auraient fait regarder ce séjour comme une véritable prison ; heureusement cet exil fut adouci par les soins d'un Espagnol du plus grand mérite, le colonel don Pedro de Nava, vice-gouverneur de la province de Caracas.

Il s'était rendu exprès à Porto-Cabello pour nous recevoir, et son obligeante activité pourvut avec abondance à tous les besoins de la flotte et de l'armée ; il était secondé par un administrateur intelligent ; aussi, malgré la longueur des distances, la difficulté des communications et la privation de presque tous les moyens de transport, dans un pays où l'on ne connaissait de voitures que des mulets, et de routes que des ravins, tout arriva à temps, et jamais nos marins et nos soldats ne se virent plus complétement approvisionnés de tout ce qui pouvait leur être nécessaire.

Indépendamment de ces généreux procédés, don Pedro de Nava nous ouvrit sa maison, dont il faisait avec noblesse les honneurs; il était instruit, prévenant, aimable; son esprit ne semblait obscurci ni rétréci par aucun des préjugés de sa nation; ses opinions étaient tolérantes, ses pensées justes, ses sentimens élevés. Il gémissait de l'état déplorable de cette partie du monde que la nature avait créée riche, mais que l'ignorance, l'arbitraire et l'inquisition étaient parvenus à rendre pauvre et stérile.

Un homme comme Pedro de Nava, s'il eût été le maître, aurait rendu ces magnifiques provinces aussi heureuses, aussi peuplées et plus opulentes que les États-Unis; mais il ne pouvait qu'obéir, et la prison ou le supplice serait devenu pour lui l'unique résultat de la moindre tentative pour dissiper les ténèbres, et avancer la civilisation. Nous venions récemment de voir cette civilisation portée au plus haut degré dans le Nord, et nous la retrouvions dans son enfance au milieu d'une contrée conquise et possédée depuis près de trois siècles par l'Espagne.

Malgré les prévenances et les attentions obligeantes de don Pedro de Nava, nous voyions avec chagrin notre séjour se prolonger dans ce triste lieu, où la santé ne trouvait pas de préservatif contre la contagion, ni l'esprit contre l'ennui; car la chaleur excessive permettait rarement de se livrer aux exercices ou à l'étude.

Je ne sortais qu'à six heures du matin pour aller dans les bois, avec l'espoir de tuer quelques chats-tigres; mais j'en vis peu et de loin. En revanche, je tuai plusieurs serpens, quelques singes, et un grand nombre de perruches et de perroquets.

On m'avait donné un singe singulier : il était de la plus haute espèce; sa taille s'élevait à cinq pieds environ; son poil brun tirait sur le rouge, et cette couleur était encore plus remarquable par le contraste d'une épaisse barbe noire qui descendait sur sa poitrine. Je croyais le ramener en France, mais il fut impossible de l'apprivoiser : cet animal, attaché à un arbre près de ma maison, était si féroce qu'il faillit dévorer un de mes gens qui lui apportait à manger. Bozon et moi, nous nous vîmes forcés de le tuer à coups de pistolet.

Dès neuf heures, j'étais obligé de rentrer. L'excessive chaleur du soleil contraignait alors chacun à chercher l'ombre et le repos ; les soirées seules invitaient à sortir par une fraîcheur attrayante, mais pernicieuse ; car elle était jointe à une forte humidité, principale cause des maux qui font périr dans la zone torride tant d'Européens.

Nous attendions à Porto-Cabello, avec une vive impatience, l'armée navale de M. d'Estaing qui devait sortir de Cadix, et don Solano que nous avions cru prêt à mettre à la voile de la Havane. Mais le temps s'avançait, et nous ne recevions des nouvelles ni de l'un ni de l'autre.

Le golfe Triste était un merveilleux choix pour un rendez-vous mystérieux, car il était généralement peu connu ; aussi les Anglais, après nous avoir vus leur échapper, en passant entre leur flotte, près de Porto-Rico et de Saint-Domingue, furent quelque temps sans pouvoir deviner par où nous étions disparus, et dans quelle baie du continent nous étions mouillés.

Cependant les maladies commençaient à se répandre parmi nos troupes. Quelques officiers et un assez grand nombre de soldats succombèrent à ce fléau destructeur. Notre général, le baron de Vioménil, fut atteint de la fièvre, et ses jambes étaient couvertes de bubons. Champcenetz et Alexandre de Lameth payèrent un tribut à ce redoutable climat.

A mon tour, je fus atteint par une fièvre violente : comme je n'avais pas une grande confiance dans les remèdes de nos chirurgiens d'Europe, dont la routine était un peu déconcertée dans cette zone ardente, je tentai de me guérir moi-même ; je me mis jusqu'au cou dans un tonneau rempli d'eau fraiche, et j'y restai vingt-quatre heures. Cette témérité me réussit ; ma fièvre chaude disparut.

Sur ces entrefaites, notre attentif commandant don Pedro nous conseilla de franchir les montagnes, de chercher dans la plaine un air plus pur, et de profiter de notre inaction pour aller à Caracas, belle et riche ville, capitale de cette province. « Je ne vous engage point, me » dit-il en souriant, à demander au gouverneur-

» général la permission de faire ce voyage ; il
» éprouverait presque un égal embarras pour
» vous la refuser ou pour vous l'accorder : sa
» réponse pourrait se faire attendre. Le cabi-
» net espagnol n'aime point que les étrangers
» connaissent l'intérieur de ce pays. Partez
» donc sans ces formalités ; le gouverneur est
» un homme très aimable ; il vous accueillera
» bien, et les habitans ainsi que les dames de
» Caracas vous recevront avec enthousiasme. »

Nous profitâmes de cet avis. Alexandre de Lameth fut le plus expéditif et le plus audacieux ; au lieu de prendre la route connue de Valence, ou de se rendre à la Guayra par mer, il traversa de l'ouest à l'est le milieu des montagnes, par des sentiers presque impraticables, en bravant des dangers de tout genre, que peu d'habitans du pays même osaient affronter.

Le prince de Broglie s'embarqua avec son capitaine de vaisseau, M. D'Ethis, arriva ainsi par la Guayra à Caracas, et revint ensuite par la route de Valence à Porto-Cabello.

Mathieu Dumas, Bozon, Champcenetz, Désoteux et moi, ayant loué des mules pour nous et pour nos gens, nous entrâmes dans les montagnes par la voie qu'on appelait bien improprement une route : c'était un sentier presque impraticable. Il fallut, pour éviter de désastreuses chutes, que nos mulets fussent presque aussi légers et adroits que des chèvres.

Ce sentier, dont la largeur ne passait pas deux pieds, nous tenait suspendus sur des abîmes. Étant taillé dans le roc, il ressemblait à un escalier à marches inégales; quelquefois il tournait si court que les pieds de derrière de la mule étaient encore dans une direction, tandis que les pieds de devant se plaçaient sur l'autre. La mule était comme pliée, et on avait devant soi un précipice de huit cents pieds, où le moindre faux pas pouvait faire tomber.

De plus, de petites croix de bois, placées dans ces endroits périlleux, instruisaient charitablement le voyageur de l'infortune de ses devanciers.

Enfin, après une pénible journée de marche, nous arrivâmes, à l'entrée de la nuit, sur cet immense et magnifique plateau qui s'étend jusqu'à l'Orénoque, contrée favorisée de tous les dons du ciel et de toutes les prodigalités de la nature.

Une administration ignorante laissait perdre tous ces trésors; arrêtant la prospérité, étouffant la population par des entraves de tout genre, de peur que la richesse n'amenât l'indépendance, elle a vainement retenu ces fertiles contrées dans un état de langueur et d'oppression. Les choses sont plus fortes que les hommes; la liberté, comme tout nous portait dès-lors à le prévoir, est née des efforts même qu'on faisait pour l'éloigner; elle s'est armée, elle a été victorieuse, et probablement, d'ici à un demi-siècle, ces belles provinces, qu'à l'exception de quelques villes et d'un petit nombre de bourgs, j'avais trouvées désertes, égaleront en culture, en industrie et en puissance, les plus florissantes monarchies ou républiques de notre vieille Europe.

La ville de Valence est située dans une plaine unie, agréable et fertile; des brises assez régulières y rendent supportable une excessive chaleur. On comptait à peu près douze mille habitans dans Valence; elle avait une garnison de cinq cents hommes; un évêque, un gouverneur y résidaient; on y voyait une grande quantité de couvens, une foule de moines, presque point de commerce, des rues malpropres, des maisons mal bâties et de magnifiques églises. Les habitans étaient généralement pauvres; les prélats, les chanoines et les couvens très riches.

C'est pour sortir d'un tel état de choses que les peuples, après d'inutiles plaintes et réclamations, se sont armés, et que la révolution a éclaté. Un voyageur, qui récemment a vu dans la province de Santa-Fé les traces de cette déplorable administration, qui n'ont encore pu être entièrement effacées, y trouve des raisons pour condamner l'insurrection de ces provinces, dont il ne peut concevoir l'ingratitude envers leur métropole.

Avec plus de réflexion, il y aurait au contraire reconnu les vrais motifs qui ont porté les colonies à secouer le joug d'une administration qui les maintenait dans une telle détresse, et il n'aurait point été surpris de voir les prêtres catholiques créoles se déclarer pour l'indépendance, s'il avait su et remarqué que les évêchés, les cures et les canonicats si riches de ce pays, étaient exclusivement donnés à des Espagnols, et constamment refusés aux prêtres nés en Amérique.

Enfin, au lieu de déplorer le sort de ces vaillans soldats, qu'il trouve si peu vêtus et si mal payés, et de présager par ces motifs leur défaite, il se serait convaincu de l'ardeur et du désintéressement de leur patriotisme; d'ailleurs, il aurait pu apprendre que dans ce climat peu de vêtemens sont nécessaires, et qu'une très modique solde y suffit, puisque partout la terre y donne d'elle-même des alimens qui ne coûtent rien, et qu'on y reçoit un bœuf, soit pour le prix de douze francs, soit en prenant seulement la peine de l'écorcher et d'en rendre la peau au vendeur.

Nous fîmes peu de séjour à Valence. L'évêque nous évita, nous croyant, je pense, hérétiques. Le gouverneur nous fit un accueil cérémonieux, mais froid; les habitans se montraient tristes et taciturnes. Rien donc n'excitant notre intérêt ou notre curiosité, nous continuâmes notre route.

Le chemin était beau : des deux côtés nous rencontrâmes quelques habitations et des indigoteries. La fraîcheur des bois épais nous mettait souvent à l'abri des rayons du soleil.

Comme notre dessein était de voyager lentement, et que les villages ou villes sont dans ce pays fort éloignés les uns des autres, nous passâmes plusieurs nuits dans les forêts. Là, nous suspendions à des arbres les larges filets ou hamacs qui nous servaient de lits, et près de nous on allumait de grands feux pour éloigner les animaux féroces dont les affreux hurlemens faisaient retentir les bois.

Avant d'arriver à Guacara, village indien, ayant été forcé de m'arrêter, et me trouvant ainsi loin de mes compagnons et de mes gens, je vis venir à moi quatre Indiens, dont trois étaient armés d'arcs et de flèches; ils tendaient leurs arcs, et je crus un moment qu'ils voulaient m'attaquer; je courus sur eux l'épée à la main; mais bientôt la vue des chapelets qu'ils portaient au cou, leurs signes et leurs gestes me prouvèrent que c'étaient des Indiens chrétiens et soumis.

Mes camarades avaient acheté à l'un d'eux son arc et ses flèches, et ils me montraient les leurs, croyant apparemment que j'aurais la même tentation; mais je leur fis entendre que je voulais seulement savoir avec quelle dextérité ils se servaient de ces armes.

Ils me comprirent, et, après avoir attendu une ou deux minutes, voyant passer au-dessus de nous un gros oiseau de la race des *aras*, un de ces Indiens lui lança sa flèche, et le fit tomber mort à mes pieds. Je leur donnai quelques piastres, et je rejoignis mes compagnons au moment où ils entraient dans Guacara, dont les habitans nous reçurent très cordialement, mais nous nourrirent fort mal.

Le soir, sortant de la maison de mon hôte et me promenant sur une vaste pelouse, j'allais m'asseoir au pied d'un arbre pour prendre le frais, lorsqu'un Indien, accourant à moi sans bruit avec une lanterne sourde, me prit par la main, et m'emmena rapidement avec lui. A cinquante pas de là, s'arrêtant et retournant sa lanterne, il me fit voir le péril que j'avais couru; car au pied de l'arbre dont je m'étais approché, on avait attaché par une chaîne un jeune tigre récemment pris, et qui aurait pu me punir un peu sévèrement d'avoir troublé son sommeil.

A l'aide d'un interprète, je demandai à l'Indien chez lequel je logeais, pourquoi, près de son village, on ne voyait d'autre culture que quelques plants de maïs. « A quoi nous servi- » rait, me répondit-il, de travailler? Une ca- » bane de troncs d'arbres, et des feuilles de » bananiers nous suffisent pour maison, meu- » bles et lits. La chaleur nous rend tout vête- » ment inutile; la terre nous offre en abon- » dance des fruits et du gibier. Si nous cultivions » les champs, nous ne saurions à qui vendre

» leurs produits. Cependant le gouvernement
» espagnol nous imposerait alors un tribut, et,
» comme nous ne pourrions le payer, on nous
» condamnerait à travailler aux mines, ou à
» pêcher l'or dans les rivières. »

Le prince de Broglie, à son retour, me dit que, dans un bourg plus considérable nommé Cumana, et où je ne m'arrêtai point, il avait causé par interprète avec le cacique ou le chef des Indiens libres de cette province. Ils y vivent, disait-il, absolument suivant leurs anciens usages, gouvernés par leur propre chef, dont l'autorité est en même temps civile, militaire et religieuse. Ce chef règle leurs mariages et juge leurs différends.

Ce cacique prétendait que, pendant quelque temps, le gouvernement espagnol lui avait marqué beaucoup de considération, mais que depuis il avait perdu son crédit, et que, malgré les représentations de sa tribu et les siennes, les Espagnols empiétaient chaque jour sur les terres accordées à ses sujets, de sorte que la population de ces pauvres indigènes diminuait graduellement. Il est probable, d'après ces faits, que les restes de cette population, qui s'éclaircissait déjà il y a quarante ans, se seront dépuis totalement éteints, ou qu'elle aura fui de ce séjour d'oppression.

Nous continuâmes à marcher tantôt dans des solitudes et des forêts qui rappelaient l'époque de la découverte de l'Amérique, tantôt dans des plaines où quelques habitations et des champs cultivés indiquaient une civilisation commencée. Nous arrivâmes à Maracay, petite ville assez jolie. Ses habitans nous firent un accueil gracieux, et un capitaine de milices, nommé don Félix, nous donna un très bon souper où assistèrent plusieurs femmes d'une beauté remarquable.

Don Félix, lieutenant de roi à Maracay, était un homme instruit, aimable; il parlait bien français; il épancha librement avec nous la douleur que lui causait la conduite injuste et oppressive de l'administration; il s'emporta surtout contre l'avarice, la fiscalité et la dureté de l'intendant de la province. « Cet homme, di-
» sait-il, prive le commerce de tout débouché,
» l'agriculture de toute activité, les proprié-
» taires de toute sécurité; les emplois ne sont
» donnés qu'à des Espagnols; les créoles sont
» vexés, ruinés. Aussi, croyez-moi, la fermen-
» tation sourde qui existe partout ne tardera

» pas à se manifester. Il ne faut qu'un homme
» de caractère, qu'un chef pour qu'elle éclate,
» et je prévois que mon pays sera inévitable-
» ment en proie à toutes les calamités d'une
» guerre civile. Il y a peu d'années, un caci-
» que, Tupac-Amarou, de la race des incas, s'est
» révolté ; il avait armé vingt mille hommes
» dans le Pérou. On eut beaucoup de peine à
» étouffer cette insurrection. Dans plusieurs
» autres lieux, on assure qu'il existe des trou-
» bles que fomentent déjà des créoles. Mais l'au-
» torité empêche la circulation de toute nou-
» velle alarmante. »

Nous quittâmes avec regret un hôte dont l'entretien était aussi intéressant qu'instructif, et nous nous mîmes en route pour Vittoria. A quelque distance de Maracay, on voit le lac de Valence, l'un des plus grands peut-être qui existent dans le monde. Le long de ses rivages, on admirait déjà des cultures variées et de jolies habitations. Je suis persuadé qu'un jour, sous l'égide d'une liberté protectrice, ce lac et ses bords deviendront une des merveilles de cet hémisphère.

Nous traversions le canton le plus fertile de la province ; nulle autre part nous n'avions vu un si grand nombre d'habitations, de caféteries et de plantations de cacao ou d'indigo. Dans les intervalles assez grands qui les séparaient, nous marchions à l'abri du soleil sous des bois un peu sauvages, mais qui nous charmaient par la variété des arbres, la vivacité des couleurs de leurs fruits, le parfum que répandaient leurs fleurs, et par le chant varié des oiseaux de toute espèce qui les habitaient. Ce pays délicieux était arrosé par une petite rivière, tellement serpentante que nous fûmes obligés de la traverser sept ou huit fois.

Au milieu de la journée, dans le plus fort de la chaleur, nous passâmes près d'une maison isolée, entourée de plantations de divers genres et cultivées avec soin. Je ne fus pas peu surpris lorsqu'un homme, qui se tenait sur le pas de la porte de cette maison, nous invita poliment et en très bon français à y entrer.

Comment s'attendre à trouver là un compatriote ? C'en était un cependant : né à Bayonne, il s'était embarqué sur un vaisseau marchand qui avait péri sur la côte de Caracas. Ayant sauvé son argent et quelques effets, il avait voulu voyager dans l'intérieur de ces provinces.

Arrivé dans le lieu où nous nous trouvions,

il était devenu épris d'une fille indienne, et s'était marié avec elle. Se faisant agriculteur, maçon, architecte, il s'était créé une jolie habitation, une nombreuse famille, et, par souvenir des habitudes de son pays et de la profession de son père, il avait mis une enseigne à sa maison et se disait aubergiste, quoiqu'il ne vît peut-être pas quatre voyageurs par an lui demander l'hospitalité.

Sa femme était belle encore, malgré sa couleur de cuivre très prononcée. Cette couleur des Indiens, contrastant avec leurs longs cheveux noirs, est d'autant moins désagréable que leurs traits sont réguliers, et qu'ils n'ont point le nez épaté ni les lèvres grosses comme les nègres.

Ayant fait ainsi un assez bon dîner à la française, et ne pouvant tirer que peu de parti de l'entretien de notre hôte, dont l'esprit avait pris toute l'indolence des indigènes, nous remontâmes sur nos mules, et nous arrivâmes le soir à la Vittoria, l'une des plus jolies villes de ces contrées, et qui est distante de Maracay d'environ douze lieues. Trois mille habitans composaient sa population ; on y voyait régner une activité de commerce très rare alors dans cette partie du monde.

Le lieutenant de roi qui commandait dans cette ville s'appelait M. Prudon. Comme il aimait beaucoup à causer et en trouvait peu l'occasion, notre apparition fut une fête pour lui; aussi nous fit-il, avec beaucoup d'obligeance, les honneurs de sa ville.

Son instruction était assez étendue, son humeur confiante, son caractère assez frondeur. En quelques heures il nous apprit plus de choses sur la situation de son pays, qu'un long voyage n'aurait pu nous en faire connaître.

Son humeur faisait un parfait contraste avec celle de don Félix, que nous venions de quitter : celui-ci gémissait, comme Héraclite, des ténèbres répandues par l'inquisition, de l'oppression sous laquelle languissait sa patrie, et des orages futurs qui la menaçaient. M. Prudon, au contraire, en vrai Démocrite, se moquait de la superstition, tournait en ridicule l'ineptie des gouvernans, et nous assurait, en riant, qu'une révolution pareille à celle des États-Unis était prochaine et inévitable.

« Ici, disait-il, l'inquisition ne fait point, il
» est vrai, d'*auto-da-fé*; elle n'allume point de
» feux, mais elle s'applique à éteindre toute
» lumière. L'intendant général est son protec-

» teur : sur le moindre soupçon d'impiété, on
» est arrêté, condamné à l'amende ; souvent
» même la confiscation suit ces châtimens.

» Je suis obligé de prendre un masque pour
» paraître aveugle comme les autres, et de me
» livrer, comme eux, aux pratiques les plus
» puériles. Moi, ainsi que plusieurs de mes amis,
» nous brûlons du désir de connaître les livres
» des écrivains célèbres de la France; mais l'in-
» tendant en défend l'importation sous les pei-
» nes les plus graves, et comme s'ils étaient
» pestiférés.

» Enfin, me dit encore M. Prudon, déjà les
» créoles indignés n'appellent plus les Espagnols
» que *forestières*, c'est-à-dire étrangers. Ceci
» suffit sans doute pour prouver que la métro-
» pole et ses colonies ne vivront pas long-temps
» en bonne intelligence et en bon ménage. »

Nous trouvâmes dans la même ville un médecin, non moins mécontent de son gouvernement, et ce fut avec un plaisir extrême que, nous ayant conduits dans le lieu le plus retiré de son logis, il nous montra, dans une poutre artistement creusée, les œuvres de J.-J. Rousseau et de Raynal, qu'il cachait comme son plus précieux trésor.

Nous eûmes dans cette ville l'amusement de voir sur la grande place un combat de taureaux, jeu triste, cruel et propre à maintenir la barbarie des mœurs. Nous jouîmes chez le gouverneur d'un passe-temps plus doux, celui d'une soirée où se trouvaient réunis les hommes les mieux élevés et les plus jolies femmes de la ville.

Ayant séjourné vingt-quatre heures à la Vittoria, nous en partîmes pour nous rendre à Caracas, qui en est éloigné de quatorze lieues. Nous fîmes cette route en deux jours. On devrait croire qu'en approchant de la capitale d'un pays, on y trouvera à chaque pas la nature embellie par l'art, qu'on y verra plus d'habitations, plus de culture, plus de commerce, enfin plus de vie et de civilisation; nous éprouvâmes tout le contraire.

Après avoir traversé quelques plaines fertiles en indigo, en café, etc., et des champs de maïs, nous entrâmes dans des montagnes beaucoup plus escarpées et dans des forêts bien plus sauvages que celles qu'il nous avait fallu franchir pour arriver de Porto-Cabello à Valence. La route était seulement un peu mieux tracée et moins dangereuse.

Dans les vallons, nous succombions sous le poids de la chaleur; élevés sur les monts, nous éprouvions un froid dont nos manteaux ne pouvaient nous garantir. La nuit, c'était une telle humidité qu'en tordant nos couvertures, elles répandaient de l'eau en abondance. Ces montagnes sont de très peu moins hautes que les imposantes Cordilières, dont elles sont une branche.

Pendant les ténèbres, on se sentait attristé par les hurlemens des tigres, des lions; et le matin on était étourdi par les cris aigres et perçans d'une foule innombrable d'aras, de perroquets et de perruches, qui saluaient le soleil et lui rendaient sauvagement hommage par les concerts les plus discordans.

Pendant notre route, nous fûmes étonnés d'entendre les cris féroces d'un animal qui semblait s'approcher rapidement de nous. Notre guide nous dit avec effroi que c'était un tigre; alors, malgré ses conseils, nous tournâmes vers la partie du bois d'où partait ce bruit.

Désoteux, qui seul avait des pistolets, entra dans le fourré; l'animal avait fui. Désoteux déchargea sa colère et son arme sur un gros singe qu'il manqua.

Je ne fis pas d'autre rencontre dans ces fo-

rêts que celle d'un serpent énorme de l'espèce
des boas; il dormait au soleil sur des broussailles.
Je l'avais pris d'abord pour un énorme tronc
d'arbre renversé, et je ne pus me défendre d'un
soudain tressaillement, lorsqu'au moment où
ma mule le touchait presque, ce prétendu arbre se redressa, se recourba, montra une tête
hideuse, et s'éloigna de moi avec rapidité, en
poussant un affreux sifflement.

Il y a encore une autre espèce d'animaux
dans ce pays dont l'aspect est horrible : ce sont
des gigantesques chauves-souris, plus larges
qu'un chapeau espagnol, et dont la physionomie infernale ressemble aux plus bizarres mas-
ques de nos diables de l'Opéra; on les nomme
vampires, et le vulgaire croit que, lorsqu'elles
trouvent un homme endormi, elles sucent tout
son sang avec tant d'adresse qu'elles ne le ré-
veillent pas.

Après une journée des plus fatigantes, étant
loin de toute habitation, nous demandâmes asile
à une vieille femme indienne, qui nous conduisit dans sa case, vraie demeure de sauvage ou
de sorcière. Cette femme s'efforça de nous traiter de son mieux; mais elle nous présenta des
perroquets cuits dans un mauvais chocolat, et

d'autres mets si dégoûtans que nous ne pûmes vaincre notre répugnance.

Après avoir mal dormi, comme gens qui ont l'estomac creux, nous reprîmes notre chemin. Il nous fallut franchir avec peine une haute montagne nommée San-Pedro, redescendre dans une profonde vallée, et passer à gué plusieurs torrens ; enfin, ayant gravi une dernière montagne, nous descendîmes par une douce pente dans la délicieuse vallée de Caracas.

Cette vallée, défendue des vents ardens du midi par de hautes montagnes, est ouverte à celui de l'est, qui y apporte une douce fraîcheur. Rarement le thermomètre y monte au-delà de vingt-quatre degrés, et souvent on l'y voit au-dessous de vingt.

Aussi, dans ce lieu charmant, les fleurs et les fruits se succèdent sans cesse. On y recueille toutes les productions de la zone torride, et l'on peut y jouir de toutes celles des zones tempérées. Au bord des champs où naissent l'indigotier, la canne à sucre, l'oranger et le citronnier, on trouve dans quelques jardins du blé, des poiriers et des pommiers.

Le vallon est arrosé par une jolie rivière limpide qui rend les prés toujours frais, les arbres toujours verts. Ces arbres sont embellis par une foule de colibris qui réfléchissent sur leurs jolis plumages toutes les couleurs de l'arc-en-ciel; on dirait que ce sont mille fleurs brillantes qui voltigent.

Un grand nombre de maisons élégantes sont éparses ou groupées au milieu de ces prairies; leurs clos, dont la culture est soignée, sont entourés de haies odoriférantes. Là, on respire un air pur, embaumé; là, il semble que l'existence prend une nouvelle activité pour nous faire jouir des plus douces sensations de la vie. Enfin, si on n'y rencontrait pas des moines inquisiteurs, des alguazils farouches, quelques tigres, et des employés d'un intendant général avide, j'aurais presque pensé que le vallon de Caracas était une petite partie du paradis terrestre, et que, par une obligeante distraction, l'ange qui défend sa porte avec une épée flamboyante, nous en avait permis l'entrée.

La ville de Caracas s'offrit à nos yeux avec assez de majesté pour terminer noblement ce tableau; elle nous parut grande, propre, élégante et bien bâtie. Je crois qu'on évaluait sa population alors à vingt mille habitans; mais on assure que, depuis, un désastreux tremblement de terre et les fureurs des guerres civiles ont fait disparaître cette prospérité, qu'une sage liberté et une administration éclairée pourront seules faire renaître.

Désoteux y était arrivé avant nous; plusieurs officiers de notre armée nous y avaient précédés. On nous attendait, et la courtoisie espagnole fit à notre petite cavalcade une très galante réception : chacun s'empressait à l'envi de nous offrir sa maison; les dames, ouvrant leurs jalousies, nous saluaient de leurs balcons; enfin nous étions accueillis comme les romanciers prétendent qu'on accueillait autrefois les paladins dans les châteaux où ils venaient se reposer de leurs courses aventureuses.

Le gouverneur général de la province, don Fernand Gonzalez, ayant su que j'étais le fils du ministre de la guerre du roi de France, eut la bonté de me donner un logement dans son palais, et, pendant notre séjour, il y reçut le matin et le soir tous nos compagnons d'armes avec la plus grande urbanité et une magnificence vraiment castillane.

Ce gouverneur me présenta dans les sociétés les plus distinguées de la ville : nous y vîmes des hommes un peu trop graves et taciturnes, mais, en revanche, une grande quantité de dames aussi remarquables par la beauté de leurs traits, par la richesse de leur parure, par l'élégance de leurs manières et par leurs talens pour la danse et pour la musique, que par la vivacité d'une coquetterie qui savait très bien allier la gaîté à la décence.

Mes compagnons de voyage se sont rappelé long-temps les charmes de Belina Aristeguitta et de ses sœurs Panschitta, Rossa, Theresa. Quant à moi, je fus singulièrement frappé de la ressemblance extrême de l'une de ces dames, nommée Raphaellita Erménégilde, avec la comtesse Jules de Polignac.

Le trop fameux général Miranda, que le général comte de Valence accusa depuis de nous avoir fait perdre la bataille de Nerwinde, déjà presque gagnée par la vaillance de M. le duc de Chartres, aujourd'hui duc d'Orléans, était de la famille des Aristeguitta. Proscrit par le gouvernement espagnol, il lui chercha long-temps des ennemis dans toute l'Europe, et entretenait d'intimes intelligences avec des Anglais qui l'aidaient à féconder en Amérique les germes d'une révolution.

Nous étions arrivés à Caracas à la fin du carnaval; aussi la semaine que nous y passâmes ne fut qu'une série continuelle de fêtes, de bals et de concerts. Nous trouvâmes à la mode, dans cette ville, un jeu aussi plaisant que singulier : cavaliers et dames, filles et garçons, jeunes et vieux, tous ne sortaient de chez eux, pendant les jours gras, que les poches remplies d'anis, et, dès qu'on se rencontrait, on s'en lançait à l'envi des poignées. Nul ne pouvait éviter ces mitrailles, qui n'excitaient dans la mêlée que de vifs éclats de rire.

C'était sûrement la plus douce et la plus innocente des guerres. Cependant, comme il n'en peut point exister sans événemens un peu marquans, voici celui dont je fus témoin : nous étions un jour invités à un grand dîner chez le trésorier général; plusieurs révérends pères inquisiteurs honoraient ce repas de leur présence, faisant fête aux vins, et prenant de bonne grâce leur part à la gaîté des convives. Au dessert, madame la trésorière donne le signal du combat; de tous côtés les anis volent, le rire éclate; mais soudain l'un des inquisiteurs, poussant trop loin sa grosse gaîté, et trouvant les anis trop légers, lance au milieu de ce frêle tourbillon une grosse amande.

Ce boulet va frôler tout droit le nez du duc de Laval, qui, n'aimant pas trop les moines ni les mauvaises plaisanteries, riposte par un boulet de vingt-quatre, c'est-à-dire par une grosse orange, qui vient sans respect frapper le révérend père au visage. Alors les Espagnols consternés se lèvent, les dames se signent, les jeux cessent, le dîner finit; mais le révérend père, affectant une gaîté que démentait sa physionomie, rassura tout le monde en recommençant les jeux si gravement interrompus. Je crois que, si nous n'avions pas eu sur cette côte, dans un port voisin, cinq mille amis bien armés, le père inquisiteur, moins indulgent, aurait fort bien pu offrir à Laval, pour quelque temps, un de ces logemens sombres et frais, dont il avait grand nombre à sa disposition.

Le gouverneur, don Fernand Gonzalez, se mêlait souvent à nos dames, à nos concerts, mais en conservant toujours sa dignité; ses manières étaient fort nobles, son esprit était cultivé, son caractère humain, affable et généreux; accessible à tout le monde, il donnait audience à tous ceux qui la lui demandaient, écoutait leurs plaintes avec bonté, et y faisait droit, autant que cela lui était possible. Il connaissait parfaitement les vices de l'administration coloniale, et, si son autorité eût eu plus de latitude, tout aurait bientôt pris, dans ces provinces, une face nouvelle et prospère; mais il ne lui était pas permis d'arrêter l'intendant dans ses opérations fiscales, et de gêner l'inquisition dans les mesures sévères qu'elle prenait pour éteindre toute lumière naissante et pour empêcher tout progrès en civilisation.

Je lui demandai si cette inquisition avait un pouvoir aussi redoutable qu'on le disait. « N'en » doutez point, me répondit-il; pour vous en » donner une idée, il vous suffira de savoir que » je suis obligé, par mes instructions, de prê- » ter main forte à ce tribunal, et de mettre à » sa disposition les troupes que je commande, » toutes les fois que j'en suis requis, et sans » qu'il me soit permis de m'informer du motif » ou de l'objet de cette réquisition : au reste, » ce fameux tribunal tant redouté ne verse plus » de sang comme autrefois; il châtie même » beaucoup moins qu'on ne le pense; mais il » menace, il effraie, et, s'il ne fait pas beau- » coup de mal, il empêche au moins de faire » beaucoup de bien. »

Dans la suite de ses entretiens, le gouverneur

m'apprit que, par un singulier hasard, l'Amérique espagnole venait d'être délivrée d'un fléau terrible; il régnait de temps immémorial, sur ce continent, une maladie cruelle, contagieuse et réputée incurable; on l'appelait la *lèpre de Carthagène :* dès qu'un individu était attaqué de ce mal horrible qui couvrait la peau d'ulcères, détruisait le sens du tact, et conduisait à une mort lente par des douleurs insupportables, tout le monde fuyait ce malheureux, chacun évitait avec horreur son approche; toute pitié cessait pour lui, l'amitié l'abandonnait, la terreur étouffait même la voix de la nature; il n'avait d'asile que les léproseries, hôpitaux infects, où ses souffrances s'aigrissaient par le spectacle de celles de ses compagnons d'infortune.

Don Fernand Gonzalez me dit que récemment, dans la province de Guatimala, une vieille négresse, chassée inhumainement d'une habitation parce qu'elle était atteinte de la lèpre, ayant été rencontrée par une tribu sauvage, dans les bois où elle errait, elle avait vu avec surprise ces hommes s'approcher d'elle sans crainte et l'emmener avec eux. Arrivés dans leurs cabanes, ils la traitèrent, la guérirent, mais ils la retinrent en servitude, pour qu'elle n'apprît point aux Européens le secret de sa guérison.

Cependant, cette tribu étant un jour attaquée par une tribu voisine, la pauvre négresse, s'étant échappée pendant le tumulte, avait trouvé le moyen de regagner par les bois son habitation.

Son retour et sa guérison y excitèrent la plus grande surprise; on attribuait cette cure à un miracle; mais elle apprit à ses maîtres que les sauvages l'avaient guérie en lui faisant avaler chaque jour, pendant trois semaines, un lézard cru et coupé en morceaux. Ce lézard, disait-elle, était fort commun partout.

La nouvelle de cette aventure s'étant promptement répandue dans toutes les provinces du continent espagnol, on avait essayé et pratiqué avec un tel succès le remède du lézard, que peu à peu les léproseries s'étaient vidées, et que la contagion avait presque totalement disparu. Le gouverneur me fit voir deux de ces lézards; j'en mangeai même quelques morceaux; sa propriété est, au bout de peu de jours, de donner des sueurs et des salivations si fortes, qu'elles emportent le mal en peu de temps.

A mon retour en France, je communiquai ce fait à plusieurs médecins, et, ce qui est pénible à dire, c'est qu'ils reçurent avec indifférence cet avis, et qu'ils négligèrent de prendre des informations sur un remède si efficace, et que le gouverneur assurait avoir vu employer avec un grand succès pour guérir des soldats hydropiques.

Lorsque les visites et les fêtes me laissaient quelques instans de liberté, je causais souvent avec un officier français établi depuis plusieurs années à Caracas; il me confirma tout ce que m'avaient dit les lieutenans de roi à Maracay et à la Vittoria sur le mécontentement du pays, sur l'oppression des créoles et sur l'insatiable avarice de l'intendant.

L'ignorance est toujours crédule : mon officier me fit rire, en m'asssurant que, deux ans auparavant, il avait été envoyé, à la tête d'un détachement de miliciens, sur les bords du Rio-Negro, où les Espagnols s'obstinaient à croire qu'on trouverait le pays d'Eldorado, tant promis à leur chimérique imagination, et jusquelà caché à leurs yeux par d'impénétrables forêts.

Étrange aveuglement d'une administration qui se fatigue à chercher un Eldorado fabuleux, tandis qu'elle peut si facilement en créer un véritable dans ces belles contrées, en donnant un peu d'activité au travail et de liberté au commerce !

Je fis enfin connaissance avec le fameux intendant général don Joseph d'Avalos, vrai tyran de cette colonie ; il achetait, au nom du roi, toutes les marchandises venant d'Europe, en fixait le prix à son gré, et faisait confisquer toutes celles qu'on ne voulait pas vendre par son entremise ; il fixait de même, par un rigoureux tarif, les droits d'exportation des denrées coloniales, faisait payer dix pour cent pour l'entrée dans le port, indépendamment de cinq pour cent d'impôt sur la récolte ; en outre, tout bâtiment chargé de cacao, allant en Espagne, était tenu de porter une certaine quantité de *fanègues* pour le compte du roi, ou pour mieux dire de l'intendant, qui faisait ainsi cet énorme gain, sans aucun déboursé.

De tels moyens pour grossir rapidement sa fortune étaient odieux, et pourtant concevables ; mais ce qui ne l'est pas, c'est l'absurde fantaisie de cet intendant, qui défendait la culture du coton dans un pays où il vient presque naturellement. Par le même caprice, tandis que dans cette contrée les bœufs étaient si communs, qu'un propriétaire, sans être très riche, les comptait par milliers dans ses possessions, Joseph d'Avalos en défendait l'exportation sous les peines les plus sévères. Aussi cet intendant était parvenu à réunir toutes les opinions en une seule; il n'y avait qu'une voix sur son compte, tout le monde le détestait.

Avant de quitter Caracas, je voulus me donner la satisfaction de causer avec un des inquisiteurs, qui savait un peu le français, et qui paraissait plus communicatif que ses confrères. Je lui parlai de l'état florissant dans lequel j'avais laissé les peuples de l'Amérique du nord: « Com-
» ment, lui dis-je, souffrez-vous que vos pro-
» vinces, découvertes depuis si long-temps,
» soient si fort en arrière des colonies anglaises
» pour la civilisation? Entre vos villes on trouve
» des déserts; les animaux sauvages s'y multi-
» plient plus tranquillement que les hommes;
» la nature vous verse ici tous ses trésors: pour-
» quoi les enfouir? »

« Vous m'avez répondu vous-même, reprit le
» moine, en me citant les républiques améri-
» caines : nos provinces nous rapportent suffi-
» samment de richesses et nous restent soumi-

» ses; si nous étions assez fous pour laisser ces
» richesses et la population s'accroître, bientôt
» nos colonies nous échapperaient et devien-
» draient indépendantes. »

« A merveille, lui répliquai-je avec indigna-
» tion; il ne me reste plus, mon révérend père,
» qu'un seul conseil à vous offrir, celui de faire
» tuer la moitié de tous les enfans qui naîtront.
» Vous n'avez pas, je crois, d'autre moyen de
» vaincre une nature qui tôt ou tard sera plus
» forte que vous. » Là, comme on le croira facilement, finit notre entretien.

Après avoir passé une semaine dans cette
ville et dans cette vallée charmantes, pour lesquelles le ciel s'est montré si prodigue, et l'administration si avare, l'imagination encore pleine des charmes des belles espagnoles, du bruit
de leurs castagnettes, du son de leurs guitares
et des accens de leurs jolies voix, je partis pour
me rendre au port de la Guayra, où je trouvai
un canot de mon vaisseau *le Souverain*, qui était
venu m'attendre et qui devait me conduire le
long de la côte à Porto-Cabello.

Bozon et Champcenetz prirent le même parti,
ainsi que Mathieu Dumas, qui avait obligeamment tracé pour moi le plan détaillé et très

curieux de notre route de Porto-Cabello à Caracas.

Le port de la Guayra et celui de Porto-Cabello étaient alors les deux seuls où il fût permis aux colons par le terrible d'Avalos de porter leurs denrées. Mais les habitans échappaient à cette tyrannie, en se rendant la nuit dans de petites anses où des contrebandiers de Curaçao les attendaient.

Ces contrebandiers étaient Hollandais, et bien armés; l'intendant envoyait contre eux de petits bâtimens nommés *bélandres* et des soldats. C'était une petite guerre continuelle; la ruse y triomphait de la force.

Ce commerce interlope fit la fortune de la colonie hollandaise de Curaçao, et donna aux créoles du continent quelques moyens de soustraire une partie de leurs richesses à l'impitoyable avidité de don Joseph d'Avalos.

La rade de la Guayra est commode, sûre, et la ville est défendue par des forts très bien construits; la route de Caracas à cette ville est roide, escarpée, difficile, mais cependant beaucoup plus praticable que tous les autres chemins déjà suivis par nous dans ces montagnes.

Le canot où nous nous embarquâmes était suivi par un autre canot sur lequel était monté M. Linch, officier de notre état-major, et le comte Christiern de Deux-Ponts, colonel d'un régiment de quatre bataillons qui portait son nom.

Un vent frais et favorable nous faisait espérer une courte navigation, lorsqu'à dix lieues de la Guayra, nous aperçûmes une frégate qui venait sur nous; rien ne nous faisait distinguer si elle était anglaise ou française; dans cette incertitude, nous crûmes plus prudent d'éviter cette rencontre; quoique la frégate nous hélât, nous serrâmes la côte de près, évitant avec soin les brisans, et nous fûmes ainsi bientôt hors de toute atteinte.

Le canot qui nous suivait ne nous imita point; l'officier qui le commandait continua sa marche sans crainte, parce qu'il regardait la frégate comme amie. Il fut étrangement surpris lorsqu'un ou deux boulets, qui passèrent près du canot, invitèrent impérieusement nos pauvres compagnons à se rendre à bord du bâtiment de guerre.

C'était une frégate anglaise commandée par un jeune capitaine nommé Nelson, qui depuis ne devint que trop célèbre par la destruction de notre armée navale sur la côte d'Égypte, et par d'autres éclatantes victoires.

Mon ami Linch, dans ce moment critique, était fort inquiet, parce que la loi anglaise punit de mort tous ceux qui, étant nés en Angleterre, sont pris en portant les armes contre elle; il pria donc très instamment le comte de Deux-Ponts de ne rien laisser échapper, qui pût apprendre aux officiers de la frégate qu'il était né dans les îles britanniques.

Nelson reçut ces deux officiers avec tant de politesse, les traita si bien et leur fit faire si bonne chère, que, malgré leur chagrin, ils prirent assez promptement le parti de se résigner de bonne grâce à leur sort.

Or, il arriva que, tenant table long-temps et trouvant le vin bon, ils en goûtèrent un peu trop, espérant sans doute que ses fumées étourdiraient leur tristesse. Le remède produisit son effet, la conversation s'anima, la gaîté devint confiante.

Après divers propos, on parla de l'Angleterre et de Londres; Nelson fit, je ne sais par quel hasard, une ou deux méprises sur quelques noms de rues et sur l'emplacement de quelques édi-

fices; Linch voulut le redresser; on discuta, on disputa. Tout à coup Nelson dit à son interlocuteur, en le regardant avec une sorte de malice : « Ce qui m'étonne, monsieur, c'est que
» vous parlez anglais et que vous connaissez
» Londres tout aussi bien que moi. »

« Rien n'est moins étonnant, s'écria le comte
» de Deux-Ponts, un peu échauffé par le dîner;
» car mon ami est né à Londres. » Linch frémit de tout son corps; mais Nelson ne parut point avoir entendu ces paroles indiscrètes, et il changea de conversation, continuant à faire à ses hôtes l'accueil le plus gracieux.

Le lendemain, prenant à part ses deux prisonniers, il leur dit avec une rare obligeance : « Je conçois combien il est pénible pour le co-
» lonel d'un régiment, pour un officier de l'é-
» tat-major de l'armée française, de se voir,
» peut-être au moment d'une expédition, pri-
» vés de leur liberté par un hasard imprévu.
» D'un autre côté, autant je me croirais honoré
» de vous avoir faits prisonniers à la suite d'un
» combat, autant il est peu flatteur pour mon
» amour-propre de m'être emparé d'un canot
» et de deux officiers qui se promenaient; voici
» donc la résolution que j'ai prise : j'ai reçu

» l'ordre d'aller reconnaître, le plus près possi-
» ble, dans la rade de Porto-Cabello, votre es-
» cadre qui y est mouillée; je vais l'exécuter;
» si l'on me donne chasse, et que ce soit le
» vaisseau *la Couronne* qu'on envoie à ma pour-
» suite, je vous emmène avec moi sans perdre
» de temps, car ce vaisseau est si bon voilier
» que je ne pourrais lui échapper; tout autre
» m'inquièterait peu, et, dans ce dernier cas,
» je vous promets de laisser à votre disposition
» une petite bélandre espagnole que j'ai prise
» récemment, ainsi que deux matelots qui vous
» conduiront dans le port, et vous rendront à
» vos drapeaux. »

En effet, étant entrés peu de temps après dans la rade, comme on ne s'attendait pas à cette visite, et qu'une partie des équipages et des officiers étaient à terre, Nelson eut tout le temps d'examiner et de compter à son gré les bâtimens de notre armée navale, et il se passa plus de deux heures avant que la frégate *la Cérès*, que M. de Vaudreuil envoya à la poursuite du bâtiment ennemi, pût mettre à la voile.

Nelson tint sa parole : le comte de Deux-Ponts et Linch descendirent tranquillement sur l'esquif espagnol, et nous rejoignirent, à notre grande surprise comme à leur grande joie.

A mon arrivée à Porto-Cabello, j'avais instruit nos généraux de la rencontre que nous avions faite d'une frégate inconnue; dès que cette frégate parut à la vue du port, j'obtins la permission de monter à bord de *la Cérès*, qui devait la poursuivre et la combattre; Alexandre de Lameth et Bozon s'y embarquèrent aussi.

Mais, avant de parler de cette course, je ne veux pas quitter mon ami Linch, sans raconter une anecdote qui donnera tout à la fois une idée de sa bravoure singulière et de l'originalité de son caractère. Linch, après avoir fait la guerre dans l'Inde, servit, avant d'être employé à l'armée de Rochambeau, sous les ordres du comte d'Estaing; il se distingua particulièrement au siége trop mémorable de Savannah. M. d'Estaing, dans le moment le plus critique de cette sanglante affaire, étant à la tête de la colonne droite, charge Linch de porter un ordre très urgent à la troisième colonne, celle de gauche. Les colonnes se trouvaient alors à portée de mitraille des retranchemens ennemis; de part et d'autre on faisait un feu terrible. Linch, au lieu de passer par le centre ou par la queue des colonnes, s'avance froidement au milieu de cette grêle de balles, de boulets, de mitraille, que les Français et les Anglais se lançaient mutuellement. En vain M. d'Estaing et ceux qui l'entouraient crient à Linch de prendre une autre direction; il continue sa marche, exécute son ordre, et revient par le même chemin, c'est-à-dire sous une voûte de feu, où l'on croyait à tous momens qu'il allait tomber en pièces.

« Morbleu! lui dit le général en le voyant » arriver sain et sauf, il faut que vous ayez le » diable au corps; eh! pourquoi donc avez- » vous pris ce chemin où vous deviez mille fois » périr? » « Parce que c'était le plus court, » répondit Linch. Après ce peu de mots, il alla tout aussi froidement se mêler au groupe le plus ardent de ceux qui montaient à l'assaut.

Linch fut depuis lieutenant général; il commandait notre infanterie à la première bataille que nous livrâmes aux Prussiens sur les hauteurs de Valmy.

Je reviens à *la Cérès*; nous eûmes beau forcer de voiles et poursuivre long-temps Nelson, son agile frégate nous échappa. Forcés de cesser une chasse inutile, et nous trouvant près de Curaçao, nous voulûmes nous y rafraîchir; mais un courant rapide, nous entraînant, nous fit échouer sur un banc de sable, à l'entrée du port. Quelques bâtimens hollandais vinrent à notre secours et nous relevèrent.

Nous restâmes deux jours dans cette île : j'en parlerai peu ; elle n'offre rien qui puisse satisfaire la curiosité, c'est un roc stérile ; mais l'industrie hollandaise en a fait une riche colonie. Le commerce interlope qu'elle faisait avec le continent, y portait tous les trésors que les colons espagnols opprimés pouvaient dérober à la surveillance de leur tyrannique administration.

Là, nous apprîmes que nos vœux allaient être remplis, et que l'armée navale de M. d'Estaing, quittant enfin Cadix, devait bientôt se réunir à nous, ainsi que l'escadre espagnole de la Havane. Nous nous hâtâmes donc de revenir à Porto-Cabello.

J'y trouvai des lettres de France ; mon père me mandait que le roi m'avait nommé colonel-commandant du régiment de Belzunce-dragons, qui prenait dès ce moment le nom de Ségur. Cette nouvelle m'aurait donné une vive satisfaction en tout autre temps ; mais, à la veille d'une expédition pour conquérir la Jamaïque, je ne pouvais supporter l'idée de quitter l'armée, et je résolus d'y rester.

La réunion prochaine de tant de forces, et les conséquences d'une vaste combinaison qui allait exposer les possessions anglaises, dans les Antilles, au péril le plus imminent, furent sans doute un des plus puissans motifs qui déterminèrent le ministère britannique à conclure la paix et à reconnaître l'indépendance américaine.

Peu de jours après notre retour à Porto-Cabello, la frégate *l'Andromaque* nous apporta de France la nouvelle que cette paix glorieuse était signée. Bientôt nous mîmes à la voile pour nous rendre au Cap-Français, dans l'île de Saint-Domingue. M. de Vaudreuil voulut que je m'embarquasse avec lui sur le vaisseau amiral *le Northumberland*.

Nous partîmes le 3 avril 1783. En m'éloignant de ce beau continent, j'emportai la pensée que son oppression ne durerait pas, et qu'il arriverait pour lui des jours d'affranchissement et de prospérité. L'événement a justifié cette prévision. La république de Colombie s'est formée au milieu des orages; le courage a triomphé de la force, et la patience des obstacles.

Puisse cette nouvelle république, après ses

triomphes, jouir intérieurement du bonheur qui ne peut naître que de l'ordre et du respect des lois! Puisse-t-elle, imitant les États-Unis, se souvenir toujours que la liberté a plus à craindre partout les passions de ceux qui la servent, que celles des ennemis qui l'attaquent!

Lorsque nous eûmes dépassé Curaçao, m'entretenant avec M. de Vaudreuil sur la contrariété que j'éprouverais de me trouver sur la côte septentrionale de Saint-Domingue, sans avoir pu voir mon habitation, qui était située dans la partie ouest de cette île, près du Port-au-Prince, il mit gracieusement à ma disposition la frégate *l'Amazone*, commandée par M. de Gaston, qui reçut l'ordre de me descendre dans le port de Jacquemel, et de tourner ensuite le cap Tiburon pour se réunir à lui.

Je m'y embarquai sur-le-champ avec M. Berthier, depuis prince de Neufchâtel, qui voulut me suivre dans ce voyage. Secondés par un vent favorable, nous fûmes en onze jours à la vue de la côte méridionale de Saint-Domingue.

En longeant les rivages de la partie espagnole de cette île, elle nous paraissait inculte, sauvage, comme au temps où elle fut découverte par Colomb. A peine apercevait-on, à des intervalles immenses, quelques misérables bourgs et un petit nombre de sucreries. Le reste n'était que d'épaisses forêts ou des savanes désertes.

Tout à coup la scène changea : en voyant de belles cités, de riches villages, des routes bien tracées, des maisons élégantes, des champs soigneusement cultivés, enfin la nature brillante de tout le luxe qu'elle peut emprunter de l'art et d'une habile administration, nous n'eûmes pas besoin de consulter la carte pour savoir que nous avions dépassé les frontières espagnoles, et qu'en entrant sur le territoire français, nous avions franchi, pour ainsi dire en un instant, les deux ou trois siècles qui séparent les ténèbres des lumières et la barbarie de la civilisation.

Bientôt nous entrâmes dans le port de Jacquemel; le capitaine de *l'Amazone* me fit ses adieux, et remit à la voile pour rejoindre au Cap M. de Vaudreuil.

Sans nous arrêter à Jacquemel, M. Berthier et moi, nous achetâmes des chevaux, et, marchant la nuit comme le jour, nous ne nous reposâmes qu'à Léogane; de là nous fûmes au Port-au-Prince, où je ne restai qu'un jour; je l'employai à parcourir cette belle ville, l'une des plus riches alors du Nouveau-Monde.

Son port était rempli de vaisseaux; le commerce y déployait la plus grande activité; on y voyait briller un luxe difficile à peindre. C'étaient les derniers beaux jours de cette opulente colonie, ou plutôt de ce royaume qui donnait annuellement à la France, par ses riches productions, un avantage de soixante millions dans la balance de son commerce.

J'étais loin de prévoir, en admirant cette ville florissante, l'un des ornemens de notre triomphante monarchie, que dans peu d'années, après avoir été le tombeau de plusieurs milliers de Français, elle deviendrait la capitale d'une république de nègres.

A peu de distance du Port-au-Prince, étant invité à déjeûner à l'habitation de M. Blanchard, oncle d'un commissaire des guerres de l'armée de M. de Rochambeau, qui m'avait suivi dans ce voyage, j'y rencontrai le gérant de mon habitation, M. Seigneuret, qui ne fut pas médiocrement surpris de voir assis près de lui son propriétaire, qu'il croyait alors en France.

Sa voiture et ses chevaux, c'est-à-dire les miens, me conduisirent en moins de deux heures à mon habitation, sise au milieu de la plaine du *Cul-de-Sac*, en un lieu qu'on appelle *la Croix des Bouquets*.

Un domestique était allé à toute course annoncer mon arrivée; ainsi, dès que j'entrai sur ma plantation, je me vis entouré d'une foule de figures noires, de cinq cents nègres, négresses, négrillons, mulâtres, mulâtresses, quarterons, quarteronnes, métis, métisses, enfin par un peuple d'esclaves jeunes et vieux de toutes couleurs.

Ces pauvres gens se prosternaient à genoux devant moi, témoignant, par de grands cris, l'étonnement et la joie que leur causait la vue du maître; car ces êtres opprimés, dégradés et souffrans, ressemblent un peu en ce point aux sujets des monarchies asiatiques absolues; ils ne disent pas *si le roi*, mais *si le maître le savait*, espérant que leurs maux, qui viennent de plus bas, trouveront plus haut leurs remèdes.

Il était décidé que, dans le cours de deux courtes campagnes, le sort offrirait successivement à mes regards les scènes les plus variées et les tableaux les plus contrastans. Aux Açores, j'avais vu tout à la fois les débris de l'Atlantide, les traces du moyen âge, l'ignorance monacale, les mœurs chevaleresques et la galanterie religieuse du XIIIe siècle; dans les États-Unis, la raison, la simplicité, la vaillance, l'activité et les vertus républicaines; sous la zone torride, dans les colonies espagnoles, toute la richesse d'une nature merveilleuse, et toutes les misères d'une administration ignorante, avide, arbitraire et intolérante.

Enfin, arrivé à Saint-Domingue, où tout se ressentait des efforts habiles d'un gouvernement protecteur, d'un peuple actif et intelligent, je me trouvais cependant, dans ma grande case, comme un pacha dans son harem, environné d'esclaves qui n'attendaient de moi qu'un signe pour obéir à tous mes caprices, et dont la vie ou la mort, le bonheur ou l'infortune, dépendaient d'un acte de ma volonté.

Je frémis encore en songeant que, deux jours avant mon arrivée, on avait jeté dans un four et livré aux flammes une vieille négresse. Elle avait eu, à la vérité, la scélératesse d'empoisonner plusieurs enfans; mais enfin, elle avait péri sans être jugée. Cependant les lois existaient; mais, là où se trouve l'esclavage, la plainte est muette et la loi impuissante.

Saint-Domingue présentait alors à l'observation deux spectacles opposés : cette île, cultivée partout avec soin, ressemblait à un magnifique jardin, percé de routes bien entretenues, et de nombreux sentiers bordés de haies de citronniers et d'orangers. A chaque pas, autour des champs de cannes à sucre et des savanes où paissaient de nombreux troupeaux, on voyait, sous des formes variées, les maisons élégantes des riches possesseurs de ces plantations. Les routes étaient sans cesse couvertes de voitures qui portaient leurs denrées dans les ports, et d'une foule de chars légers qui promenaient les colons voluptueux d'habitation en habitation.

Tous se visitaient, se réunissaient continuellement; ce n'étaient sans cesse que festins, danses, concerts et jeux; dans ces jeux souvent les plus grandes fortunes se dissipaient en peu d'heures. Ces riches plaines de la colonie offraient en quelque sorte l'image, par leur luxe et par leur mouvement, de ces grandes capitales divisées en nombreux quartiers, où le commerce, les affaires, les intrigues et les plaisirs entretiennent une perpétuelle agitation et un mouvement sans repos.

Tel était le tableau que présentait à mes yeux l'activité, les mœurs voluptueuses et la prospérité de la population blanche. Mais, en sortant de ce tourbillon d'un monde séduisant, et rentré dans les champs de mon habitation, quelle triste et différente perspective! Là, je voyais mes malheureux nègres nus, n'ayant de vêtement qu'un caleçon, brûlés sans cesse par un soleil ardent, par une chaleur de vingt-huit à trente degrés, courbés du matin au soir sur la terre endurcie, forcés à la bêcher sans relâche, réveillés, s'ils suspendaient un moment leur travail, par le fouet des commandeurs qui déchiraient impitoyablement leur peau, et enviant presque le sort des bœufs et des chevaux qui n'avaient d'autre peine que de porter au moulin les cannes recueillies.

Mais détournons nos pensées de ces sombres souvenirs: en vain les sages demandaient qu'on réformât peu à peu un ordre de choses si intolérable, et qu'on adoucît ces abus pour éloigner les révolutions; la raison parlera toujours trop bas, et les passions trop haut. Au moment où le cri de liberté, après avoir retenti en Amérique, se répéta en Europe, notre première assemblée entrevit le but et le manqua.

Vainement Barnave, Alexandre de Lameth, Duport et d'autres députés proposèrent de faire des réformes sages, et d'unir à nos intérêts ceux des hommes de couleur libres, en leur accordant les droits civils; leur voix ne fut point écoutée. Les autres assemblées, se livrant avec impétuosité aux passions les plus immodérées, proclamèrent tout à coup, et sans ménagement, la liberté des noirs; les colons, effrayés, se mirent en défense; les nègres, altérés de vengeance, coururent aux armes; et Saint-Domingue, cette terre si long-temps arrosée de leurs sueurs et de leurs larmes, fut, par leurs féroces ressentimens, inondée du sang français. Saint-Domingue n'existe plus pour nous; la noire Haïti la remplace; en vain Napoléon voulut la reconquérir.

Puissent les gouvernemens qui possèdent encore des îles dans cette partie du monde, se bien pénétrer de cette vérité : une réforme sage peut seule éviter ou retarder les révolutions! Le système colonial doit changer; et peut-être un jour, ainsi que l'ancienne Rome et que la Grèce, l'Europe reconnaîtra qu'on ne peut plus garder long-temps de colonies que comme alliées, comme filles de leur métropole, et non comme sujettes.

Après avoir pris une complète connaissance de l'état et des travaux de ma plantation, je fis quelques réglemens pour adoucir le sort de mes esclaves; je prolongeai les heures de leur repos, j'augmentai l'étendue du terrain qu'on leur laissait cultiver pour leur propre compte; je prescrivis aux commandeurs de la modération dans leurs châtimens; tous m'en bénirent, et c'est encore un doux souvenir pour moi.

M. Berthier me donna quatre jolis tableaux dans lesquels il avait représenté les différentes vues et les travaux de mon habitation, ma réception par les nègres, leurs jeux et leurs danses; c'est tout ce qui me reste aujourd'hui de cette riche possession.

Enfin, ayant reçu un courrier de M. de Vaudreuil qui m'avertissait de son départ prochain pour la France, je me rendis promptement au Cap, voyageant commodément d'habitation en habitation.

Dans chacune de ces habitations on exerçait, suivant l'usage, la plus obligeante hospitalité; je trouvais partout conversation aimable, logement commode, table excellente, voitures et esclaves à ma disposition.

Je vis avec plaisir que beaucoup de colons méritaient, par leur humanité, les éloges donnés peut-être trop exclusivement à deux ou trois planteurs, et qu'on pouvait aussi dire de leurs nègres, qu'ils étaient heureux comme les nègres de Blin et de Galiffet.

Je n'entrerai dans aucun détail sur la ville du Cap; peu de nos grandes cités l'égalaient en prospérité et en magnificence. Notre escadre mit à la voile le 30 avril 1783. Nous n'éprouvâmes dans notre traversée d'autre contrariété que celle de quelques calmes à la hauteur des Açores. Au bout de quarante-neuf jours, nous nous trouvâmes près des côtes de France, et là nous faillîmes périr.

Le vent était si frais que nous filions douze nœuds par heure, c'est-à-dire quatre lieues. Les calculs de nos marins les avaient trompés, et, la sonde ne leur faisant point reconnaître le voisinage de la côte que leur point indiquait, ils croyaient que les courans nous avaient entraînés dans la Manche.

Cependant M. de Vaudreuil, par prudence, nous faisait courir la nuit des bordées au large. Il avait raison; car un matin, au moment où le jour paraissait, j'entendis M. de Médine, capitaine de notre vaisseau, s'écrier : « Je vois des » brisans à travers les brouillards. »

M. de L'Aiguille, officier d'un mérite supérieur, mais dont la jeunesse était parfois un peu trop confiante, répondit en souriant : « Ces » brisans n'existent que dans votre lunette. »

« Jeune homme, répliqua avec colère notre » vieux capitaine, vous êtes major général de » l'escadre, vous pouvez lui donner les ordres » que vous voudrez. Quant à moi, je sais ce » que je dois faire, et, quoique M. le marquis » de Vaudreuil soit à mon bord, c'est moi qui » réponds de mon vaisseau ; en conséquence, je » vais donner l'ordre de virer sur-le-champ, car » il n'y a pas une minute à perdre. »

En effet il donna cet ordre ; et, tandis que la manœuvre s'exécutait, le brouillard se dissipant tout à coup comme une toile de théâtre qui se lève, nous vîmes à deux cents toises de nous les *Roches des saints*, où les vagues, frappant avec furie, élevaient leurs gerbes écumantes à vingt pieds de hauteur, et sur lesquelles toute notre flotte aurait infailliblement péri. Heureusement l'escadre imita le mouvement de notre vaisseau ; alors, tout péril étant passé, nous arrivâmes en trois heures dans la rade de Brest.

Descendu à terre, je reçus la nouvelle de la nomination de mon père au grade de maréchal de France. J'appris aussi, non sans quelque surprise, que je le trouverais encore ministre; car il occupait ce poste depuis plus de deux ans, et je n'ignorais pas que, de toutes les existences humaines, la vie ministérielle est la plus incertaine, la plus chancelante et la plus courte.

FIN DU TOME PREMIER.

www.ingramcontent.com/pod-product-compliance
Lightning Source LLC
Chambersburg PA
CBHW051408230426
43669CB00011B/1807